KB203530

지금 나의 삶이
영원을 노래할 수 있다면

지금 나의 삶이
영원을 노래할 수 있다면

BTN 불교TV 〈법화정법〉 일우 스님이 들려주는 참 행복의 메시지

일우 지음

운주사

책을 내면서

태란습화胎卵濕化로 이루어진 이 세상의 모든 것은 생로병사를 면할 수 없고, 물질로 이루어진 것은 성주괴공成住壞空을 면할 수 없습니다. 이와 같이 언젠가는 모두가 소멸합니다.

그 속에서 우리 인간을 중심으로 한 이 사바에서 벌어진 모든 일들은 잘되고 못되고, 잘살고 못살고를 떠나 모두 근본의 자리로 돌아갈 수밖에 없는 운명입니다.

『법화경』이라는 부처님의 최상의 가르침을 가지고 어떻게 하면 바른 삶, 진리의 삶, 생활 속의 부처님의 지혜로 깨우쳐줄 수 있을까 늘 고민했습니다. 또한 실천하는 삶이 되고, 아름답고 행복한 영원의 삶을 노래할 수 있을까를 고민하고 함께 풀어가고자 노력했습니다.

불자든 불자가 아니든 우리의 삶이 윤택해지고 발전하려면 너와 나 우리 모두 인드라망이 되어야 더 좋은 사회, 더 나은 국가, 더 나은 사바현장의 삶을 꿈꿀 수 있습니다. 그러한 근본 본질을 생각하면서 모든 것을 다 나의 업이라는 소치로 돌리기 안타까웠던 적이 한두 번이 아닙니다.

우리의 현재 습관과 버릇이 업의 결과라는 사실을 깨닫고 거기서부터 인생의 해답을 찾고자 했습니다. 습관과 버릇이 영겁토록

되풀이되면서 미혹 속에 헤매며 육도중생 하는 삶이 불교적 윤회설입니다. 이 윤회를 끊으려면 습관과 버릇을 고치지 않으면 안 됩니다.

그 습관과 버릇은 업력의 산실인 무지에서 왔습니다. 밝은 지혜를 두루 설파하신 부처님의 가르침을 받아들여 부처님의 자식으로 거듭 태어나서, 우리들의 습관과 버릇 자리에 부처님의 습관과 버릇으로 다시 업그레이드 시키자는 것입니다.

잘못된 습관과 업력, 이기주의로 똘똘 뭉쳐 있던 응어리를 풀고, 그 자리에 원력을 세워야 합니다. 그래야만 우리의 삶이 행복에 닿을 수 있고, 구경에는 부처님으로 승화할 수 있습니다.

육도윤회 하는 업력의 굴레를 벗어 버리고 한 생을 살더라도 원력 있는 삶을 살며, 너와 내가 자리이타自利利他한 삶으로 바꿔 나가는 자세가 절실합니다. 나의 습관과 버릇을 고치는 것에서부터 시작해, 부처님의 습관과 버릇을 익히는 것이 중요합니다. 부처님의 자식으로 거듭 태어나서 이 세상에 너와 내가 없이 모두 자리이타로 하나 되고 화합해서 고통과 괴로움을 영원히 소멸하고 이 사바예토를 극락정토로 만들어야 합니다.

아무쪼록 이 책을 접하는 모든 분들께 부처님의 불은이 충만하고 관세음보살님의 가피가 전해져서 모두 소원 성취하고, 구경에는 불도를 이루시길 합장 발원합니다.

성관음사 관음실에서 효동 일우 합장

내 삶의 주인공 자리에서 부처님을 섬기자

서품序品

이 강의는 부처님의 가르침과 불자로서의 삶을 함께 공부해 보고, 나아가 내 마음에 의심이 들었던 모든 것을 풀어 보자는 뜻으로 마련되었습니다.

오늘 제가 대구에서 올라오면서 보니까 어린 나뭇잎들이 연하게 올라오고 있더군요. 아랫지방은 이미 꽃이 만개하였습니다. 산을 봐도 꽃들이 많고 연한 녹색이 너무 예뻐요. 부처님이 『법화경』을 설하실 때 하늘에서 꽃비가 내렸다는데 여기는 상서롭게 꽃이 만발했어요.

우리가 살아가면서 고단하고 어려운 일들이 어디에서 오는지 한번 생각해 보고, 내 삶의 주인공을 부처님으로 잘 섬겨서 내 삶이 행복해질 수 있는 그 길을 함께 하고자 합니다.

우리 마음은 갈래 갈래예요. 그렇게 다르기 때문에 부처님이 설법하실 때 가지가지 방편으로 하신 거예요. 또 살아가는 방법도 다 달라요. 오죽하면 부처님이 팔만사천의 가지가지 방편으로 중생을 교화하기 위해서 애쓰셨을까요. 가만히 들여다보면 사람들이 한자리에 앉아 있더라도 이 사람과 저 사람의 생각이 다르죠? 내가 돈을 벌기 위해서 옆 사람을 살짝살짝 감언이설로 꼬드겨서 친구 팔아먹고 형제 팔아먹고 주위 사람 다 팔아먹는 경우가 많잖아요. 본인도 망하고 남도 망하는 거예요. 부처님은 자기도 망하고 남도 망하는 게 아니라, 나도 이익되고 남도 이익되는 것을 가르치세요. 나혼자 희생하며 살라고 하고, 나 혼자만 고통 받으라고 한다면 재미없어 못 살아요. 그러다 보면 불평불만이 생기기 시작하는 거예요. 너와 내가 함께 공생할 줄 알아야 해요.

가정을 예로 들어 볼까요? 남편과 자식, 부모 형제, 일가친척까지 점점 주변이 확대되어 가잖아요. 그런데 그 가운데서 '나'라는 존재가 중요할까요, 중요하지 않을까요? '나'가 없으면 안 되잖아요. '나'라는 존재는 그만큼 중요해요. 내 안의 나를 가둬놓고 '나'라는 상을 나타내면 내가 밥을 해주기보다는 밥을 받아먹길 좋아하고, 남편이 벌어다 주면 난 쓰기만 좋아하는 거예요. 내 생일이라고 해서 남편한테 선물 받기 좋아하고, 남편의 생일은 챙겨주지 않는다면 어떨까요? 남편이 먼저 그만 살자고 하지 않겠어요? 자식들도 그런 엄마랑 못 살겠다고 하지 않을까요? 그런 거예요. 그러니까 결론은 내가 받으려고만 하고, 편하려고만 하고, '나'라는 존재를 대접해주려고 하면 내 주위에는 자꾸 불협화음이 일어나고 불평불만이 생기게 되는 거예요.

남이 알아주기를 바라면서, 스스로 안락을 추구하면서 외면을 자꾸 쫓아가다 보니까 결국 뭐가 생겨요? 바로 욕심이 생기는 거예요. 이게 오욕락五欲樂이에요. 잠도 더 자고 싶고, 먹는 것도 좋은 것만 골라 먹고 싶고, 좋은 차도 타고 싶고, 어디 가서 대접받는 것 좋아하고 그렇잖아요. 그런데 나를 몰라줄 때는 바로 비난의 화살이 쏟아지잖아요. 불평불만이 나오죠. '저놈이 꼭 나를 반대하네. 저놈만 없으면 세상 편안할 것 같아.' 바깥으로 바깥으로 쫓다 보니 시기 질투와 한탄 등 여러 가지가 올라와 잠도 못 자요. 자다가도 낮에 속상하고 기분 나빴던 일들이 생각나서 잠을 설치는 거예요.

이게 전부 밖으로만 추구하는 욕망의 어떤 경계에서 나라는 진짜 존재는 위축되고 사라지는 거예요. 스스로 타인에게서 자꾸자꾸 멀어지다 보니까 바깥 경계를 보고 남을 보며 울었다 웃었다 광대춤을 추는 거예요. 잘해주면 좋고 잘 못해주면 바로 욕 나오고, 대접받으면 좋고 대접 안 해주면 욕 나오고 그런 거예요. 그렇게 내가 받기만 하다 보니까, 어제까지 고관대작이라고 잘 살고 아무개 하면 다 알아주는 사람이었는데 한강대학 풍덩과로 툭 떨어지고 말아요. 그러니까 내가 바깥으로 바깥으로 취해서 거기에서 내 영혼은 굉장히 서글퍼져요.

어디로 가면 진짜 나를 찾을 수 있을까? 한쪽으로 치우친 생각에 젖어 내 허전함을 채우기 위해서 별 짓을 다하고 다녀요. 몸에 좋다니까 에어로빅이다 헬스다 해서 뛰기도 하고, 어디 가서 뭐하면 좋다 하니까 거기도 가보고……. 사방을 다니면서 자기 스스로를 찾아보지만 늘 돌아오는 것은 허망함이에요. 내 자신의 어느 한쪽 마음은 늘 허망하고 외로운 거예요. 이게 바로 나라는 존재예요.

그렇게 취하니까 자기는 힘들어요. 머리도 한 번 더 써야 하잖아요. 잔머리든 큰 머리든 골라가면서 쓰는 거예요. 남을 칭찬해주기보다 내가 칭찬받기를 원하니까 옆 사람을 콕콕 찔러서라도 내가 칭찬받게 만들잖아요. "누구한데 물어봐라, 내가 어떻게 살았는지. 진짜 알아봐라. 나는 진짜 비단같이 살았다." 가만히 보면 자기를 포장하는 사람이에요. 자기를 드러내기 위해서 "누구에게 물어봐라." 하는 거죠. 벌써 자기를 드러내고 싶은 욕심이 바깥 경계에 부딪혀서 나를 알아봐 달라는 소리예요.

그렇게 살려니 얼마나 피곤하겠어요. 늘 힘들어하고 고민하죠. 오늘은 누구를 잡고 수다를 떨까, 오늘은 어딜 가서 회포를 풀까, 돈을 쓰는 것도 저기 가서 이렇게 하면 큰돈이 들어오겠다. 전부 그런 방편을 쓰잖아요. 중생들도 오욕락에 욕락을 더하는 삶을 살아도 잔머리를 쓰고 방편을 쓰는데, 중생을 바른 길로 인도하려는 부처님이 팔만사천 가지 방편으로 하지 않으면 어떻게 그 중생들을 제도하겠느냐는 거예요. 그러니까 여러분 마음 속에 있는 '나다, 나다' 하는 나를 사실은 내려놓아야 하는 거예요.

그런데 내려놓는다는 게 나를 버리라는 소리가 아니에요. 내려놓으란 것은 결국에는 수용해줘야 한다는 것이지요. 있는 그대로 그냥 수용해서 받아들이는 거죠. 자식이 남보다 공부 좀 못하면 어떻습니까. 그래도 건강하게 지내는 것만으로도 감사하고 받아들여주세요. 그런데 우리는 꼭 비교를 해요. "남편의 월급이랑 자식 성적만 안 올라가지 다른 건 다 올라가더라." 이런 소리 하잖아요. 그러면서 바깥으로만 경계를 일으켜서 외로워하고 힘들어해요. 이것을 궁극적으로 가져와서 그렇게 사니까 내 영혼이 괴로워하고 허망해하고 힘들어하는 거예요. 진짜 나를 찾지를 못했기 때문에 가짜 나한테 속아서 늘 진짜 나는 저 밑바닥에 버려 놓아요. 우리 삶이 그런 거예요. 자동차에 속고, 집에 속고, 겉모습에 속고, 자식에게 속고, 더 가지려고 또 속아요. 그러다 보면 만날 뒤통수 맞잖아요. 그렇게 사는 거예요.

그런데 그러다 보니까 결국 내 마음에 있는 진짜 영혼은 늘 외로워하고 힘들어해요. 어디로 가야 진짜 나를 만날 수 있을까 하고 그걸 찾기 위해 방황하며 다니는 거예요. 어떤 이상적인 사람을 만나서 나의 감성을 막 일깨워주길 바라고, 자기 착각에 빠져서 나이가 벌써 오십 육십 넘어가서 제비 서방에게 다 가져다주고 그렇잖아요. 이렇게 속고 저렇게 속는 거예요. 내가 남을 속이려고 하니 남도 나를 속이려고 드는 건 당연한 거예요. 내가 정직하게 살면 남도 나에게 정직하게 대할 수밖에 없어요. 유유상종이라고, 착한 사람은 착한 사람끼리 모이게 돼 있고 나쁜 짓 하는 사람은 나쁜 짓 하는 사람끼리 모이게 돼 있는 거예요.

근본이 그렇다 보니까 내 영혼을 찾기 위해서 노력하지요. 그러다 보니까 책에서 찾으려고 책을 보고, 길을 가다가 물어보려 애를 쓰고, '어느 집이 기가 막히게 잘 본다더라. 강남 어디로 가봐라' 하니까 물어 물어서 찾아가죠. 그리고 예, 예 하면서 쌈짓돈 털리고 오잖아요. 실제로 자업자득이고 내가 짓고 내가 받은 거예요.

그러면서 머리로 아무리 생각하고 잔머리를 굴려 봐도 잘살 길은 없고 오히려 괴로움이 더 가중되어 힘들어하는 거예요. 생각생각이 가지를 뻗어서 자다가도 벌떡벌떡 일어나요. 밤에 잠 못 자고 일어나는 게 결국은 스스로를 아무리 위로하려 해도 본인은 본인을 위로할 수 없어요. 내 영혼을 먼저 찾아야 해요. 그러면 내 영혼을 찾는 방법이 뭘까요? 내가 욕망에 짓눌리고, 남편에 짓눌리고, 자식에 짓눌리고, 돈에 짓눌리고, 이웃 눈치 본다고 짓눌리죠. 거기다 친정에 짓눌리고, 시집에 짓눌리잖아요. 가까이 보면 다 짓눌리는 거예요. 다 보기 싫으니 '이민이나 가서 살았으면 좋겠다.'라는 생각까지 하죠. 요즘 세금도 많이 내라 하고, 남북은 시끄러워지려고 하고, 하나도 마음에 드는 게 없단 말이예요.

그래서 항상 내 마음에 있는 그런 생각을 다시 접어서 가져와서 영원히 가는 거죠. 내가 진짜 가지고 싶었던 게 뭔가? 내 머리로 아무리 생각해도 안 되고, 이리저리 잔머리를 굴려 봐도 세상은 호락호락하지 않아요. 내 스스로 되는 것은 아무것도 없고 나도 나를 모르는데 남편한테 이래라 저래라, 자식한테 이래라 저래라 하죠. 부모님 말만 잘 들어도 성공하는데, 우리는 클 때 부모님 말 잘 들었어요? 부모님 말도 안 듣는데 부처님 말씀 잘 듣겠습니까? 처음에는 잘 안 듣는단 말이에요. 그런데 나를 스스로 들여다보면서 이것을 끌고 가는 거예요. '아, 내가 물질에도 속았고, 남편에게 너무 의지했구나. 나라는 존재가 타성에 젖어서 내가 진짜 내가 아니었구나.' 혼자 있을 때 눈물이 줄줄 흐를 때가 있죠? 그게 진짜 나의 영혼이에요. 나라는 본성은 찾아주지 않고 돌봐주지 않으니까 늘 외롭고 힘들어했다는 거죠.

과연 내가 누구냐? 불교를 믿는다는 사람들도 가만히 보면 머리로만 믿어요. '이뭐꼬' 이거죠. 우리나라 불교는 선불교를 추종하다 보니 '이뭐꼬' 소리를 많이 해요. '놓아라' '비워라' 이런 소리 많이 들었죠? 우리가 절에 가서는 '아이고, 부처님께서 비워라 놓아라 하던데, 다 놓고 돌아서 오니 또 허전하네. 뭐가 어떻게 됐나?'라는 생각뿐이에요. 그러니까 진실한 믿음이 없는 거예요. 종교가 뭐냐고 물어 보면 불교라고 하죠. 종교라는 것은 신앙생활이잖아요. 신앙심이 있으면 믿는 게 우선이죠.

우리는 스스로가 집 나간 지 오래 됐어요. 고아로 산 지가 오래되어서 부모님을 잃어버리고, 어떻게든 혼자 살아 보려는 마음밖에 없는 거예요. 고아는 어떻게 살아요? 여기저기 가도 눈치가 빨라야 하죠. 밥 한 끼라도 더 먹으려면 눈치가 빨라야 하고, 남보다 앞서 가야 하니 잠도 남보다 덜 자야 하고, 열심히 일한 죄밖에 없어요. 그렇게 살았어요. 그러면서 내 마음은 허전했다는 말이죠. '어디로 가면 진짜 내가 될 수 있을까?' 하는 마음을 어디에다 집어넣겠어요? 진실로 믿는 마음을 부처님께 가져가서 부처님을 대면하는 거예요.

부처님이란 과연 어떤 분인가를 잠시 이야기할게요. 『법화경』서품에 부처님이 『법화경』을 설하려고 할 때 무량의처삼매無量義處三昧라는 곳에 드신 채 광명이 비치면서 동방으로 일만팔천세계에 다 비쳤다고 해요. 그 가지가지 세계에 사는 사람들이나 장군이나 임금이나 보살이나 부처나 다 보이더라. 부처님의 법에서 이야기할 때 '光(빛 광)'을 빼놓고는 이야기할 수 없고, '華(빛날 화)'를 빼놓고 이야기할 게 없어요. 그래서 『법화경』을 설하실 때 말씀하시지 않고 그냥 동방으로 일만팔천세계를 다 보여주셨는데, 2,500년 전에 이미 일체종지를 요달하신 부처님이지만 그렇게 중생에게 가지가지의 희유함을, 빛으로 세계를 보여줬다는 것은 엄청난 이야기예요. 이 경전이 엄청난 말씀이라는 거죠.

21세기를 살아가는 우리는 지구상에 일어나는 일들을 텔레비전이나 인터넷을 통해 모르는 것이 없어요. 우리는 지구 반대편에서 테러가 일어나도 실시간으로 알잖아요. 광선으로 빛으로 모두 아는 거죠. 전 세계에서 일어나는 일들을 텔레비전이라는 매체나 갖가지 광선 매체로 집안에 앉아서 안다는 거죠. 단 지구상에서 일어나는 일들만 가능하다는 한계가 있어요.

그런데 부처님은 일만팔천세계를 그냥 한꺼번에 보여줬어요. 우리가 영화를 볼 때 가상의 현상을 보면서 울었다 웃었다 하잖아요. 그런 세계를 부처님은 일체종지를 요달하시고 영산회상이라는 곳에서 말씀 한 번 없이 그냥 무량의처삼매에 드신 채로 일만팔천세계를 비추어, 인간이든 인간이 아니든 제자든 제자가 아니든 거기에 모인 가운데서 그렇게 보여줬다는 거예요. 그걸 믿어야 할까요, 말아야 할까요? 우리는 부처님의 일체종지를 믿어야 해요. 일체종지를 요달하신 부처님 그 자체를 믿고 들어가야 한다는 거예요. 내 믿음의 주체를 바로 그렇게 부처님으로 끌고 가는 거예요. 나의 주인공 자리를 부처님께 맡기고 우리 스스로 믿음으로 시작되었을 때 나의 진짜 영혼이 일어나서 진정한 참회의 눈물을 흘리는 거예요. 여태까지 잘못 살았던 것은 참회하고 앞으로 잘못할 것까지 참회하는 거예요.

내가 아버지를 잃어버린 지 수억겁이었는데, 우리에게 아버지란 존재가 부처님이에요. 사생자부四生慈父라는 말이 바로 아버지라는 소리예요. 우리가 지금 아버지를 만났고, 대성자모大聖慈母라는 어머니를 만난 거예요. 그러면 생각해 보세요. 부모님이 돈도 많아서 해달라는 것을 다 해줘요. 그런데 그 자식이 집을 나간 지 오래됐어요. 그래서 자식을 잃어버렸어요. 부모님이 그 자식을 찾기 위해 수없이 헤맸단 말이에요. 그러다 이 길은 외통수 길이니까 틀림없이 이 길을 지나가지 싶어서 거기다가 으리으리한 궁궐 같은 집을 짓고 거기에서 자식을 기다리는 거예요. 오늘 올까 내일 올까, 20년 30년 40년 기다려요.

우리는 내 아버지가 있었는지도 모르고 나 잘났다고 머리 쓰고 돌아다니며 내 생각으로만 살았으니 복이 있겠어요? 부모님도 없는데 무슨 복이 있겠어요. 복이 없으니 지혜도 없겠죠. 복과 지혜가 다 없으니 가난한 게 당연하죠. 지혜도 없고 복도 없으니까 우둔한 삶이에요. 부처님은 복과 지혜가 넘쳐나는 분이에요. 부모님이 엄청난 부자인데 부모님이 계신지도 모르다가 어느 날 갑자기 찾았다고 생각해 보세요. 난 찢어지게 가난한데 내 부모를 찾아서 보니까 부자예요. 자식을 찾은 것만으로 부모님은 기쁘고, 내 새끼 왔다고 반겨주고, 있는 것 없는 것 다 해주려고 하겠죠.

우리는 그런 부모님을 찾아야 해요. 그러니까 사생육도四生六道라고 해요. 복도 까먹을 만큼 까먹었고, 수억 생을 살다 보니까 지혜도 어두워졌어요. 쇠가 오래되면 녹이 슬듯 우리 머리도 오래 쓰니 녹이 쓰는 거죠. 그렇게 가진 것이 점점 떨어져 가는데도 우리는 부처님 찾을 생각을 못하고 있어요. 그 복도 많고 지혜도 많은 아버지를 찾아서 필요한 것들을 받으면 해결되는데도 찾으려고 하지 않고 까맣게 잊고 살았다는 거예요.

이렇게 위대하신 부처님이 우리를 자식으로 보고 끝없이 안아주고 받아주고 필요한 것은 다 주겠다는데도 아직 마음으로 찾지 못하는 이유는 믿음이 올곧게 서지 못해서예요.

우리가 정말 지극한 믿음만 있으면 가피를 입게 되어 있어요. 부처님은 좋은 자식 미운 자식 가리지 않고 줘요. 그렇게 믿고 들어가라는 거예요. 부모님을 믿듯이 하면, 부처님 앞에서 지극히 머리 조아리지 않아도, 부모니까 미운 자식도 다 거둬주죠. 이게 부처님 생각이고, 이게 부처님 설법이에요. 이게 부처님이 『법화경』으로 말씀하신 거예요.

우리가 스스로 믿음의 주체자를 부처님으로 삼고 섬겨서 우리 마음의 자승의 불을 밝혀야만 복도 지혜도 생겨요. 어린 아이에게 다이아몬드 반지를 주면 다른 사람이 가져가 버리죠. 이와 같으니까 먼저 우리 스스로 부처님 앞에서 참회하고, 이런 것이 힘드니까 지극한 정성으로 부처님의 힘이 필요하다고 기도해야 해요. 그렇게 지극히 모셔야 내 마음의 주인공이 부처님으로 전도되는 거예요. 이것이 결국 믿음으로 승화되어서 무엇을 해도 걱정이 없는 그런 삶을 살 수 있는 거죠.

우리 한번 노력해 봅시다.

Q. 저는 불교가 참 어렵습니다. 어떻게 접해야 할까요?

𝒜 우리나라의 불교는 선불교입니다. 선종을 추구하다 보니까 '내 자신만 깨달으면 모든 것이, 내 자신이 부처'라는 것은 알았어요. 이렇게 가르침이 전해오다 보니까, 나는 중생의 연을 갖고 있으니 내 자신이 어떻게 깨닫는지를 몰라요. '화두를 잡아라' '참선을 해라', 그냥 혼자 입 다물고 있으라는 거죠. 그런데 그렇게 참선한다고 되던가요? 잡념만 더 많아집니다. 오늘 아침에 가스불은 끄고 나왔는지 생각하다가 도저히 못 앉아 있어요.

선이라는 것도 물론 필요합니다. 내 마음을 닦고 나쁜 기운을 몰아내고 내가 나쁘게 생각했던 모든 것을 몰아내는 것도 중요하지만, 우선 내가 이렇게 나쁜 마음이나 기운 속에서 살다 보니까 물들어 버려요. 물들지 않으려고 해도 장사도 하고 살아야 하고 직장생활도 하고 살아야 하니까, 결국은 그 속에서 살면서 계속해서 없앨 수 없어요. 그럼 그 마음을 그대로 가져가서 일단 믿는 마음을 내어 부처님께 모든 것을 의지하세요. 부처님께 의지했으니까 '저 집 줄 돈이 얼마인데……. 여기로 돌려 볼까 저기로 돌려 볼까?' 이렇게 머리를 쓰며 고민해 봐도 답은 이미 내 머릿

속에 있습니다. 내 머리의 한계는 거기까지예요.

그런데 내 어려움과 고통과 괴로움을 가져가서 부처님께 맡겨버리고 '알아서 해결해주세요' 하니 참 쉽죠. 내 어려움을 부처님이 해결해주든지 말든지 믿고 던져 버리니 걱정이 없어지죠. 그러면 잠도 편안히 자요. 부처님을 믿으면 그래요.

왜 내가 이런 이야기를 하느냐 하면, 천하에 정말 빌어먹을 것도 없고 가는 곳마다 뜻대로 안 되는 사람이 있어요. '저 수많은 사람이 나같이 복 없는 놈 때문에 죽는구나. 내가 죽어야겠다.' 하고 한강대학 풍덩과로 떨어졌어요. 다행히 길을 가던 스님이 건져주고 절에 데리고 갔어요. 일년 가까이 행자 옷을 입혀서 열심히 청소시키고 빨래시키고 하다가 스스로 문리가 터지려고 할 때 머리를 깎였어요. 그때부터 절에 오는 보살님들이 그 스님 보고 인사하죠. 그러면서 시줏돈도 주잖아요. 천하의 복 없는 놈도 머리 깎고 옷 입혀놓으니까 돈 받고 절 받잖아요.

그럼 무슨 마음을 내야 할까요? 무조건 믿는 마음을 내야죠. '지혜가 충만하시니까 나의 모든 것을 들어주세요.' 그렇게 들어서 내가 받는 거예요. 그래서 내 생활이 윤택해지면 믿지 말라 해도 믿는 거예요. 그러니까 종교는 믿음이 우선이라는 말이죠. 마음으로 부처님을 믿고 의지해서 내 생활 모든 것을 맡기고 지극정성으로 기도했습니까? 딴 생각 잡생각 하다가 해주겠지 하고 위안 삼지 마세요. 오늘 절에 갔다 왔다고 위안 삼지 마세요. 부자 아버지가 계시는데 수시로 드나들며 달라는 소리 안 하겠어요? 그와 같이 믿으세요. 그러면 이루어지는 거예요.

아버지를 믿고 어머니를 믿는데 그 이상 무엇이 더 있겠는가 하는 마음으로 불교를 믿으면 어려운 것이 아니에요. 내 자성의 초에다가 불을 붙이면 내가 부처님 자식이에요. 내가 부처님 자식이니까 결국에는 나도 부처 되는 거지요. 불교는 굉장히 쉬워요. 부모님을 믿듯이 믿고 마음속의 모든 것을 그 속으로 집어넣으세요. 내가 이 고통과 괴로움이 있으면 부모님도 괴로워요. 내가 부처님 자식으로 쑥 들어와 그 속에서 신심을 내어서 믿는다는 생각조차 없이 부처님 자식으로 들어와 버리면 되는 거예요. 그런데 우리는 머리로만, 생각으로만 믿어요. 그러니까 가피가 이루어지지 않는 거예요. 그러니까 좋다는 데는 다 찾아가보게 되죠.

내 진실한 믿음을 가지고 올곧게 믿어버리면 모두 끌어안고 용서하는 게 부처님이에요. 내 잘못이나 어려움을 부처님 앞에 가져가서 일배 일배 절을 하면서 정말 내 아버지처럼 위해 보세요. 그러면 복과 지혜가 왕양한 분이니까 내 필요한 것을 먼저 들어줘요. 팔만사천 방편이라 했잖아요. 우선 숨이라도 쉬어야 내가 어떻게 할 것 아니겠어요?

우리 마음속에 부처님을 심고 그대로 믿으면 우리의 자성이 든든해지는 거예요. 잃어버린 아버지를 찾았으니 얼마나 좋겠어요. 그게 견성이에요. 내가 진실로 믿고 들어가서 그 가운데서 아버지를 찾으면 그 환희심에 눈물이 나죠. 그게 견성이에요.

찾지도 못하고 찾은 척하니 부처님도 그걸 탓하신 거예요. 『법화경』을 설하실 때 "필요 없는 잎과 줄기는 다 떨어졌으니, 이제 내가 『법화경』을 말하겠다."라고 하셨어요. 모르면서 아는 체하지 말고 안 믿으면서 믿는 척하지 마세요.

가슴으로 부처님을 받아들이고 진실로 믿고 섬기면 우리 가운데 있는 자성이 그때부터 환희심으로 가득해져요. 이제까지 내 자신이 억눌려 살았고 핍박받고 살았고 괴로워하며 살았던 모든 것이 한꺼번에 응어리가 녹아내리고 눈앞이 훤해지고 즐거움이 넘치기 시작해요. 천하의 백(뒷배)을 얻었으니 그때부터 못 이룰 것이 없어요. '내 자식으로 들어오기만 하면 나는 너희들을 평생 구제해서 다 성불하게 만들겠다.' 이것이 부처님이 『법화경』 서품에서 가르치고자 한 것이에요.

그러니까 우리는 그것을 믿는 마음만 있으면 되는 거예요. 싹이 나와야 꽃이 피고 열매를 맺잖아요. 불심의 싹을 틔우고 믿음의 싹을 틔워서, 열심히 부처님의 경전을 함께 공부하는 그런 불제자로 거듭나시기 바랍니다.

2강

행복하려면 믿고 내 모든 것을 맡겨라

방편품方便品

이번에는 제2 「방편품」에 대해서 이야기해 볼까 합니다. 우선 「방편품」을 한번 읽어 봅시다.

내가 만약 중생을 만나면 모두 부처님의 도로써 가르치건만 지혜없는 사람들은 잘못 알고 미혹하여 그 가르침을 받아들이지 않네. 이러한 중생들은 일찍이 선행의 근본을 심지 못한 줄을 나는 아노라.

중생이 미혹하다는 것은 참 한심하다는 소리예요. 한마디로 말하면 "어떻게 그리 세상 철없이 사느냐? 제발 철 좀 들어라." 하는 거죠. 어떻게 사는 것이 바른 삶인지, 바르고 이롭게 끌고 가려고 하는 거예요. 우리는 여러 가지에 미혹하고 오욕락에 놀아나고 자기주장만 강하고 남을 무시하고 경멸해요. 집안에서도 이렇게 가르치니까 집 밖에 나가서도 그렇게 하는 거예요.

사람은 똑같거든요. 내 주먹이 나가야 상대의 눈이 빠지잖아요. 내 주먹이 가만히 있는데 눈이 빠집니까? 내가 먼저 뭔가를 했기 때문에 그 결과가 오는 거예요. 이것을 연기緣起라고 하고, 인과因果라고 하는 거예요. 부처님은 이것을 우리의 근기에 맞도록 이야기했단 말이죠. 쉽게 말하면 부처님은 "나쁜 습관과 버릇 좀 뜯어 고쳐라."라고 하신 거예요. 자기 욕심만 차리고 자기 위주로 살고 자기 멋대로 하려고 하고 잔머리만 살살 굴리며 살려는 것을 버리라는 겁니다. 그리고 성인이나 군자나 부처님의 습관을 들이라는 거예요.

미혹한 마음이 어디에서 왔느냐? 결국은 수없이 살아오면서 참된 불법의 인연을 만나지 못하고, 부처님을 만나지 못해 혼자 살다 보니까 엎어지고 자빠지며 살아온 거예요. 그게 어디 한두 해예요. 이미 수억겁 생을 그렇게 살아왔단 말이죠. 얼마나 안타까워요. 부처님은 그런 미혹 중생이 불쌍해서 연기설로 인과법으로 불법을 설법했어요. 가지가지 방편으로 설법하고 끌고 오기 위해서요. 어떤 보살님이 "부처님, 저는 이렇게 저렇게 살아서 꿈이 이렇게 맞는데요."라고 하니 "오냐, 잘한다. 네가 하는 것도 맞지만, 네가 아는 것을 버리고 더 이렇게 올라오면 된다." 하고 이걸 끌고 온 거예요.

우리는 옛날부터 칭찬에 약하고 바른 말은 듣기 싫어하잖아요.

"너 진짜 그런 것 고쳐라." 하면 "왜? 왜? 내가 어쨌는데? 너, 그렇게 함부로 말하지 마라." 그러면서 잡아먹을 듯이 달려들죠. 그러면서 자기합리화를 시켜요. "야, 사람들한테 물어봐라. 내가 어떻게 살았나." 제발 이러지 맙시다. 이것은 자기 습관을 합리화하는 거예요. 내 습관을 버리지 못하고 애착하는 거죠. 내가 잘못된 습관이 있으면 빨리 비우고 버려야 하는데, 잘못된 것인 줄 모르니까 문제예요.

가만히 생각해 보고 남이 지적해준 잘못된 습관을 내가 스스로 깨닫고 뉘우쳐야 해요. 그 다음에 부처님의 경전을 들여다보면서 지극한 마음으로 108배를 하거나 천배를 하거나, 하심을 하고 염주를 돌리면서 관세음보살을 찾고 석가모니 부처님을 찾는 거예요. 정근하거나 주력하거나 간경을 할 때 지극한 마음이 반드시 들어가야 해요. 그렇게 마음이 들어가서 하다 보면 마음과 마음이 통하는 거예요. 그래야 가피라는 거예요. '내가 어리석게 이걸 몰랐구나.' 한 가지 배우죠. 경전을 열심히 공부하다 보니 '내가 이렇게 어리석구나.' 또 한 가지 배워요. 그걸 깨달아간다고 해요.

부처님은 여러 가지 말씀 중에 중생의 미혹함에 대해 말씀하시고, 그 미혹함을 걷어내는 여러 가지 방편을 써서 삼승이나 보살이나 연각이나 이런 것을 설법을 했어요. 하지만 『법화경』에 와서는 오로지 올곧게 믿고 스스로 부처님의 자식으로 들어와 버리면 나쁜 습관과 버릇이 끊어집니다. 생각해 보세요. 내가 오로지 부처님한테 미쳐 있는데 딴 생각이 들어오겠습니까?

우리가 연애할 때를 생각해 보세요. 20대 꽃다운 나이에 참 가슴

설레죠. 착각도 하잖아요. 버스를 타고 가다가 남학생이 뒤에만 서 있어도 내 뒤통수에 눈이 붙은 것 같고, 저 사람이 왜 날 쳐다보나 하고 상상하잖아요. 알고 보면 착각이란 말이에요. 그렇게 꿈을 키워가며 조금만 놀라도 깜짝 놀란 척 포장을 하죠. 그런데 나이 들어 결혼하고 아이 낳고 살다 보니 집안에 바퀴벌레가 나와도 탁 때려 잡거나 발로 툭툭 차서 밖으로 내보내요. 그 정도로 겁이 없어졌죠. 그래서 요즘 젊은 사람들이 하는 말이 세계가 멸망해도 한국의 40대와 바퀴벌레는 살아남는대요.

우리나라 40대 주부들은 자식을 위해서라면 파출부를 해서라도 자식들 과외 시키잖아요. 그러다 보니 가슴에 멍들었어요. 왜 멍이 들까요? 나는 자식들을 위해서 파출부까지 나가면서 열심히 뒷바라지 해줬는데 이놈이 하라는 공부는 안 하고 딴짓하고 다녀요. "공부만 열심히 해라. 너는 공부만 하면 된다." 하면서 뒷바라지 해주고 여기저기 고생하며 벌어서 두 군데 세 군데 과외 시켰는데 그놈이 나를 배신하니까 어떻게 되겠습니까? 참 눈물이 나죠. 자식을 붙잡고 나가 죽어라, 들어가 죽어라 해봤을 거예요.

그런데 부처님은 어떻게 하셨어요? 속을 썩이거나 괴로움을 주거나 힘들게 해도 내 자식으로 한번 받아들이면 절대 버리지 않았어요. 그냥 있는 그대로 봐줘요.

내 자식 내 말 잘 듣고 나만큼만 살면 나만큼 복 없는 사람밖에 더 되겠어요? 가만히 생각해 보면 내가 그렇게 열심히 가르쳐서 내 자식이 꼭 나처럼 살길 바라요. 내 말 잘 들으면 최고잖아요. 내 말만 잘 들으면 최곤데 그 말조차도 안 듣는단 말이에요. 그러니까 나가 죽어라 들어가 죽어라 소리가 저절로 나오죠. 부모 가슴은 숯검댕이가 되겠죠. 품팔이를 해서라도 자식을 공부시키려고 했는데, 그 마음은 사라지고 '저놈이 내 말을 안 듣는구나.' 하죠. 심해지면 남편도 자식도 귀찮고, 혼자 우울증에 걸려요. 스스로 자학하다가 그렇게 돼요.

자식이나 남편은 나를 배신해도 부처님은 나를 배신하지 않아요. 그럼 되는 거죠. 진짜 믿어야 그 믿음 속에서 성불하는 거예요. 젊었을 때 연애하고 결혼하는 과정들이 좋은 일만 있던가요? 살아 보니 괴로울 때가 더 많아요. 믿음도 그와 같아요. 내가 믿음이 지극하려면 방해하는 것도 많아요. 그렇다고 흔들린다면 그건 믿음이 아니에요. 일구월심日久月深으로 내 마음은 한마음이고, 네 마음과 내 마음이 한마음이면 성불이에요. 생각해 보세요. 내 남편과 내가 한마음이 될 때 자식이 태어났잖아요.

그때만 좋았지, 더 이상 길어지면 스트레스를 받아요. 우리가 스트레스를 풀려고 노래방에 갔다고 합시다. 한두 시간은 목이 찢어져라 부르면 스트레스가 확 풀리죠. 그런데 하루 종일 노래 부르라고 하면 어떨까요? 노래라면 징글징글하겠죠. 아무리 좋은 것도 3일만 지나면 보기 싫어져요. 왜 그럴까요? 아무리 즐겁고 좋은 것도 이 세상의 것은 내가 가지고 나면 끝이에요. 착이 없어져요.

내 마음속의 끝없이 가지려는 마음을 내려놓아야 해요. 그래도 내 영혼은 외로워하고 내 마음은 평화롭지 못해요. 그것을 지키기 위해 새우잠을 자며 살게 돼 있어요. 밤에 자면서도 긴장하고 사니 얼마나 불쌍합니까? 그렇게 힘들게 살아요. 그러면서 한번씩 힘든 일이 생기면 대성통곡을 하잖아요. 제발 그 힘든 마음을 부처님 앞에 가져가세요. 미혹, 즉 쓸데없는 혹이잖아요. 부처님 앞에서 미혹함을 일배 일배 하면서 참회해야 해요. 정말 내가 부처님을 아버지로 모시고 관세음보살을 어머니로 모시고 두 마음이 아닌 한마음으로 했을 때 가피가 오고, 그 속에서 완연한 부처님의 자식으로서 그 집안에 들어가서 살 수 있어요. 그게 믿음이에요. 그 가운데 잘못된 습관도 버려야 해요.

잘못된 습관과 버릇을 어떻게 고치느냐? 부처님의 습관과 버릇으로 바꾸는 거예요. 이걸 보고 업그레이드라고 하죠. 요즘 도로는 포장이 잘 되어 있어서 차가 쌩쌩 달릴 수 있잖아요. 제가 대구에서 서울까지 오는 데 1시간 40분이면 도착해요. 옛날 비포장도로일 때는 이틀은 걸렸어요. 이게 뭐냐? 내 본연의 버릇과 습관은 비포장도로와 같아서 열 시간 스무 시간씩 가야 하는 길이었다면, 나쁜 습관과 버릇을 부처님의 습관과 버릇으로 바꾸면 한 시간이면 도착할 수 있어요. 이게 부처님의 습관과 버릇이라는 거예요. 비포장도로를 다니고 싶으면 다니세요. 하지만 뻥 뚫린 고속도로로 다니니까 얼마나 빠르고 편해요. 험난한 길을 택해 가는 것은 미혹 중생이에요.

뻥 뚫린 고속도로를 달리는 것은 우리가 부처님의 버릇과 습관으로 어떻게 바꾸느냐에 달려 있어요. 미혹함을 벗은 자리에 지혜광명이 가득한 부처님의 습관과 버릇을 들이면 부처가 되어 복이 넘쳐나는 거예요. 그러니까 마음속에 믿음이 투철해지면 부처님은 모든 것을 다 아시죠. 『법화경』에는 부처님이 설법을 하려고 할 때 동쪽으로 일만팔천세계가 다 보였듯이, 유정천이라는 하늘세계까지 하늘에 있는 사람이든 사람 아니든 이런 신격화된 모든 것들도 부처님의 법문을 듣기 위해서 찾아 헤맸어요. 그러니까 하늘 신이든 무간지옥부터 유정천까지 모든 중생을 모두 아울러서 설법을 하시고 일체종지를 가르쳐준 분이에요.

『묘법연화경』이라고 하는데, '묘법'이라는 건 어디다가 형용할 수 없는 말이기 때문에 소소할 때는 먼지 속의 미세한 전자까지 다 알잖아요. 온 우주를 품어도 거기에다 어떻게 붙일 말이 없으니까 묘자를 붙여놨어요. 법이라는 건 진리예요. '연화'는 세상에서 제일 예쁜 꽃은 연꽃이라 생각하죠. 연꽃은 물에서 피는데 더러운 물이든 깨끗한 물이든 물들지 않아요. 물들지 않는다는 것은 우주의 피어나는 것을 형상화하는 거예요. 연의 빛이 이와 같이 온 우주를 감싸는 법이 『묘법연화경』이에요. 이것을 나타내기 위해서 우주의 모든 진리를 나타내고 일체종지를 가르치고, 부처님의 자식으로 받아들여서 부처 만들겠다는 거예요. 중생을 다 자식으로 받아들여서 부처의 지견으로 올려주겠다고 하는 것이니, 얼마나 대단합니까?

그런 부처님이기 때문에 믿어도 허망하지 않는 거예요. 믿으면 복과 지혜가 넘쳐나요. 우둔하고 어리석고 미혹한 자는 지혜 있는 자를 못 당하고, 복 있는 자를 못 당해요. 제가 어른 스님께 들은 얘기가 있어요. 한국전쟁 때 부산 범어사에 전국 각지에서 스님들이 피난을 와서 탁발을 하고 지냈어요. 전쟁 중이라 다들 어려웠겠죠. 그런데 어떤 스님 한 분이 왔는데 그날부터 시주가 얼마나 들어오는지 탁발 없이도 살았답니다. 한 사람의 복이 그렇게 많은 거예요.

그러면 부처님 복은 오죽하겠습니까? 한번 생각해 보세요. 눈에 보이지 않는 복이 제일이라는 말이 우리 삶에 활력이 생기고 발전하게 하잖아요. 정말 이 시간까지 우리가 부처님을 찬탄하고 이렇게 법석을 열어서 경전을 이야기하잖아요. 우리 생활이 정말 부처님을 떠나서 안락하고 행복하다면 이 자리에 와서 앉아 있을 사람 없을 겁니다.

부처님을 의지해서 부처님의 복과 지혜를 받아서 결국 성불하려면 믿음부터 해결해야 해요. 믿음으로 민생고도 해결하고, 믿음으로 사람과 사이에 불신이나 괴로움이나 어려움을 극복할 수 있는 힘을 부처님한테 받아야 한다는 거죠. 성불도 좋고 자성으로 알아서 부처 되는 것도 좋지만, 일단 부처님의 위대함을 믿어야 하고 부처님의 가르침을 받아들여서 가슴속에 부처님으로서 승화되어 꽉 잡고 있어야 가피든 성불이든 복이든 받을 수 있는 거예요. 이것도 없이 머리로만 믿는다면 복을 주고 싶겠어요? 줬던 것도 뺏고 싶겠죠. 그래도 부처님은 주긴 주겠지만요. 오욕락에 놀아나고 수억겁을 살아오면서 미혹 중생으로 들였던 잘못된 습관과 버릇 대신에 부처님의 대자대비하고 복과 지혜가 왕양함을 받아들여서 결국 내 것으로 만드는 거예요. 내 것으로 만들어서 내가 써먹으니 많은 사람들이나 저 사람이나 다 똑같아요.

자기 얼굴 다 고쳐서라도 복을 받을 생각을 하지만, 아무리 고쳐봤자 마음 잘못 쓰면 말짱 도루묵이에요. 그러니까 돈 들여 얼굴 고칠 필요 없어요. 절에 가서 마음 잘 쓰고 부처님 말 잘 들으면 저절로 그렇게 된다는 말이에요. 부처님을 칭송하고 찬탄하면 복력이 늘어나요. 재산만 늘어나는 게 아니라 지혜가 늘어나요. 신심을 가진 불자로 자긍심을 가지고 살아갈 수 있고, 어디 가도 천 배든 만 배든 당당하게 절을 할 수 있어요. 부처님과 마주보고 웃을 수 있고, 가슴으로 부처님과 나누는 그 따뜻함 때문에 때로는 기도할 때 눈물도 나요. 기도하면서 눈물 흘려 보지 않은 사람은 몰라요. 원래 적당히 살면 인생도 논하지 말라고 그랬어요. 인생살이도 적당히 사는데 미쳐 보지 않은 사람과 무엇을 논하겠어요.

신심과 원력을 세워서 부처님을 믿고 내 습관과 버릇을 놓아버리는 그것이 부처님의 팔만사천 가지가지 방편으로 말씀하셨던 거예요. '고통과 습관을 버리고 나에게 오면 복과 지혜를 한꺼번에 주리라.' 대단하죠. 천하에 복 없이 살면서 왜 부처님 찾을 생각을 안 할까요? 지극히 믿으면 우리 마음속에 이루지 못할 일이 없다는 거죠.

그 다음에 성불이에요. 일생성불이라 그랬어요. 『법화경』에 일생성불 할 수 있다 그랬어요. 왜 성불하는지 알아요? 유전인자 검사하면 내가 부처님 자식으로, 유전인자가 나와요. 내가 아무리 버려져도 부처님 자식이기 때문에 점점 자라 부처가 되는 거예요. 사과 씨를 심으면 사과가 열리는 것과 같아요. 그렇게 유전인자를 보면 저 윗대 조상까지도 누구라고 나오잖아요. 아랫대도 마찬가지예요. 그만큼 유전인자가 중요해요. 습관과 버릇이 바뀌고 내 유전인자가 부처님의 유전인자를 받아들였을 때 우리는 정말 복과 지혜가 왕양한 부처님의 자손으로 살 수 있어요. 천하를 얻었으니 즐겁지 않겠어요? 날마다 가슴 설레는 일이 생기겠죠? 그래서 스스로 습관과 버릇을 고친 자리에 부처님의 습관, 보살의 습관을 들여야 해요. 우리가 진정으로 행복하려면 이렇게 습관을 바꿔서 정말 내 생활 속에 앉으나 서나 늘 그 속에서 함께 하는 것이 생활 속의 불교이고, 그것이 부처님의 가르침이라는 거죠. 불교는 절대 종교다 이 말이에요.

종교는 신앙이에요. 신앙은 심신이 있어야 해요. 믿는 마음 없이는 종교라 할 수 없어요. 불자라면 진짜 이제부터는 믿고 따르고 의지하라는 겁니다. 그리고 그 속에 들어와 살면 매를 맞아도 조금 맞고, 좋은 일 많이 생길 것 아닙니까? 왜냐하면 겨울에 강에 얼음이 얼지만 봄이 오면 얼음이 다 녹는 것처럼 그렇게 업이 녹아버리기 때문이에요. 우리가 쌓았던 모든 업이 녹고 강물이 넘치듯이 복이 넘치게 되면 그것이 부처님의 자손으로 사는 거예요. 이것을 「방편품」에서는 어리석음 벗고 오욕락을 벗어던지고, 진실하고 신심 있는 그 마음을 오롯이 담아서 부처님 자식으로 들어오기만 하면 사람이든 사람 아니든 사생육도 하는 모든 중생들을 거둬서 부처로 만들어주겠다는 거예요.

그러니까 믿음이 제일이라는 거예요. 믿음 위에 사랑이 꽃피는 거지, 믿음이 없으면 사랑을 피울 수 없어요. 서로 불신하면서 어떻게 자식이 나오겠어요. 멀리 보지 말고 살아갑시다. 부부가 서로 신뢰가 있어야 결혼해 자식 놓고 살죠. 어딘가 모르게 내 눈에 콩깍지가 씌었으니까 결혼했단 말이에요. 좋은 것보다 나쁜 게 많아도 그것도 내 것이니까 받아들여요. 좋은 것이든 나쁜 것이든 내가 가진 것은 다 받아들여서 나를 다시 바꾸는 거예요. 어떻게 바꿔야 할까요? 남편이 오늘따라 내가 제일 싫어하는 짓만 해요. 술이 엉망으로 취해 들어오고, 차는 사고가 나서 엉망이면 참 속상하겠죠? 그러니 결국 어떻게 해요? 손이 막 올라가잖아요. 그런데 그 손을 거두고 "당신, 오늘 그래도 멋있다. 안 다치고 돌아와서 다행이다." 하고 내 속은 천불이 나도 스스로 연극을 하다 보면 미워하는 마음이 없어져요.

내가 미워하고 괴로워하고 시기했던 마음들이 내가 내 자신에게 연극을 하고 주인공 노릇을 하니까 여여하게 살아갈 수 있는 거예요. 이렇게 부처님은 나를 버린 자리에 모든 것을 받아들이라는 거예요. 나라는 존재는 계속해서 주인공 노릇을 하는 연극을 하라는 것이 부처님 가르침이에요. 부처님을 믿고 습관과 버릇을 고치고 부처님의 습관을 들여서 행복한 삶을 살아갑시다.

법/화/상/담

Q. 잘 산다는 것의 의미가 무엇인지 알고 싶습니다.

A 미간이 깨끗하고 얼굴에 빛이 나는 사람들은 그만큼 열심히 사는 사람들이에요. 하지만 내가 열심히 잘 사는데도 허망하고 힘든 것은 내 마음속에 믿음이 없고 주인공이 없기 때문입니다. 내 스스로 모든 걸 해결해야 한다는 생각 때문에 머리는 늘 바쁘고 가슴은 콩닥콩닥 발은 종종걸음을 치며 사는 거예요. 내가 괴로워하고 힘들어하고 어떻게 하면 잘 살까 하는 생각조차

도 부처님에게 맡기고, 나는 여여하고 지혜와 복덕이 가득한 모습으로 모든 것을 맞이할 줄 아는 마음이 결국은 세상을 잘 사는 것 아닐까요? 진실로 믿고 의지하고 믿음 속에서 사는 거예요.

그 다음에 내면에서 나라는 존재를 믿어주세요. '너 참 고생이 많다. 이 눈치 저 눈치 봐가면서 돈 벌어온다고 고생한다.' 내 자신의 내면을 스스로 끌어내서 칭찬하는 거예요. 그 다음에 나보다 못한 사람도 많으니까 내가 그런 사람보다 낫다 스스로 위로하며 부처님의 지견으로 바뀌어서 많은 사람에게 이익되는 삶, 자리이타自利利他한 삶이 잘 사는 삶 아닐까요? 머리 좀 식히고 생각 너무 많이 하지 마세요. 그것 좀 버리고 맡기고 부처님께 의지하면 진실로 내면에 활력이 생겨요. 활력이 생기면 늘 얼굴은 웃음이 가득해요. 믿고 의지하니까 그 에너지가 전달된다는 거예요. 그러니까 나의 미혹은 걷어내고 미혹된 힘에 지혜를 주니까 모든 일하는 데 있어서도 차례차례 앞으로 향해 가는 거예요.

부처님을 믿고 살면 불가사의한 일들이 많아요. 어제까지 미워 죽겠던 남편이 그리 예쁠 수가 없어요. 스스로 감사할 줄 모르니까 미운 점만 찾는 거죠. 이것도 믿고 저것도 믿고 이러면 나도 대충살이가 되는 거예요. 내가 대충 살지 않으려면 내 남편부터 대접해주세요. 그러면서 내가 대접받고 싶거든 부처님한테 가서 공양 올리고 기도하세요. 내가 진실로 사랑하고 좋아하는 것을 부처님께 내놓아 보세요. 천 원짜리, 만 원짜리 불전 내놓고 복권 일등하길 빌지 마세요. 이렇게 흥정하고 거래하듯 하지 마세요. 내가 줄 때는 아낌없이 주는 거예요. 부처님을 섬기는 것도 아낌없이 섬기는 거예요. 우리 부처님 잘 계신가, 우리 부처님 어떠신가, 우리 부처님께 참회해야 하는데 하고 늘 들여다봐야죠. 일년에 한두 번 가서는 안 된단 말이에요. 부모님을 일년에 겨우 한두 번 찾아뵙는다면 그 부모 마음은 찢어지겠죠. 더 자주 찾아가면서 선덕을 지어야 해요. 산 조상에게 잘하고 돌아가신 조상에게 잘하는 게 복덕이 되어 자손 대대로 미치는 거예요. 복덕을 짓고 선덕을 지어 나 없는 삶이 부처님의 삶이에요.

부처님 닮은 삶을 살다 가면 행복하겠죠? 내 마음을 비우고 사니까 행복하고 수용하고 사니까 행복하죠. 내 스스로 모든 걸 가둬놓으니까 새장 안에 갇힌 새가 되어 옹졸하고 졸렬하게 살아가는 거예요. 벗어던지세요. 더러워진 옷을 세탁해 입듯이 마음속의 때도 벗어 세탁해서 하얗게 입으면 얼마나 좋겠어요? 그렇게 살아가는 것이 불자다운 삶이에요. 그런 방법이 부처님 경전에는 무궁무진해요. 진리고 복이고 가지지 않은 것이 없으니까 스스로 믿고 의지하고, 그 다음에 거기에서 더 진실하게 마음을 내는 거죠. 그러니까 처음에는 믿지 않더라도 제발 부처님 전에 가서 눈이라도 한 번 마주쳐 보세요.

2,500년 전에 부처님이 이 땅에 오셔서 중생을 제도하겠다고 서원을 세우고 일국의 왕자 자리도 벗어버리고 6년 간의 고행 끝에 성도하셨어요. 그런데 부처님은 이미 성불하셨어요. 우리는 그것을 따르고 믿고 의지하면 됩니다. 내가 아무리 초를 갖고 있어도 불을 켜지 않으면 초의 역할을 못 하잖아요. 내 초를 부처님 앞에 올려서 지극하게 기도하고 발원해서 거기에 관련된 부처님의 불을

밝히면 자성이 빛나고 부처가 됩니다. 비우고 버리라는 말이 결국 받아들이라는 소리예요. 내 현실을 받아들이고 괴로움도 스스로 받아들여서 내 속에서 영글어 그 모든 독화살이 들어와도 나는 선연을 베풀 수 있는 것이 결국 부처님의 가르침이 되고, 그 복력이 늘어나면 우리 주위가 빛이 날 겁니다.

진정한 복덕은 이와 같아서 부처님께 매달리는 힘이 아주 강렬한 에너지가 나와서, 부처님의 해탈한 미소와 내 다짐이 딱 마주쳤을 때 잘 살 수 있는 그런 원천이 부처님을 믿는 가운데 있다고 생각해요. 건강하고 행복한 삶을 위해서는 내 습관과 버릇을 버린 자리에 부처님의 습관을 들여서 행복을 누리시길 바랍니다.

믿음을 생활 속으로 가져오세요

비유품譬喩品 · 신해품信解品

신록의 계절이라는데 꽃가루가 많이 날려요. 온 집안이 다 누렇죠. 자연과 친화적으로 살지 못해서 요즘 가정마다 알레르기다 천식이다 해서 힘들어하더라고요. 봄이 되면 당연히 꽃이 만개하고 꽃가루가 퍼져야 만산에 자라나는 보람이 있을 것 아니겠어요? 그런데 자연이 섭리대로 하는 일인데도 우리는 불편하고 힘들어지기도 하고, 심한 경우 병원을 드나들어야 하죠. 우리가 자연과 좀 더 친하게 살아가면 막을 수 있지 않을까요? 옛날에는 아토피가 어디 있어요? 흙에 뒹굴어도 멀쩡했는데, 먹고살 만하니까 가지가지 병이 와요.

자연과 멀어지고 생활이 나아지면서 종교적으로 신앙심도 줄어들어요. 먹고살 만한데 무엇 하러 부처님을 찾겠어요? '나만 반듯하게 살고 남에게 피해 안 주고 살면 되지, 부처한테 가서 뭐 하나?' 하죠. 어떤 사람들은 불공드리러 절에 간다고 하면 "남편이나 믿고 살지, 부처 보면 뭐 하나?" 그런 소리도 해요. 꼭 불교뿐만이 아니라 다른 종교들도 마찬가지예요. 자기의 삶이 바쁘다 보니까 딴생각할 여지가 없는 거죠.

옛날에는 이름난 분들만 바빴는데 요즘은 주부들도 아침부터 일정이 빡빡하게 짜여 있어요. 요즘 유행하는 힐링이라는 말은 우리말로 하면 여유 있게 살아가는 거예요. 마음에 모든 것이 꽉꽉 차면 결국은 터지거나 확 풀려 버리는 거죠. 그게 정신적인 장애예요. 너무 쪼아 놓은 삶에서 정신적으로 안정을 취하는 게 힐링입니다.

알고 보면 불자들 스스로 앞만 보고 부처님이 말씀하신 삼복심을 좇아가는 삶이에요. 부자가 돈이 많다고 행복하지 않죠. 없는 사람은 단순히 없는 것만 걱정이라 아침 먹고 점심 걱정하고 점심 먹고 저녁 걱정만 하면 되는데, 백석군은 백 가지 걱정이고 천석꾼은 천 가지 걱정이 있다고 하잖아요. 지키기가 그만큼 어렵다는 거죠.

내가 겉으로만 취하는 대로 좇아가서 거기에 대한 집착 때문에 내 영혼은 늘 힘들어하고 외로워해요. 그게 나라는 존재예요. 바쁜 것을 잠시 멈추고 생각하는 것도 잠시 멈추고 내 자신을 가만히 들여다보세요. 나는 과연 어디 있나를 보는 거예요. 중생의 삶에 따라서 바람 부는 대로 이리저리 흔들리는 스스로의 삶을 부처님의 삶대로 버릇을 바꿔 보는 거예요.

불자들이 다 복이 있으면 좋겠는데, 요즘은 진실된 신심의 불자가 드물어요. 그래서 믿는 마음이 약하다 보니까 공부는 많이 해요.

알만큼 안단 말이죠. 불교의 기초 교리다 경전이다 많이 보고 머리로는 아는데, 실천 없는 공부를 하다 보니까 다음 진도가 안 나가요. 그래서 마치 사냥개가 토기를 쫓아가다가 토끼가 나무 위로 올라가니까 나무 위는 쳐다보지 않고 나무 밑만 빙빙 도는 것처럼 늘 헤매죠. 믿음 자체를 잃어버리고 헤매고 방황하는 거예요. 부처님을 믿고 의지하면 부처님 집 안까지 쑥 들어와야 하는데 집밖에서만 빙빙 돌고 있어요.

『법화경』「서품」이나「방편품」에서 이야기했어요. 말씀 한번 없이 『법화경』을 설하실 때 앉은 채로 선정에 드셔서 광명이 나오고 동쪽으로 일만팔천 리를 비춰서 갖가지 세계의 사람의 모습을 비춰 보여주셨어요. 그렇게 말씀 없이 앉아 있다가 결국은 오천 비구 비구니들 가운데 잘못 깨닫고 있는 이들은 떠나 보내고 제대로 심신이 있는 자만 남았죠. 그러니까 우리는 아무것도 몰라도 돼요. 믿음이 우선이에요. 부처님을 내가 얼마만큼 믿느냐, 내가 부모님을 믿는 만큼 믿는 거냐. 육신을 낳아주신 부모님이 재산·명예·권력 다 있는데, 부모님과 떨어져 딴짓하고 사는 사람은 없잖아요. 왜냐하면 부모님께 부탁하면 다 들어주는데, 그런 부모님을 구태여 버리고 딴 데 가서 고생하겠냐는 거죠. 그런 부모님을 만난 사람은 복이 많다고 하죠. 그런 부모님을 놔두고 찾지 않는 우리가 더 복 없는 사람이에요.

'나만 찾으면 내가 너희 아버지로서 당연히 지켜주고 보호해주고 자식으로 받아들여서 네가 필요하고 어렵고 힘든 것을 내가 다 들어주마.'라고 이야기하는 것이 부처님의 경전이에요. 그러면 근본은 뭐냐? 내가 중생계에 살면서 중생놀음을 하는 데 있어서도 천층만층이잖아요. 힘든 삶을 사는 사람도 있고, 여유롭게 사는 사람도 있고 가지가지 있어요. 그것이 복력에 달렸다고 보는 거죠. 그런데 흥부네 복력이 아무리 없더라도 부처님을 믿으면 부처님의 복력이 내 것이 되는 거예요. 열심히 기도하면 내 삶에 없는 복을 복혜가 왕양한 부처님에게 받아서 삶이 윤택해지는 거예요.

고통 받고 힘든 사람에게 그 고통과 힘듦을 덜어주지 않는 종교라면 그런 종교는 우리와 함께 할 수 없어요. 분명한 것은 부처님은 복혜가 왕양해서 그 복을 분명히 여러분께 주신다는 거예요. 성불도 물론 성불이지만 그보다는 중생계에 살면서 어려움이나 고통조차도 부처님은 받아들입니다. 우리가 일일이 고백하면 부처님은 우리의 고통과 괴로움을 분명히 들어주기 때문에 믿고 의지하는 거죠. 그 다음에 부처님의 자손으로 들어와 살다 보면 어느 순간 부처가 되는 것은 당연한 일이겠죠? 우리가 믿음을 가지고도 어디로 가야 할지를 몰라 늘 밖에서만 돌기 때문에 가피라는 복력을 받지 못하는 거예요.

오늘부터 이 말을 들었으니 절에 가거든 '아버지, 저 왔어요.' 하고 안겨 보세요. 안기는 자식이 예쁘잖아요. 밖으로 빙빙 돌기만 하는 자식은 별로 마음에 안 들죠. 날마다 사고만 치고 나를 힘들게 하고 괴롭게 하거든요. 그런데 나에게 안기는 자식은 떡 하나라도 더 주고 싶잖아요. 결론은 그런 믿음을 가져야 한다는 거예요. 어렵게 생각할 것 없어요. 내가 부모님을 믿고 부모님을 의지해서 부모님 집에 들어가서 내 어렵고 힘든 것을 넋두리하듯 하는 거예요. 그 다음에 필요한 것을 간절하게 달라고 하는 거예요. 그럼 당연히 그것이 이루어지게 됩니다. 그 다음에 구경에는 성불하는 거예요. 부처님의 자식이 성불하지 않으면 누가 하겠어요?

다른 경전에 보면 내가 스스로 나를 깨닫고 요달해 가고 소승이나 연각·성문승을 이야기했는데, 부처님이 설법을 하다 보니 어느 제자가 "부처님, 저는 이렇게 생각합니다. 이게 바로 연기이고, 짧은 것이 있으니까 긴 것이 있다는 것에 공감합니다."라고 하니 "그래. 네 말도 맞구나." 하세요. 그렇게 자꾸 점진적으로 부처님이 말씀을 하다 보니 소승이다 성문이다 연각이다 독각이다 여러 가지로 비유해서 팔만사천 가지로 그 그릇그릇에 맞춰서 말씀하신 거예요. 그 사람의 소견에 따라서 이야기를 하신 거죠. 우리 스스로가 내 그릇이 얼마나 되는지 가만히 가늠해 보고 제발 내 아상·인상·중생상·수자상 중에 아상이라는 것만 비워도 돼요. 나라는 존재를 거기에 심어 놓으니까 늘 나도 괴롭고 집안도 괴롭고 남편도 괴롭고 자식도 괴로운 거예요.

내가 편하려고 아이에게 "야! 저것 좀 가져와." 하고, 내가 조금만 움직이면 되는데 귀찮으니까 항상 외식하자 그러죠. 이렇게 결국 한달 열심히 벌어도 외식하고 옷 사 입는 데 다 써요. 남자들도 죽을 거 같으니까 딴 생각을 해요. 만날 해줘 봐야 자기 치장만 하죠. 그러지 말라고 한마디 하면 산다 못 산다 소리가 나와요. 21세기는 여성 상위시대라고 하는데 옛날에도 여성들이 더 나았어요. 어머니라는 존재잖아요. 세상의 모든 남자들이 어머니에게 더 의지를 하잖아요. 어머니의 가르침대로 자식들이 크다 보니까 여성

상위시대가 자연스러운 거죠. 그런데도 새삼스럽게 상위시대를 이 야기해요.

서로가 노력하는 거죠. 나라는 존재를 넣어 놓고 보면 노력하는 데도 장애가 돼요. 나라는 존재를 버린 자리에 남편도 심고, 자식 도 심고, 내 주위를 심어 보세요. 내가 조금 고생하고 내가 조금 힘 들더라도 힘들고 고생한다는 생각조차 버리면 됩니다. 나라는 존 재를 넣고 힘든 걸 참으면 세 번까지는 참다가 네 번째는 폭발해요. 참는 데도 한계가 있잖아요. 그동안 봐준 것도 간 곳 없이 자기 고 집 성격대로 하죠. 그런데 이것을 떠나 진짜 내가 참았다 참아준다 는 생각조차 없는 거예요.

인생은 연극이에요. 연극은 어떻게 하느냐? 스스로가 긍정될 때 긍정하는 이야기를 해야 해요. 여러분이 항상 상대방을 따라 "예" 하면 여러분은 주인공이 아니라 엑스트라가 되는 거예요. 그러면 나는 항상 조연만 하게 되죠. 내 스스로 내가 정말 간단히 될 때 아 무 말 안 해도 '그러네요.' 하는 그거예요. 스스로가 인정하는 거죠. 내 스스로가 주인공이 되는 거예요. 힘들고 어렵고 고통스럽고 쥐 어박고 싶을 때 손이 나가다가도 고운 말이 나오죠. 내 스스로 연극 하는 거예요. 그러면 결국 내 마음이 편해져요. 이게 참는 바 없이 참는 거예요. 내가 스스로 참았다는 생각조차 잊는 거예요. 그러면 내가 없기 때문에 남편을 봐도 예쁘고, 남편이 힘들면 내가 더 힘 들고, 남편을 위해 자연히 기도하게 되고, 자식이 어려울 때 자식을 위해 자연히 기도하게 되어 있어요.

나를 앞세우면 만사가 귀찮아지고 결국은 내 영혼은 외로워져요. 나를 쫓아가다 보면 내 영혼이 외로워지니까 요즘 사람들이 음력으로만 사는 거예요. 좋은 것만 찾고 어디를 가도 내 몸 위하는 것만 찾고, 몸에 좋다면 보신여행도 하고, 죽을 만큼 뛰며 에어로빅하죠. 그리고 집에 돌아오면 엉망진창이고, 파출부 불러 청소 시키죠. 먹고살 만하니까 이러는 거죠. 그게 얼마나 가겠어요. 복을 까먹는 행동을 하고도 복을 까먹는 줄 모르는 거예요.

부처님의 제자라면 정말 윤회를 믿어야 해요. 『법구경』에 "어제는 주인이 소를 몰고 밭을 갈더니, 오늘은 소가 주인을 몰고 밭을 가는구나."라는 구절이 나와요. 누구나 육도중생을 면치 못해서 어제까지는 주인이라고 소를 몰고 밭을 갈았는데, 오늘은 소가 주인이 돼서 주객이 전도되는 거예요. 사람이 소가 되고 소가 사람이 되어서 바뀐 인생이 되는 거죠. 이렇게 육도중생을 면할 수 없어요. 그러면 육도중생을 면하려면 어떻게 해야 할까요? 철저하게 부처님의 버릇과 습관을 들여 버리면 됩니다. 내 음력의 자리에 내가 힘들어하고 괴로워하고 어려워하는 것을 버려야 해요. 부질없는 것에 메여서 착을 부리고 있는 것이거든요.

20대를 거쳐 40대가 되고 50대가 됐죠. 그런데 연애를 하다가 어떤 이유로 어느 순간 헤어졌다면 일주일이든 한 달이든 그 사람이 보고 싶어서 미칠 지경이죠. 눈을 뜨나 감으나 그 생각밖에 안 나죠. 만약 우리가 부처님을 그렇게 찾았으면 벌써 성불했을 거예요. 그런데 그렇게 내 목숨마저 버릴 정도로 애간장이 녹았었는데 지금도 그런가요? 세월 앞에 장사 없어요. 다 부질없고 지금 와서 생각하면 참 어리석었다는 생각이 드는데, 부처님이 볼 때는 중생들의 삶이 얼마나 어리석어 보일까요? 아무리 잘났다 해도 참 어리석은 짓이라는 거죠. 깨닫지 못했다면 모든 것이 중생이니까요.

깨닫지 못했더라도 부처님의 자식으로 조금만 살아도 우리의 복력이 늘어납니다. 부처님의 잃어버린 자식으로서 수없는 세월 동안 헤매다 부처님을 만났지만, 부처님이 아버지인 줄 모르고 용렬하고 얻어먹던 근성을 버리지 못했어요. 아버지를 보고도 몰라보는 거예요. 그러니 하인들이 데리러 가니 '내가 궁궐 같은 집에서 억울하게 죽는구나.' 하고 바보 같은 생각을 하는 거예요. 사람의 성품이나 사람의 그릇을 비교한 말씀이죠. '너는 그릇이 용렬하구나.', '너는 그릇이 큰 것을 보니 보살이구나.' 여러분들이 보살님 소리 들으려면 그릇이 엄청 커야 하는데 함부로 보살 소리를 듣고 있어요.

내가 지금 고민하고 힘들어하고 갈등 번뇌 망상 속에 싸여 있어요. 내가 어떻게 살아야 할지 아무리 노력을 해도 사실은 한치 앞도 몰라요. 요즘 세상은 너무 빠르게 움직이다 보니까 차 없는 집 없죠. 집집마다 차를 끌고 다니는데, 아침까지 밥 잘 먹고 갔다 올게 인사하고 나갔다가 그 길로 영원히 가버리는 사람도 있잖아요. 그만큼 한치 앞도 모르는 게 세상이에요.

그러면 과연 어떻게 살아야 할까요? 내가 내 머리를 믿고 잔머리 큰머리 다 굴려 봐도 그렇게 살아가는 건 한계가 있어요. 그리고 한치 앞도 모르니까 늘 불안 불안해요. 꿈자리만 조금 시끄러워도 오만 소리를 다 하잖아요. 돌아누우면 괜찮다는데, 엎어져 누우면 괜찮다는데 그러죠. 그러면서 어젯밤 꿈자리 탓하잖아요. 나라는 존재는 늘 그렇게 내 머리를 쓰고 내 생각을 가지고 내가 고민하고 사니까 불안할 수밖에 없어요. 나를 믿고 맡길 곳이 있으면 절대 불안하지 않아요. 부자들은 자기 집에 돈 안 두죠. 전부 은행에 맡겨 놓고 믿으니까 걱정 없이 살잖아요. 없는 사람들은 적은 돈도 집에 놔두고 불안해요. 그러니까 믿고 맡길 곳이 있어야 해요. 믿고 맡기는 곳을 바로 부처님으로 삼아 보세요. 어렵고 힘들고 고통스러운 것도 믿고 갖다 맡기고 복력이 있다고 생각하고 부처님을 섬겨 보세요. 지극한 마음으로 그렇게 하면 그 복력이 배가 되어서 복리 이자보다 더 많이 붙을 겁니다.

이렇게 믿음으로써 발심하고 믿음에 모든 걸 맡기고 나면 스스로 생각하는 모든 괴로움이나 즐거움조차도 떨쳐 버리고 늘 행복을 느끼고 살 수 있어요. 혼자만 하지 말고 부부가 함께 하세요. 혼자 아무리 노력해도 집에 가면 벽이 하나 있잖아요. 그 벽부터 뚫는 생각을 가지고 기도해 보세요. 내 남편도 제도 못 하면서 딴 데 가서 불자입네 하고 오만 좋은 소리를 다 한단 말이에요. 그러다가 '너희 집은 괜찮냐?' 하는 소리만 나오면 입을 닫죠. 자기 집도 제도 못 하면서 밖에 나가서 불자라고 할 수 있겠어요? 자식이 잘못된 길로 가고 속을 썩이는데, 내 자식은 내버려두고 남의 자식만 바로잡으려고 하는 것과 같은 거예요.

잘못된 습관과 버릇을 뜯어 고치는 것도 지극한 정성이 있어야 해요. 그 다음에 정성 위에 믿음이에요. 정성과 믿음이 함께 있으면 내 집안의 우환이나 질곡桎梏이 사라질 수 있어요. 왜냐하면 부처님은 일체를 깨달아 요달하신 분이라서 우리가 무엇 때문에 괴롭고 힘들어하는지를 모를 리가 없다는 거죠. 그러면 그 속에 답도 있는 거예요.

그 속에 답을 가지고 계시기 때문에 팔만사천 방편으로 이야기 하신 거죠. 한 가지 방편이 아니라 여러 가지 문제에 대해 팔만사천 가지 방편으로 거기에 대한 답을 주셨다는 거예요. 우리가 아무리 힘들고 괴롭다고 해도 힘들고 고통스러운 것을 적어 보라고 하면 100가지 넘어가기 어려워요. 또 원하는 것을 다 적어 보라고 해도 100가지 넘기기가 어려워요. 팔만사천 가지 방편으로 설하신 부처님이 100가지 소원을 못 들어주시겠어요? 그런 마음으로 믿고 의지해 들어가는 거예요. 가벼운 마음으로 하는 것이 아니라 진실된 마음의 믿음이에요. 진실한 믿음을 가지고 어떤 문제든 해결하려고 하면 불안한 마음이 없어요. 아무것도 가진 것 없는 제가 이렇게 자신있게 이야기할 수 있는 이유가 부처님 백밖에 없어요. 믿는 데라곤 부처님밖에 없다는 소리예요.

그러면 과연 얼마만큼 믿느냐? 정말 가슴으로 믿고 마음으로 믿어서 부처님께 쑥 들어가 부처님 자식으로 부처님 말씀대로 살아가느냐, 잠깐 들여다보다 마느냐, 아예 잊고 사느냐에 따라서 우리 삶이 복력 있는 사람과 복력 없는 사람, 빈천하게 사는 사람 다 다르다는 거예요. 그렇게 해서 부처님 법을 믿고 의지하고 부처님 가르침대로 산다면 우리 삶의 복력이 증장된다는 거죠. 복력이 증장되면 부처는 자연히 이루어지는 거예요. 그게 어디서 남의 것으로 그냥 뚝 떨어지는 게 아니라, 내 노력과 내 믿음에 따라 부처님이 가피를 내려주시는 거예요.

이런 생각을 가지고 산다면 진실된 불자로서 다시 한번 마음을 낼 수 있어요. 부처님에 대해 얼마 만큼의 믿음을 가져야 하느냐? 믿고 이해하려면 어떻게 해야 할까요? 믿지 않으면 이해할 수 없어요. 믿어야 이해가 되는 거예요. 그래서 부처님은 『법화경』에서 「신해품信解品」을 말씀하신 거예요. 잠깐 경전을 인용을 하겠습니다.

저희가 긴긴 밤에 부처님의 지혜에는 탐착하는 일도 없고 원하지도 않았으며 내가 얻을 법만 최상이라 생각하였습니다. 저희가 긴긴 밤에 공한 법을 닦아 익혀 삼계에서 벗어나서 모든 괴로움을 해탈하고 남음이 있는 열반법의 최후의 몸에 머물면서 이만하면 부처님의 가르친 도를 얻었으니 부처님의 깊은 은혜를 보답한다고 하였습니다. 저희가 비록 불자들에게 보살의 법을 연설하며 부처님의 도를 구하라고 은근하게 말했지만, 스스로는 이 법에서 길이 원하는 마음이 없었습니다. 도사께서 저희의 마음을 아신 까닭에 참된 이익을 권하여 말씀하시지 않은 것입니다

이것은 소승이나 연각이나 내가 조금 아는 얄팍함을 가지고 다 아는 것으로 생각하고 있으니까, 그렇게 믿는 것은 믿음이 아니라는 거죠. 내가 알고 있는 믿음은 믿음이 아니에요. 그러면 과연 어떻게 부처님을 믿어야 할까요? 부처님이 공한 도리를 연기법에서도 말하고 사성제로도 말씀하시고 모든 걸 말씀하셨지만, 그것을 가르치기 위한 것이 아니에요. 선을 가르치기 위해 한 것이 아니에요. 『법화경』에 보면 부처님은 모든 것을 깨달아 아셨기 때문에, 어

린아이가 장난친다고 어른이 뭐라 하지 않는 것과 같아요. 부처님이 여러 제자들을 두고 보면 아직도 정말 한심한 그릇인데도 부처님의 제자라고 끌고 가려다 보니까, 네 말도 맞고 네 말도 맞구나 하는 거예요. 그래서 이것을 참회하며 이야기하는 거예요.

오늘에서야 부처님 말씀을 듣고 나니까, 일미진중함시방─微塵中含十方이라, 하나의 티끌 먼지 속에 온 우주를 다 품고 있다고, 오늘 꽃가루가 날리는 것을 보고 한 티끌 속에 온 우주가 다 품어져 있다는 것을 느꼈어요. 왜냐하면 꽃가루가 날림으로써 수정을 하기 위한 바람이 불면 부는 대로 멀리까지 날아가기 위해서 온통 힘을 모아놨기 때문이에요. 2월은 옛날부터 바람달이라고 했어요. 그래서 바람이 많이 불어요. 그 바람이 실없는 바람이 아니라 씨앗을 틔우기 위한 바람이라는 거죠. 4~5월에 부는 바람은 꽃가루를 멀리 전해주는 그런 바람이에요.

그럼 과연 우리의 바람은 어떤 바람이냐? 신바람 나게 불교를 위한 바람도 일으켜서 포교하고, 일선에서 정말 부처님 믿는 내 마음의 부처님 바람을 일으켜 보시길 바랍니다.

부처님 제자들이 부처님께서 『법화경』을 설하시는 것을 듣고, 우주 삼라만상의 모든 조화를 머금고 있는 이 진리의 법을 아무것도 모르면서 아는 척했던 것을 부끄러워했어요. "저희들은 부처님의 그 깊이 있는 법문을 알아듣지 못했습니다." 이제야 부처님의 말씀을 알아듣고 환희와 영광스러움을 나타내는 거예요.

결론은 그대들이 깨달음을 얻었다가 아니라 나만 믿고 따라 오라는 소리죠. 우주 조화를 삼라만상의 이치를 모두 요달하신 분이기 때문에 부처는 부처만이 안다고 했어요. 그러니 이 진리와 경지에까지 이르기 위해 모든 것은 처음부터 만들어진 거니까, 이 진리를 받아들이고 부처님의 복을 믿기만 하면 당연히 아무것도 모르더라도 성불할 수 있다는 소리입니다.

법/화/상/담

Q. 인연법이라는 말이 많이 나오는데, 제가 부모로서 하는 행동이 제 자손에게 영향을 미친다는 말을 자주 듣습니다. 조상님이 지은 업이라든지 제가 알고 모르고 지은 업이 제 자손에게 미친다는데, 부처님을 믿고 의지하며 그 자손을 위해 기도한다면 어떤 기도를 해야 할까요?

불교는 인연법을 빼고는 이야기할 수 없습니다. 인과법을 벗어나선 도리가 없으니까요. 조상들의 잘못된 음력이 자손에게 미칠 수 있고, 내가 열심히 부처님 전에 기도해서 그 기도에 의해 원력의 힘이 자손에게 미치지 말라는 법이 없어요. 부모나 조상으로부터 물려받은 복력이 있기 때문에 대가 끊어지지 않는 것이고, 내가 복력을 짓지 않으면 내 아래로 7대 자손에서는 끊어진다고 했어요.

한 대가 30년이니까 조상을 위한 210년, 자손을 위한 210년, 이생 80년을 다 합하면 500년이죠. 한오백년을 책임지고 사는 게 나라는 존재예요. 그러면 우리가 조상의 잘못을 기도로 다 해탈할 수 있도록 해주고, 아래로는 자손에게 복력이 미칠 수 있도록 기도하는 것이 만물의 영장답게 키워 나가는 것입니다.

대놓고 잔소리하고 머리 쥐어박는다고 되는 게 아니죠. 자식 키워 보니 내 마음대로 되던가요? 복력 따라 되는 거예요. 그럼 내가 믿을 것은 부처님밖에 없다는 소리예요. 이런 생각을 갖고 스스로 더 열심히 기도해서 가피를 받고 진실되게 믿어서 부처님의 복된 삶 속에서 부처님의 복력을 받아서 복덕이 증장되는 삶을 만드시길 바랍니다.

천차만별 그릇 따라 담기는 것이 다르다

약초유품藥草喩品 · 수기품授記品

　　불교가 조선왕조 500년 동안 억불정책 속에서 수많은 핍박을 받았지만, 어렵고 힘든 가운데서도 시내에 많은 포교당을 내고 어떻게든지 불자들과 함께 호흡하기 위해 애쓰시는 스님들이 많아요. 저도 대구에서 30년 동안 포교를 하고 있습니다. 불교는 산 속 절에 있고, 나는 속가에 있는 것이 아니라는 거죠.

　지금 서울시청 자리가 지천사라는 절이었어요. 그만큼 사대문 안에도 절이 많이 있었어요. 요즘은 절은 당연히 산에 있는 거라고 생각하는데 우리 바로 옆에 절이 있다는 것을 아셔야 해요. 우리가 진정한 불자로서 삶을 살려면 멀리 가서 절을 찾을 것이 아니라 내 가까이에 계신 스님들을 찾으세요. 부처님 법에 귀의해서 지극한 마음으로 포교를 하려는 스님들에게 찾아가 기도하면 가피를 입습니다.

이번에 강의할 내용은 「약초유품藥草喩品」인데, 한번 읽어 봅시다.

이때 무수한 천만억 종류의 중생이 부처님이 계신 곳에 와서 법을 듣고 있었습니다. 여래께서 이때 중생의 근기가 영리하고 우둔함과 정진하고 게으름을 살피시고, 그들이 감당할 만한 대로 법을 설하여 갖가지 한량없는 이들을 모두 크게 기뻐하게 하며 좋은 이익을 얻게 하였느니라.

부처님은 근기에 따라서 봐준다는 거죠. 불자라면 시련이 닥쳐도 부처님이 내가 이 시련을 감당할 수 있으니까 주셨다고 생각해야 해요. 감당할 수 있을 만큼 주는 거예요. 기쁨도 마찬가지예요. 어떤 분이 로또 복권 1등에 당첨되어 너무 기쁜 나머지 죽어버릴 정도면 안 준다는 거죠. 시련이나 괴로움이나 고통이나 방황하는 마음도 우리가 감당할 만큼만 줍니다. 이렇게 영리하면 영리한 대로 더 많은 것을 가지도록 하지만, 우둔한 사람은 더 많은 걸 가지면 영리한 사람에게 빼앗기는 거죠.

산천에는 여러 가지 초목들이 많잖아요. 그런데 갑자기 비바람이 몰려와서 천둥번개가 치면 산하나 초목이 받아들이는 것은 자기 근기에 따라서 받아들인다는 거죠. 큰 나무는 큰 나무대로 받아들이고, 작은 나무는 작은 나무대로 받아들이고, 풀은 풀대로 받아들이고, 곡식은 곡식대로 받아들이는 거예요. 그 받아들이는 것이 결국은 내 그릇이 다 다르다는 거죠.

전생부터 습관과 버릇과 내 행동 등이 내 그릇을 만드는 거예요. 이렇게 불교를 공부하고 법문을 들으면 들은 것이 많으니까 아는 것도 늘어나죠. 그러면 복도 커지겠지요. 그런데 그저 듣기만 하고 실천하지 않으면 복이 될 수 없어요. 그래서 우리가 정말 믿고 의지하는 마음을 내서 마음으로 부처님을 의지한다면 부처님은 우리의 근기에 맞춰서 필요한 만큼 분명히 주게 돼 있어요. 그래서 감당할 만큼이라는 거죠. 똑같이 비가 내려도 큰 나무는 큰 나무대로 그 비를 받아들이고, 작은 나무는 작은 나무대로, 풀은 풀대로 받아들이죠. 곡식이 받아들이면 사람이 먹는 곡식이 되고, 약초가 받아들이면 약이 되기도 하고 독이 되기도 하잖아요. 그러니까 근기마다도 각각의 소중함을 나타낸 거예요.

부처님이 왜 이 말씀을 하셨을까요? 수많은 경전 가운데 대승경전을 설할 때 『법화경』을 설했는데, 그 전에 선이다 『금강경』이다 반야다 모든 것은 지혜 증득이에요. 근기에 맞춰서 설법한 거예요. 『법화경』에 와서 이렇게 비유를 하는 것은, 부처님은 모든 중생을 제도해서 부처의 경지에 올리기 위해서 이 사바세계에 왔어요. 그게 일대사 인연이라는 거예요. 결론은 부처 아니고는 부처님 말씀을 전혀 들을 수 없다는 거죠. 그러면 우리가 일체종지를 깨닫고 자신의 그릇으로 가만히 생각해 보라는 거예요.

내 그릇에는 내 가족 담기도 벅찰 때가 있어요. 어떤 사람은 다 줘도 다스릴 힘이 있고, 어떤 사람은 한 가족도 다 들이지 못해서 혼자 살기도 하죠. 어떤 사람은 혼자 몸도 의지 못해서 남에게 기대고 사는 사람도 있잖아요. 또 내 머리를 열심히 써서 사회에 크게 기여하는 사람도 있어요. 각자가 타고난 그릇이 얼마만 한지만 알아도 그 그릇에 맞춰 살다 보면 행복해질 수 있어요. 그 능력에 벗어난 짓을 하다 보니까 사업을 하다 망하고, 직장생활 하다 딴짓해서 망신살이 뻗치기도 하고, 열심히 수행 잘 하다가도 산으로 들어간 분도 있죠. 순치제順治帝라는 분은 15~16년 간 중국 땅을 통치하다가 스스로를 들여다보니까 전생에 서천국에서 기도하고 수행하던 스님이었대요. 그러니까 곤룡포를 벗어버리고 하루아침에 삭발하고 산으로 들어갔어요.

정말 내 삶이라는 것은 요만한 그릇인데 믿음 없이 나 혼자 살아가려니 이리저리 부딪히고 치이고 사기 당하고 속아 넘어가며 살아가요. 그리고 나 혼자 밤새도록 고민하죠. 그런데도 그게 잘났다고 분만 바르며 아무 일도 없는 척해요. 하지만 알고 보면 전부 근심 걱정이라는 거죠. 그러니까 내 머리 믿고 살지 마세요. 벗어나서 놓고 살면 그때부터 해방된 삶을 살 수 있어요. 믿고 의지하는 마음이 그만큼 중요하고, 가지가지 받아들이는 방편이 그렇게 중요해요.

부처님은 그 사람의 능력에 맞게끔 모든 것을 주게 되어 있어요. 시련이 와도 이 시련을 극복한 뒤에는 더 큰 복력이 옵니다. 도전하지 않는 자에게는 꿈도 없잖아요. 그런데 우리가 어떤 일을 하더라도 도전할 때는 꼭 먼저 시련이 오죠. 이 시련을 이겨내면 내일의 행복이 있다는 생각을 가지고, 자신의 그릇을 부처님께 의지해 '내 그릇에 맞는 감당할 만큼의 괴로움이나 시련을 주신다면 기꺼이 달게 받겠습니다.' 하는 것이 부처님께 기도하는 마음이에요.

조금만 시련이 와도 "부처가 어디 있어? 나는 기도해도 안 되더라." 이런 소리를 하니까 문제가 생기는 거예요. 머리로 생각한 거죠. 절에 가서 부처님 앞에 삼배 하고 불전함에 천 원짜리 한 장 넣어 놓고는 '내가 오늘 시주했으니까 천만원만 벌게 해주세요.'라고 한다면 도둑놈이죠.

급고독 장자는 '저 깨달으신 부처님을 우리나라에 청해서 법문을 듣고 싶은데 어떻게 하면 좋을까?' 생각하다가 기원정사라는 절을 지어 부처님께 드렸어요. 부처님이 머무시는 곳과 흡사한 땅을 발견하고 그 땅을 사려고 알아보니까 그 나라의 왕자가 소유한 땅이었어요. 왕자를 찾아가서 그 땅을 사겠다고 하니 안 판대요. 급고독 장자가 "왕자님, 제발 그 땅을 제게 파십시오. 달라는 대로 다 드리겠습니다." 하고 부탁하니 왕자가 "그럼 그 땅을 금으로 다 덮어라."라고 말했어요.

그러자 급고독 장자가 진짜 거기다 금을 깔기 시작해요. 아무리 부자라도 그렇게 하려면 가난해지겠죠. 결국 하인들도 내보내고 세간까지 다 팔아요.

왕자가 "당신은 그 땅이 어디에 필요한데 진짜 거기에다 금을 까는 건가?" 하고 물으니 "저쪽 나라의 부처님을 꼭 청해서 부처님 말씀을 듣고 싶어서 하는 겁니다."라고 답했어요. "그래. 그러면 당신이 이제까지 깐 것은 당신이 부담하고 나머지는 내가 하겠다." 이렇게 해서 기원정사라는 절이 지어졌어요.

바로 그런 마음이에요. 오롯하게 내 모든 걸 내놓는 것, 내 믿음이라는 것은 부모보다도 더한 거예요. 내 부모를 위해서는 힘들더라도 모시잖아요. 그렇지만 마음에 안 든다고 욕도 하죠. 노인을 제일 학대하는 것이 그 집 자식이라는 말이 있어요. 방송이나 신문을 통해 이런 소식을 접할 때마다 친부모도 천대하는데 부처 모실 사람이 어디 있을까 하는 생각도 들어요. 하지만 그래도 보이지 않게 내 부모를 지극히 모시고 사는 분들도 많으실 거예요. 원래 참 잘하고 선한 일은 눈에 잘 띄지 않고 못나고 악한 일은 금방 눈에 띄잖아요. 그래서 나쁜 것이 더 쉽게 퍼지고 좋은 것은 좀 묻히는 세상이에요.

부처님은 복과 지혜를 다 가지고 계신 분이라서 우리의 근기에 맞는 만큼 준다는 거죠. 그러면 적어도 내 근기에 맞는 만큼 받아보려고 노력이라도 해야 하지 않겠어요? 노력을 안 하니까 그것조차도 못 받고 가난하고 힘들고 싸우며 사는 거예요. 결론은 사람들이 전부 내 앞의 것만 보고 살아가는데, 이 시야를 확 펼쳐 놓는 것이 바로 부처님을 믿고 사는 법이라는 겁니다.

우리 마음속에 넓은 마음이나 큰 생각을 내게 하는 것이 부처님의 가르침이에요. 중생으로 살면서도 부처님의 가르침 속에서 부처님을 믿고 의지해야 해요. 종교는 의지할 대상이 있다는 거죠. 부처님은 중생을 나의 자식이라 했어요. '사생자부 시아본사 석가모니불四生慈父是我本師釋迦牟尼佛'이라고 하죠. 나의 아버지란 소리예요. 또 대성자모大聖慈母라 했으니, 관세음보살을 어머니라고 하는 거예요. 그런데 우리는 그것을 까마득히 먼 남의 이야기로 치부해 버리죠. 종교의 발심은 여기서부터 시작해요. 불교의 발심은 내 아버지를 바로 찾고 내 어머니를 바로 찾는 데 있는 거예요.

하늘에서 골고루 비를 뿌렸지만 받아들이는 초목들이 그 근기에 따라 받아들이듯이, 부처님은 중생을 똑같이 사랑하지만 중생들의 그릇에 따라서 조금 받아들이는 사람이 있고 많이 받아들이는 사람이 있는 거예요.

불교는 예부터 절대 가난하지 않았어요. 불교를 믿으면 가난해진다는 소리를 하는데, 인도에서부터 불교가 흥성할 때는 전부 왕권 옆에 불교가 있었어요. 부처님은 어떠셨어요? 부처님 역시도 왕자로 태어나셨어요. 부처님을 낳아주신 마야부인은 도솔천에 가 있으면서도 '내가 앞으로 인연 닿아서 낳는 자식마다 부처님만 낳으리라.' 하고 원을 세운 분이에요. 옛날에는 개천에서 용이 났는데 요즘은 개천에선 용이 안 나요. 부처님이 비워라, 무다, 공이다 해서 다 가난하게 산 걸로 아는데, 부처님 제자들 중에 부자들이 많아요.

부처님은 복력이 많아서 왕자로 태어나셨고, 중생들에게 복력을 나눠 주고도 충분히 남는다는 거죠. 부처님은 늘 주어도 복력이 줄지 않아요. 다시 부처님이 육신을 가지고 오시더라도 일체종지 하는 깨달음을 보여주기 위해서 오신 거예요. 이생 이전에 이미 부처셨어요. 우리는 그런 복력 있는 부처님을 믿고 의지하는 불제자예요. 그런 아버지를 두고 어머니를 뒀다면 당연히 우리의 복력도 구족되는 거라고 믿어야 합니다.

부처님은 일체종지를 다 요달했지만 중생들마다 시련을 줘도 이겨낼 만큼만, 복력을 줘도 까먹지 않을 만큼만 줄 뿐이에요. 감당하는 것이 중요해요. 내가 감당 못할 만큼 주면 나자빠지니까요. 아이가 차에 깔리면 부모가 차를 번쩍 들어 자식을 구했다는 경우처럼,

위기의 순간에 초능력이 나오기도 해요. 그런 어떤 힘이 부처님을 믿으면 수시로 일어나는 거예요. 평소에는 감당할 수 없는데 그렇게 감당하는 힘이 나올 수 있어요.

그래서 무엇보다도 부처님을 믿고 의지해서 우리의 그릇을 키울 필요가 있다는 겁니다. 그릇을 키우는 방법은 생각을 넓게 하고 내가 내 자신에게 연극하며 사는 거예요. 행복해지려면 웃으세요. 상대방이 아무리 성질을 내더라도 내가 웃고 살면 즐거워지는 거예요. 내 마음을 부처님께 의지해서 믿는 마음으로 모두 맡겼기 때문에 편안한 삶일 때는 그 사람 얼굴만 봐도 자연히 편안함을 읽을 수가 있어요. 화가 나고 짜증이 나면 감춘다고 감춰도 얼굴 쳐다보면 '나 오늘 정말 죽지 못해 이 자리에 앉아 있어.', '난 지금 너무 즐거워.' 다 보인단 말이죠.

다른 사람과 마주 앉아 이야기를 해도 자기 고민에서 벗어나지 못하는 사람도 있잖아요. 왜냐하면 자기 그릇이기 때문이에요. 이 그릇을 바꿀 필요가 있어요. 옹졸하고 용렬하면 그 만큼 크게 볼 수 없어요. 코끼리를 바늘구멍으로 불러들일 수도 있지만 잘못 생각하면 바늘구멍조차 막아버리는 소견이 내 안에 숨어 있어요. 받아들일 때는 바늘구멍 속에 코끼리도 불러들일 수 있는데, 마음을 잘못 쓸 때는 바늘구멍도 막아버릴 정도로 말 안 통하는 사람들이 있지요. 자기가 잘났다고 "내가 어떻게 살았는지 누구한테 물어봐라." 하고 말하는 사람들은 자기 합리화거든요. 어떻게든 자기를 포장해서 스스로 잘났다고 생각해요. 그런데 알고 보면 그런 사람 치고 제대로 산 사람이 별로 없어요. 그게 인간사예요. 남에게 잘 보이려 스스로를 추켜세우는 사람은 포장만 잘 하려 해요.

받아들일 때 부처님을 믿고 의지하고 골고루 뿌려주는 비에 스스로 내 그릇을 키워서 조금이라도 더 많이 받아들이고, 받아들인 빗물을 또다시 많은 사람에게 줄 수 있는 그런 삶이 필요하다는 말이에요. 그래서 「약초유품」에서 부처님은 "내가 모든 것을 골고루 줘도 중생은 근기마다 받아들이는 것이 다르고, 받아들였다 해도 감당할 만큼만 주는데 더 달라고 떼를 쓰는 게 중생의 마음이다." 라고 말씀하신 거예요.

나쁜 것은 전부 싫어하고 좋은 건 자기가 가지려고 하죠. 좋은 것도 복력이고 나쁜 것도 복력, 좋은 것도 음력이고 나쁜 것도 음력이에요. 내가 정말 중생으로 수억겁을 살아왔는데, 내가 스스로 복이 많이 있은들 얼마나 있을까 하는 거예요. 그런 생각을 가지고 내 복은 없지만 부처님 복은 한량이 없으니까, 거기 의지해서 복력을 받고 지혜를 받아서 내 잔머리 굴리지 말고 부처님의 지혜의 머리로 지혜롭게 살고 복력으로 살면 우리의 삶이 윤택해지고 주위 사람도 늘 행복하고 좋아할 거예요.

그런데 3일을 계속 만나면 그 사람의 습관과 버릇이 자기도 모르게 나오죠. 저 사람은 상종할 사람이다 아니다, 3일만 같이 있으면 그 사람을 다 알 수 있어요. 거기에다가 사람은 누구나 내 머리로 다른 사람을 판단하려는 잣대가 있어요. 법문하는 스님을 보고도 '아, 저 스님은 말을 잘한다, 못한다, 재밌다.' 하며 자기 마음속 잣대 위에 올려놓고 거기다가 들었다 났다 마음대로 하죠. 다 그렇게 해요. 그런데 그 내면의 잣대 위에 자기 자신은 올려놓지 못해요. 남은 잘 올리면서 내 자신은 저울에 올리지 못하고 합리화시켜요. 누구든 사는 게 그래요. 내가 실수를 하면 '그럴 수도 있지.' 하지만, 남이 그러는 것은 안 된다는 식이잖아요. 남은 도저히 이해하지 못하면서 자신은 너무 이해를 잘 해요. 인간살이를 내 음력대로 살면 내 변명만 하며 살다가 치우는 거예요. 내 음력에 맡겨서 엎어지고 자빠지고 살다 가는 거죠. 그런데 음력이 없는 자리에 원력을 세우고 부처님의 지견을 세워 놓으면 부처님의 복으로 여유 있게 살 수 있어요.

애들한테는 반성문 쓰라는 소리 잘하면서 자기네는 안 한단 말이에요. 스스로 귀가 떨어져 들은 바가 많으니까 제발 입 좀 떨어져서 "아버지, 내가 이렇게 산 것 잘못했습니다. 살다 보니 아버지를 제대로 찾지 못했는데, 이제 아버지 찾고 살겠습니다." 하고 참회하세요. 입이 떨어지니까 마음이 떨어지는 거예요. 입도 떨어지고 귀도 떨어지고 마음이 떨어져야 하나가 되는 겁니다. 그래야 진실로 잘못 살아왔던 것을 용서해 달라는 소리가 나오죠.

그러니까 이런 것을 생각해서 스스로 자꾸 노력을 하는 거예요. 내 스스로 습관을 들인다는 거죠. 사사롭게 모든 것을 다 펼쳐 놓고 이야기하다 보면 어느 순간 내 마음이 움직여서 정말 잘못했구나 싶을 때 내 본연의 영혼이 훅 올라오면서 뜨거운 눈물이 쏟아집니다. 그게 기도예요. 그렇게 기도하세요. 선이다 뭐다 너무 어렵게 생각하지 말고 일단 믿는 마음부터 내세요. 그 다음 아버지 집에 와서 빨래하고 밥하고 설거지하고 다 하는데 무엇이 더 필요하겠어요. 아버지 앞에 늘 보이고 사는데 무슨 걱정이 있겠어요. 그때부터 나를 잡고 아버지가 공부라도 가르쳐줄까 하죠. "이렇게 하고 이쪽으로 가면 시야가 넓어지고 복력이 증장된다. 이렇게 해 봐라." 하는 소리도 듣고 여유가 생겨요.

그런데 그런 것 없이 내 머리로만 하려니까 힘들게 사는 거예요. 내 생각과 잔머리로 살다 보니 사기도 당하고 엎어지고 자빠지고 하는 거죠. 내가 완전한 일체종지를 깨달은 부처님께 의지해서 내 삶을 윤택하게 한다면 여러 가지 보배를 담을 수 있는 큰 그릇이 쉽게 이루어집니다. 그렇지 않으면 늘 이 모양 이 꼴이에요. 우리가 초등학교 다니면서 배운 산수에서 제일 먼저 나오는 게 더하기 빼기 곱하기 나누기예요. 나누기를 분수라고 했죠. 초등학교 때 분수 배웠어도 평생을 살아도 분수 하나 못 지키고 살아요. 또 국어 시간에 주제를 배우지만 자기 주제 파악도 못하고 살죠. 분수도 모르고 주제 파악도 못하면서 자기가 잘난 줄 알고 사는 거예요.

학교를 졸업하고 나면 하던 공부도 다 치워 버리잖아요. 보이는 대로 살고, 즉흥적으로 살고, 배고프면 먹고 잠 오면 자고 하는 것이 음력이에요. 어떻게 하면 돈 더 벌까만 고민해요. 안 아프면 그 생각이에요. 아프면 다 접고 병원 가죠. 병원 가면 이미 드러난 병이 되는 거예요. 자연친화적인 삶을 살지 못하고 이익만 추구하고 내 편리한 대로만 살다 보니까 결국에는 여기저기 병이 나는 거죠. 너무 조급하고 바쁘고 자제 없이 살다 보니까 한치 앞도 못 보고 사는 거예요. 그러다 어느 순간 병이 와요. 어깨도 아프고 머리도 아픈 게 결국은 스트레스예요. 만병의 근원이 스트레스라고 하잖아요.

절에 가서 내려놓으세요. 믿고 맡기고 의지함으로써 삶 자체를 보장받는 거예요. 보장성 보험처럼 보장된 삶을 살 수 있어요. 우리 스스로 부처님을 믿고 의지함으로써 보장된 삶을 살아요. 그 능력에 맞게 감당할 수 있을 만큼 시련을 줘도 주고, 일단 해보고 잘못된 것을 뉘우치게 하자는 거죠. 결국은 망하더라도 부모가 뒷배경이 되어주잖아요. 부모는 자식들을 충분히 밀어주고 기대하다가 안 됐을 때는 그 다음엔 더 적게 줘요. 그런데 부처님은 그렇지 않아요. 한 번 감당해 봤으니 경험을 쌓았겠구나 하고 두 번째는 더 크게 줘요. 그게 부처님 마음이에요. 왜냐하면 절집안에 있다 보면 괴로운 사람이 부처님께 온다 말이죠. 그런 사람들 보면 저 사람이 지금은 감당을 못해서 힘들어하지만 더 큰 것을 위해서 지금 시련을 준 것이라는 거죠.

우리 절에 오는 거사 한 사람은 우산 공장을 했는데, IMF 때 7천만 원이 없어서 부도가 났어요. 일년 정도 이리저리 괴로워하다가 가버렸어요. 그런데 다른 한 사람은 그 당시에 백억 원대의 부도가 났어요. 그런데 지금 그보다 몇 배로 사업이 번창하고 있어요. 그와 같이 어떤 사람은 7천만 원의 시련에 가버리고 어떤 사람은 백억 원대의 부도도 이겨내고 더 큰 사업을 하고 있듯이, 사람마다 감당할 수 있는 능력의 차이가 있어요. 그분한테는 7천만 원도 본인 능력에선 굉장히 컸다는 거죠.

누구나 부처님을 의지해서 믿고 모든 것을 맡겨서 내가 감당할 수 있는 그릇을 키워 놓는 것이 정말 필요해요. 조금 더 크게 보고 넓게 보세요. 이생만 있는 게 아니잖아요. 윤회법을 분명히 믿으라는 소리죠. 내가 이 세상에서 이만큼 부처님을 믿고 살다 보면 다음 생에서는 더 업그레이드되는 거예요. 컴퓨터도 처음 개발되었을 때는 정말 느렸잖아요. 그런데 그동안 얼마나 업그레이드가 됐어요. 자꾸 자꾸 발전해요. 불교와의 인연이 밑바탕이 돼서 더 발전시켜 나가면 언젠가는 완전한 부처님 자손으로 들어와서 우리 중생의 삶도 복덕과 지혜가 넘쳐서 자리이타한 삶이 됩니다. 나도 이익되고 상대도 이익되게 사는 삶이 바로 부처님의 가르침이이에요.

중생계에서 나쁜 짓 하고 못된 짓 하는 게 아니라, 나도 이익되고 너도 이익되고 우리 함께 공생하는 삶이에요. 부처님의 법은 공동체적인 삶이 아니라 각각이지만 나와 너가 없이 전부가 이익될 수 있고 그 이익 가운데서 상생하는 것을 이야기하는 거예요.

구경에는 일생성불하는 것까지도 그 속에 들어 있어요. 부처님은 아무리 시련을 줘도 우둔하면 우둔한 만큼, 지혜가 있으면 지혜가 있는 만큼 각자가 충분히 소화할 수 있는 만큼 주세요. 아이에게 어른 밥을 먹이면 배 터지잖아요. 이렇게 하면서 복덕이 증장될 수 있도록 만들어 가는 것입니다. 분명한 것은 수많은 초목들이 비를 받아들이듯이 우리의 삶 역시 받아들일 수 있을 만큼 주세요. 그 다음에 그만큼 내 그릇을 키움으로써 복력과 지혜가 증장되어 훌륭한 삶을 살 수 있다는 것을 「비유품」에서 말씀하신 겁니다.

Q. 부모님의 공덕을 받아들여서 불심을 받아들이고 많은 분들에게 부모님의 공덕을 이어받아서 살고 싶은데, 어떻게 해야 할까요?

그렇게 하면 됩니다. 그런데 무슨 일이든 계속해서 접하면 싫증이 나죠. 좋은 일도 3일만 연속으로 하면 질려요. 노래 부르기도 한 시간은 너무 즐겁지만, 3일 내내 하라고 하면 힘들고 싫어져요. 내가 부처님 복전에서 놀고 부처님을 일찍이 만났다 해도 내 마음에서 거부반응이 생기면 멀리하게 돼요. 동으로 가라면 서로 가는 청개구리처럼 사람도 마찬가지예요. 아무리 좋은 것도 늘 옆에 있으면 좋고 소중한 줄 몰라요. 부모님이 돌아가신 후에야 그 소중함을 느끼잖아요. 살아 계실 때 조금 더 잘할걸 하고 후회해도 소용없죠.

절에 가서 복력을 빌고 지혜를 닦으세요. 나도 모르게 절로 마음이 가고 인연이 가고 그렇게 된다는 생각이 들면 지극히 참회하세요. 바른 정법을 만나서 기도하시고 부처님께 맞춰진 삶을 산다면 진짜 복된 삶이 될 수 있는 거예요. 부처님도 정각에 오르기까지 수많은 마장을 극복을 하고 정각에 오르신 거예요. 중생의 지견을 가지고 어떻게 마장이 없기를 바랍니까? 모든 것이 마장이라 생각하고 다시 참회하고 기도해서 정진해서 부처님의 법희선열法喜禪悅을 꼭 맛보시기 바랍니다.

칭찬과 반성은 내일의 발전을 가져온다

화성유품化城喩品

갈수록 신록이 짙어지고 산하대지가 생기가 넘치는데, 과연 우리도 그렇게 대자연의 한 부분으로 생기 넘치는 삶을 살고 계신가요? 힘들고 찌들고 고통스러워하면서 어디로 갈까 늘 고민하죠. 또 일마다 사사건건 쓸데없는 사족이 붙고 그런 갈림길에서 힘들어해요. 내 내면과의 싸움, 외부의 경계에서 오는 싸움에서 이기고 지고 울고 웃는 것이 우리가 살아가는 모습 같아요. 그래서 부처님은 그 자체가 고락苦樂이라고 하셨죠. 괴로움과 즐거움이 한 뿌리에서 일어난 것인데 그 사실을 생각하지 않고 오로지 치우친 대로 바깥으로만 가다 보니까 귀에 들리는 대로 눈에 보는 대로 입으로 말하는 대로 느끼는 대로 행동한단 말이죠. 그래서 불교에서는 탐貪·진瞋·치癡 삼독심을 제일 경계합니다.

탐심·진심·치심을 이야기하는데, 그중에서 뭐가 제일 나쁠까요? 저는 진심이라고 생각해요. 왜냐하면 진심이라는 것은 자꾸 화를 내는 것이기 때문이에요. 밖으로 화를 내고 원망하는 뿌리는 진심이에요. 화를 내고 화를 삭이지 못하기 때문에 여러 가지 사고들이 일어나고 있잖아요. 내가 참는 바 없이 참아야 하는데 참지 못하니까 층간소음 문제로 싸우고 이웃집에다 불을 지르는 극단적인 일도 일어나는 거예요. 이러한 안타까운 일들이 일어나는 원인이 화에서 나온다는 거죠.

얼마 전에 불교텔레비전에서 틱낫한 스님의 「화를 다스리는 법」을 방송했어요. 나를 다스리는데 바깥으로 일어난 경계들에 대해 내가 받아치는 생각이나 모습들을 내 내면에서 성찰해서 화를 다스리는 바 없이 다스리는 거예요. 또 스스로 탐심을 다스리는 거냐, 어리석음은 어떻게 다스리는 거냐를 내 내면에서 관조해서 다스려 보라고 했어요. 요즘 힐링이 이슈인데, 그런 게 알고 보면 내면의 치유를 중시하는 거예요.

지옥도 괴로움도 내 마음에 있잖아요. 그런데 내 마음속 괴로움 때문에 원망심이 생기고, 가지지 못할 때는 훔쳐서라도 가지려고 해요. 그 생각들에서 뻗어난 가지들을 다스리고 부처님의 말씀대로 부처님의 자손으로서 따라가면서 믿음을 가지고 그것을 극복해야 해요. 궁극적으로는 중생심을 벗어던지는 것이 해탈지견이에요. 바로 부처님의 마음을 쓰는 것이에요. 여러 가지 생각과 가지가지 망상을 부처님께 가서 다 내려놓고 내 스스로 부처님의 삶으로 받아들여 살아 보세요. 복이 많은 어른이니까 2,500년이 지났는데도 절간마다 부처님전에 산해진미가 가득하잖아요.

카필라라는 작은 나라의 태자로 태어나 왕으로 사실 분이었지만 깨달음을 얻고 큰 성자가 되어서 우리 앞에 나타나신 분이 부처님 이에요. 우리와 같은 모습으로 이 세상에 왔지만, 그 이전에 이미 부처님은 수억겁 생을 수많은 보살도를 실천하신 분이에요. 인간 세계에 오셔서 우리와 똑같은 모습으로 성도하시고 중생들을 위해서 한평생을 설법을 하시고, 중생의 길을 벗고 무명의 길을 벗고 해 탈하고 밝은 지혜의 세계로 나오라고 가르친 분이 바로 부처님이 에요. 팔만사천 가지 방편으로 설법을 하시고 가지가지의 비유를 들어서 설법을 하셨어요.

이번에는 『법화경』「화성유품化城喩品」으로 함께 이야기해 보겠 습니다.

부처님께서 여러 비구에게 말씀하셨습니다. 대통지승불의 수명은 오백사십만 억 나유타 겁이니라. 그 부처님이 처음 도량에 앉아서 마군들을 깨뜨리고 최상의 깨달음을 얻게 되었으나 불법이 앞에 나타나지 않아서 이와 같이 1소겁으로부터 10소겁이 되도록 가 부좌를 틀고 앉아 몸과 마음을 움직이지 않았지만, 불법은 오히려 앞에 나타나지 않았느니라.

그때 도리천신들이 먼저 그 부처님을 위하여 보리수 아래에 사자 좌를 펴놓았는데, 높이가 1유순이었다. 부처님은 여기에 앉아서 마땅히 최상의 깨달음을 얻으리라. 마침 이 사자좌에 앉으시니 여 러 범천왕들이 온갖 하늘 꽃을 내리고 그 꽃의 넓이가 일백 유순이며, 향기로운 바람이 때때로 불어와서 시든 꽃은 날려 보내고 다시 새 꽃을 내려서 10소겁 동안을 쉬지 않고 부처님께 공양을 하였느니라. 열반하실 때까지 항상 꽃을 내렸으며 여러 사천왕들은 부처님께 공양하기 위해 항상 하늘의 북을 치고, 그외에 다른 하늘에서도 하늘의 풍류를 연주하여 10소겁이 차도록 하였으며 열반하실 때까지 이렇게 하였느니라.

원래 이 「화성유품」은 인위적으로 만들어진 변화된 세계를 부처님이 보이신 거예요. 그런데 왜 갑자기 대통지승여래 부처님을 말씀하셨을까요? 대통이란 완전히 비어 있는 상태를 말해요. 그때 대통지승여래 부처님이 나타나도 불법이 앞에 나타나지 않아서 10소겁이나 선정에 드신 채로 그냥 계셨어요. 10소겁이라는 것은 헤아릴 수 없는 엄청난 시간이에요. 오랜 세월을 선정에 드신 채로 가부좌를 하고 앉아서 10소겁을 보내셨다는 대통지승여래 부처님과 백년도 못 사는 우리가 이 세상에 태어나서 부모 형제, 일가친척, 더 나아가 사회생활을 하면서 얼마나 많은 애로사항을 가지고 살아왔느냐는 거죠. 열 사람이 도전하면 한두 사람도 성공하기가 쉽지 않잖아요. 이걸 보고 '10겁은 겁도 아니다.'라고 하죠.

부처님이 10겁 동안 선정에 계신 것이나 우리가 백년도 못 사는 인생을 살며 가지가지 고통과 괴로움을 받는 것이나 둘 다 겁이죠. 선정에 든 채로 10겁을 보냈던 그 대통지승여래 부처님의 이야기가 왜 「화성유품」에 먼저 나오는 걸까요? 온누리 사바세계 우주를 동쪽으로 가면서 갖가지 우주세계를 다 갈아서 하나로 만들고, 거기에다 먹물을 찍어서 하나씩 동쪽으로 가면서 보이는 세계마다 다 떨어뜨리고 다시 와서 그것을 떨어진 데나 안 떨어진 데나 또 갈 아서 먼지를 떨어뜨리면서 가는 그 세월이 얼마만큼 되겠습니까? 그것을 나타내기 위해서 부처님이 설법하신 거예요. 얼마만큼 힘 들지 그것을 계산할 수 있겠냐고 부처님이 묻는 거예요. 제자들은 계산할 수 없다고 대답했어요. 하지만 그렇게 오래전에 열반하신 대통지승여래 부처님이지만, 지금 보는 것처럼 어제 일처럼 환히 다 안다는 거예요. 이 말씀을 하려고 하신 거예요. 삼명육통三明六通 이라는 게 있어요. 그중에 수억겁 생의 전생을 환히 아는 것을 숙명 통宿命通이라고 해요. 부처님이 돼서 완전히 해탈을 하고 부처님의 지견에 올라간다면 바로 이 삼명육통이라는 신통력을 갖게 되는 거예요.

우리도 그 씨앗을 가지고 있는데, 그것을 보고 불성佛性이라고 해 요. 큰 산에 보물이 엄청 들어있어요. 산으로 들어가야 그 보물을 얻을 수 있는데, 산에 가려져 있으니까 보물을 찾으러 들어갈 생각 조차 못하는 것처럼, 수억겁 생을 사생육도하고 살다 보니까 너무 오랫동안 부처님과 멀어져 있었고 스스로가 중생놀음에 빠져 있었 기 때문에 불성을 까맣게 잊고 살아요. 어떤 스님이 "3분만 눈을 뜨 고 가만히 움직이지 않고 앉아 있어 봐라. 그때 울컥하고 내 마음에 서 일어나는 그것이 불성이다."라고 이야기했어요.

우리는 불성 속에 있으면서도 찾으려고 하지 않아요. 그것이 다 이아몬드 수억 개보다 더 귀한 보배예요. 다이아몬드라는 것은 흙 속에 있다고 성질이 변하는 것은 아니에요. 수억겁 동안 땅 속에 묻혀 있다 보니 그 자체는 불성이고 다이아몬드지만 있는 줄도 모른다는 거죠. 있는 줄 모르는 다이아몬드를 찾아가는 것이 부처님의 설법이에요. 고통스럽고 괴로운 것을 이기지 못하고, 용렬하고 옹졸하고 간사하기도 하고, 자기 포장하느라고 그걸 다 속이고 사는 거란 말이에요. 그렇다 보니까 이걸 찾아가지 못하는 거예요.

그래서 부처님이 소승법이다, 성문승이다, 연각승이다 여러 가지 비유를 들어서 말씀하신 거예요. '이것이 있으니까 저것이 있다'는 것도 맞다고 하면서 성문이든 연각이든 소승이든 대승이든 끌고 가기 위해서 자꾸 말씀을 하시다 보니까 가지가지 방편으로 말씀을 하셨어요. 그러다가 이 『법화경』에서는 회삼귀일승會三歸一乘이라 했어요. '정녕코 성불하고 싶다면 일불승一佛乘밖에 없다. 그 다음에 『법화경』을 믿고 의심하지 말고 들어와라.' 이거예요. 정말로 부처님은 아버지와 같으니까 너 자신을 위해서 나에게 귀의한다면, 너는 이미 부처의 종자를 가졌고 언젠가는 나에게 수계를 받아서 부처되리라는 소리예요. 그러면 참 쉽단 말이에요.

그런데 대통지승여래 부처님은 수억겁 이전에 이미 열반을 하셨던 분이지만 바로 지금 보는 듯이 말씀하실 수 있다는 자체가 부처님의 위신력을 찬탄할 줄 알아야 해요. 우리가 부처님의 위신력을 늘 찬탄하고 부처님을 따라가겠다고 서원해야 해요. 부처님의 위신력이 있는데도 그걸 묻어 놓고 찬탄하지 않는다는 것은 부처님의 자손이 아니에요. 속가에서도 우리 아버지가 훌륭한 분이라면 어디 가서도 자랑을 하잖아요. 그런데 이렇게 일체종지를 깨달아 요달하신 부처님을 아버지로 모시고 있으면서도 찬탄할 줄 몰라서 되겠어요? 믿음을 가지고 불자로 산다는 것은 아버지를 끊임없이 찬탄할 줄 알아야 한다는 거죠.

그렇게 찬탄 끝에 오는 것을 생활 속에 어떻게 받아들이냐? 부처님을 찬탄하며 살다 보니까 내 남편에게도 칭찬이 인색하지 않게 되는 거예요. 내가 늘 남편을 칭찬하는 거예요. 열 가지가 못났지만 못난 것조차 잊어버리도록 찬탄해주면 칭찬 속에서 칭찬을 먹고 용기백배해서 힘들고 고통스러워도 내일을 기약하는 에너지가 나오는 거예요.

그런데 칭찬을 할 때도 여러 가지 칭찬이 있어요. "당신은 다른 것은 몰라도 이것 하나는 정말 잘한다." 이런 식으로 칭찬하는 것은 칭찬의 효과가 적어요. 내 남편에 대해서 한 가지만이라도 보고 칭찬해줄 줄 알아야 해요. 자식들에게도 이와 같이 칭찬해 보세요. 한 가지만 보고 그 한 가지에 대해 과찬이 될 만큼 칭찬을 해주세요. 칭찬에 익숙해진 사람은 어디 가서도 당당해요. 자식을 키울 때도 마찬가지로 칭찬을 많이 해주면 당당해요. 꾸지람과 핀잔을 자주 듣는 사람은 어디 가도 위축되게 돼 있어요. 이렇게 자신도 모르게 길들여져요.

부부는 서로 닮는다고 하죠? 함께 오랜 세월 살다 보니까 삶에서도 예속이 돼요. 자기도 잘난 것 없으면서 남편을 그 밑으로 예속시키고 나면 자기 꼴이 말이 안 되게 변할 거예요. 그러면서도 내 말만 잘 듣기를 바라는 거예요. 사람들의 욕심이 중생심이거든요. 내 말 잘 듣고 내 이야기 잘 들어주고 무조건 내 위주로 살아주는 것이 제일 좋고 행복하다고 생각하는데, 그것은 잘못된 생각이에요.

나라는 존재가 아무것도 아는 것 없이 미혹하고 육도중생하며 산 지 오래라 복도 까먹고 지혜도 어두운데 사는 것은 안 봐도 뻔하잖아요. 그래서 내가 나를 하심하고 낮춘 자리에서 남에게 자꾸 칭찬해주라는 거예요. 남편을 봐도 칭찬하고, 시어머니를 봐도 잔소리하시기 전에 떡 하나라도 자꾸 넣어주면서 "어머니는 이렇게 사시니까 이렇게 자식들을 잘 키웠습니다. 참 감사합니다." 하고 인색하지 않게 칭찬을 듬뿍 하라는 거죠.

칭찬 많이 하는 사람 주위에는 늘 사람이 끊어지지 않아요. 칭찬을 마음을 담아서 해주는 거예요. 겉으로 입에 발린 칭찬만 하는 것은 내면의 나라는 자성이 진심을 담지 않으면 그 칭찬의 효과가 한 시간을 넘어가지 못해요. 그런데 마음을 담아서 하는 칭찬은 열 번 듣고 백번을 들어도 절대 지겨워지지 않아요. 그만큼 칭찬도 마음을 담아 했느냐, 그냥 입으로만 했느냐, 아니면 어쩔 수 없이 했느냐에 차이가 나요.

우리가 부처님을 의지하고 믿는다는 것은 늘 부처님의 위신력을 찬탄할 줄 알아야 해요. 여래십호라고 열 가지 부처님의 명호가 있어요. 열 가지 명호 중에서 저는 복혜가 왕양한 그것을 좋아해요. 그 복가지가 넘쳐나는 것을 찬탄할 줄 알아야 해요. 우리 불자들은 부처님의 복이 넘쳐나는 것을 찬탄을 하고 부처님의 도량에 들어와서 살길 원하고 찬탄 끝에 참회를 하는 거예요. '부처님은 그렇게 대단하시고 위신력하고 부처님의 자손으로 내가 들어와서도 부처님에 대해 잘 몰랐습니다. 부처님이 이렇게 복과 지혜가 왕양하신 줄 저는 미처 몰랐습니다.'

영산회상에서 부처님이 설법하실 때 제자들이 전부 부처님 발에 머리를 조아려 절을 하고 부처님을 왼쪽으로 세 번 돌고, 찬탄도 모자라 게송으로 찬탄했어요. 세 번 이상 이렇게 했을 때 부처님이 설법을 하셨어요. 우리도 한 번 찬탄하고 끝내는 것이 아니라 끊임없이 찬탄해야 해요. 부처님을 믿고 의지하는 동안 부처님을 찬탄해야 해요. 그렇게 부처님을 찬탄하다 보면 결국 나의 미혹이나 잘못이나 참회가 나오게 돼 있어요. '부처님은 그렇게 위대하신데 저는 미혹하고 우치등악愚癡等惡해서 아직도 중생심을 버리지 못하고 좋은 것을 보면 눈으로 봐도 끌려가고, 귀로 들어도 끌려가고, 입으로 맛을 보고 맛이 있다 없다 끌려가고, 내 느낌에도 끌려가면서 끝없이 중생살이 하는 이 잘못을 부처님 앞에 참회합니다.' 이렇게 부처님을 찬탄하라는 거예요.

그러면 부처님은 거기에서 어떤 설법을 하셨을까요? 가지가지 방편으로 설법을 하셨지만, 중생들의 근기에 맞춰서 끌고 오다 보니 소승법도 이야기하고 성문승도 이야기했고 대승도 이야기했고 여러 가지로 이야기했지만, 『법화경』에 와서는 회삼귀일이라 일불승밖에 없다고 말씀을 하셨어요.

길을 인도하는 성자에 비유를 했어요. 여러 대중들을 데리고 풀도 없고 숲도 없는 바위산을 돌아가야 할 때, 뒤에 따라오면서 불평불만이 늘어나고 '돌아가자. 보물을 찾기 전에 내가 죽겠다.'라는 생각을 가지는 중생들이 생기겠죠. 이때 부처님이 방편으로 한 도시 궁전을 변화해서 보였다는 거예요. 중생들이 피곤해하고 갈등하고 고민하고 번뇌 망상심에 가득차서 지금 여기까지 오는데도 힘들어하니까 소승을 이야기하고 성문승을 이야기하신 거예요. 하지만 그곳이 머물 곳이 아니고 조금 더 가야 하는데 중생들이 어려워하니까 "저 도시의 궁전을 봐라. 그대들이 편안히 쉴 수 있고 즐길 수 있는 모든 것이 여기에 있다."라고 하신 거예요. 「화성유품」에는 방편으로 그런 궁전을 만들어 거기 가서 안주하고 쉬도록 하신 거죠.

21세기에 살아가고 있는 현실을 보면 유토피아예요. 그런데 현실의 세계가 아니라 가상의 세계예요. 요즘은 집 한 채를 짓기 위해서 컴퓨터 그래픽으로 가상의 세계를 먼저 만들죠. 스마트폰도 가상의 세계잖아요. 그 가상의 세계 속에 빠져 사는 사람들이 참 많아요. 이것이 문명의 폐단이라고도 볼 수 있어요. 너무 지나치리만큼 가상의 세계에 몰두하다 보니까 현실감각이 떨어져서 현실과 가상을 구분하지 못하고 엉뚱한 짓을 하는 사람들도 있단 말이죠.

분명한 것은 2,500년 전에 부처님은 이미 이런 유토피아를 세워 고통스러워하고 힘들어하는 중생들에게 가상의 궁전을 세워 쉬게 하고 충분히 쉬고 난 뒤에는 없애셨어요. 충분히 쉬었으니 조금 더 가면 자성을 찾아서 부처가 될 수 있다는 소리예요. 그렇게 보물을 찾아가라고 이야기한 것이 「화성유품」이에요. 그렇게 보물을 찾는 것이 소승도 아니고, 연각승도 아니고, 성문승도 아니고, 대승도 아니고, 일승밖에 없어요. 부처님이 될 수 있다는 일생성불이란 말까지 『법화경』에 나와 있어요. 우리가 열심히 공부하고 부처님의 자식으로 들어가서 살면 일생에도 성불할 수 있다고 한 것이 『법화경』의 위대한 진리예요.

부처님은 나는 괴롭더라도 괴로움을 받아들여서 좋은 것을 내놓고 우리의 괴로움은 다 받아주세요. 우리의 고통이나 힘듦을 다 받아주고, 쉴 공간까지 만들어주고, 구경에는 성불할 때까지 끝까지 버리지 않는다는 말씀이에요. 대통지승여래 부처님은 수억겁 생전에 이미 열반하신 분이지만, 그분의 열여섯 아들 중 막내가 바로 부처님이라고 밝히신 거란 말이에요. 그래서 사바세계에 와서 부처가 되신 거예요.

그래서 우리는 끝없이 부처님을 찬탄할 줄 알아야 해요. 그 다음에는 끝없이 참회하세요. 이것을 생활 속에 가져오면 끝없이 칭찬해주고 내 잘못을 스스로 참회하고 반성하는 거예요. 그리고 속상하고 힘들고 괴로운 것을 내 속에 접어두었다가 부처님께 모든 것을 비우고 털어내어 하심하는 자리에 나를 두고 마음을 밝히고 부처님께 의지해서 구경에는 성불하는 인연을 짓기를 바라는 것이 「화성유품」의 말씀이에요.

법/화/상/담

Q. 불교를 모르는 사람이 불교를 알려면 어떤 식으로 공부해야 할까요?

A. 무엇보다도 불교를 모른다면 우선 알아야겠죠. 첫째, 믿음이 서야 합니다. 제가 항상 하는 말이, 큰 부자로 잘 사는 부모님을 믿듯이 부처님을 믿으라고 하잖아요. 그리고 부모님이 아주

잘 산다면 나는 조금 가난해도 언젠가는 그 재산이 내 것이 될 테니까 지금은 조금 힘들고 어렵더라도 최선을 다해 모시는 거예요.

절에 가서 복전함에 천원 넣고 로또 복권 1등 당첨되게 해달라고 비는 사람들이 있어요. 물론 욕심이란 끝이 없으니까 당연히 그런 생각을 가질 수도 있어요. 그 마음을 바꿔서 '나는 지금 가난하고 어렵고 힘들어서 지금 가진 돈이 천원밖에 없습니다. 비록 적은 돈이지만 부처님께 공양 올리고 싶습니다.' 하고 마음을 내어 보세요. 이런 원력이 있으면 들어주실까요, 안 들어주실까요? 마음을 어떻게 먹느냐는 거예요.

불교를 어렵게만 생각하는데 불교는 어려운 것이 아닙니다. 마음으로 믿고 부처님을 의지하고 들어온다면 그 순간부터 불행 끝 행복이 시작이에요. 힘들고 피곤한 모든 무거운 것을 부처님전에 가서 내려놓고 나니까 가벼워지잖아요. 법장스님은 법문을 하실 때 항상 이런 말씀을 하셨어요. "내가 오늘 저 걸망을 지고 왔는데, 저기에는 산해진미 보물을 가득 가져왔습니다. 필요한 만큼 꺼내 가시되, 올 때 여러분이 가져온 힘들고 괴롭고 어렵고 살기 팍팍한 그것은 저 걸망 속에다 넣어 놓고 여러분들은 행복하고 즐거운 나날 되시기 바랍니다."

결론은 누가 주고 누가 받는 것이 아니라 수억겁 생을 살아오면서 내 스스로 이미 미혹에 물들고 어리석음에 물들고, 지혜가 있는지조차 모르고 내 머리로만 살려고 했다는 거죠. 내 머리로만 생각하고 거기에 맞춰진 대로 그냥 밤잠 덜 자고 열심히 노력하고 살았어요. 그렇지만 지혜가 없고 복이 없으니까 내가 한 발짝 올라가

'이만큼만 살면 이제 좀 사람답게 살겠구나.' 생각한 그것이 어느 날 갑자기 한꺼번에 왕창 다 나가고 부도가 나고 죽네 사네 소리가 나죠. 이게 결국은 내가 지혜가 부족하고 어리석기 때문이에요.

요즘은 보이스 피싱이다 뭐다 해서 굉장히 심각할 정도잖아요. 나를 등치고 속이려는 중생심을 가진 수많은 사람들이 있는데, 그걸 지혜 없이 어떻게 지키겠습니까? 어리석음을 벗어던지고 부처님께 귀의해서 복을 받고 부족한 지혜를 받아서 자리이타한 삶을 살면 됩니다. 나도 이익되고 남도 이익되게 하는 거예요. 나 혼자 잘 살려고 하면 복은 없다는 거죠. 나 혼자 잘 살려고 여기저기 숨겨 놓아도 어느 날 도둑이 다 가져가요. 어린아이들 손에 금은보화를 쥐어주면 남에게 홀딱 빼앗기는 것과 같아요. 우리 생각 속에 있는 내 지견이란 것은 중생지견이기 때문에 늘 어리석다는 거죠.

그 어리석은 무명을 걷어내는 것은 밝음이에요. 부처님 법에서 광명을 빼놓고는 말할 것이 없습니다. 일체종지를 요달했다는 자체도 광명이에요. 훤히 알고 보듯이 하는 거죠. 불자이든 불자가 아니든 간에 첫째, 믿음으로 들어와서 그 믿음 속에서 항상 살아가고 부처님을 의지하고 부처님을 찬탄하고 부처님 앞에 참회하는 거예요. 칭찬에 인색하지 않고 내 스스로 하심하고 항상 자리이타한 삶이 되도록 소원한다면, 너와 나는 구경에는 부처 되는 거예요. 부처님의 자손으로 살다가 부처 되어서 일체종지를 요달하는 성불의 길만이 우리에게 존재한다는 거죠. 그런 생각을 가지고 산다면, 불자든 불자가 아니든 간에, 이와 같이 믿고 들어오면 생활 속 불교로서 거듭날 수 있습니다.

모두가 인정하고 인정받는 삶을 살자

|

오백제자수기품五百弟子授記品

|

수기授記는 부처님께 인정받는 거예요. 우리가 믿고 의지하고, 그 의지한 만큼 찬탄하고 부처님 앞에 참회하고, 진리대로 살겠다고 서원하죠. 그렇게만 살면 "너는 언젠가 부처가 될 것이니라." 하는 인가를 받는 것이 수기예요.

우리가 살면서 초등학교에 들어가서부터 인가 받기 쉽지 않죠? 국어 시간에 주제를 파악해서 내라고 하잖아요. 그런데 40년, 50년을 살아도 아직 주제파악을 못하고 살잖아요. 또 수학을 배웠어요. 더하기, 빼기, 곱하기도 배우고 그 다음에 나누기를 배워 분수를 하죠. 분수를 배웠는데도 오늘날까지 분수 못 지키고 살아요. 이게 인간살이예요. 초등학교 나오고 중학교·고등학교 진학하며 계속해서 성장하는 동안에 어떻게 인정을 받나요? 치사하지만 등수로 나

뉘져 구분을 짓죠. 어떤 개그 프로그램에서 보니 "일등만 알아주는 더러운 세상"이라고 하더군요. 우리 실정이 사실은 그렇다는 거예요. 어디까지나 우리가 불자로서 살면서 부처님이 인정해주면 다 끝나는 거예요. 우리가 사회에서 인정받으려고 피나는 노력을 하잖아요. 그렇게 해도 내 남편한테도 인정 못 받고, 또 시어머니와 고부갈등으로 인정 못 받고, 자식도 내 뜻대로 안 되죠. 어디로 갈까, 살아야 하나 말아야 하나 갈등도 해요.

인정받으려면 노력을 해야 해요. 부처님의 가르침은 행行을 빼고 나면 할 게 하나도 없어요. 행동하지 않는 불자는 불자가 아니에요. 믿음을 행동으로 옮겨야 된다는 거죠. 우리가 절에 가서 일배 일배 하는 그 마음의 믿음이 분명히 서야 절도 가벼워지는데, 하기 싫은 것을 도살장에 끌려가는 소처럼 억지로 절에 가서 절하라 하니까 삼배만 해요. 108배는 해야 한다고 하면 무릎 아파 못 한다 어쩐다 하죠. 이런 불만과 불평과 괴로움을 가지고는 어디 가서도 인정받기가 어렵죠. 이런 사람이 또 불평불만은 그렇게 많아요.

저도 대구 시내에 성관음사라는 절이 있습니다. 최근에 33관음 응신 대불을 조성했어요. 십여 년간 고생고생하며 대단한 불사를 했죠. 과연 관세음보살이 그렇게 좋지 않고, 관세음보살의 가르침이나 부처님의 가르침이 좋지 않았으면 그런 짓을 왜 해요? 그런데 오로지 내 스스로 신념이 섰고, 내 모든 것을 바쳐서 부처님을 찬탄하더라도 부족해요. 많은 불자들이 와서 그것을 함께 공유하고 부처님을 찬탄하고 내 잘못을 참회하고 또 열심히 행동으로 실천하면서 부처님 앞에 보이게 되면, 결국은 내세득작불來世得作佛, 즉 부처가 될 수 있는 거예요. 행동 없이 될 수 있는 게 아니라는 거죠.

아침에 '일어나야지, 일어나야지' 하면서 이불 속에 있는 사람은 일어났다는 소리예요, 안 일어났다는 소리예요? 일어나야지, 일어나야지 하는 동안에 점점 스트레스를 받는 거예요. 그런데 옆에서 누가 "아직도 안 일어났냐?" 하면 "아이고 일어난다!" 하면서 일어나는데, 자기 최면에 자기가 스트레스를 받는 거예요. 그리고 해야지, 해야지 하는 소리만 한다면 안 하고 있다는 소리잖아요. 해야지, 해야지 하기 전에 해버리고, 일어나야지 일어나야지 하기 전에 벌떡 일어나면 되는데, 행동하기 전에 속으로 생각하고 생각해서 결국 그것이 스트레스가 되어 하루를 망치는 사람도 많아요.

스스로 행동하는 불자만이 불자라고 감히 말씀드리고 싶어요. 부처님께 인가받고, 인가받은 그 모습으로 남편에게 인정받고 부모에게 인정받고 자식에게 인정받아야죠. 더 나아가서는 사회에서도 인정받는 사람이 될 때까지 선근공덕을 쌓아 가면서 노력하고 살아 봤습니까?

전부 내 욕심만 챙기니까 사회가 너무 이기적이에요. 나 중심적인 사고에서 벗어나지 못하고 거기에만 매달려요. 도시가 발전하려면 자꾸 빌딩도 올라가고 점점 첨단화가 되도록 건설을 해야 되는 거잖아요? 그런데 내 집에 그늘만 져도 대자보를 붙여요. 이해라고는 손톱만큼도 하지 않고 내 불편함이나 괴로움은 다 싫죠. 그다음에 생색만 내잖아요. 그러다 보니까 그 사람들의 고초가 말로 다 못할 정도래요. 공사 한번 들어가면 난리가 난대요. 온 동민이 나서서 자기의 이익을 위해서 반대를 하니 공사 기간이 늦춰지고 그만큼 공사비용도 추가되겠죠. 나의 이기심이 사회를 병들게 하고 있다 해도 과언이 아니에요.

정말 각성하고 살아야 합니다. 서로 협력하면서 조금이라도 더 발전된 사회로 나아가야죠. 선진사회로 가자고 이야기하면서 행동은 그 발목을 잡고 있진 않는지 돌아보라는 거예요. 참 답답할 노릇이에요. 요즘은 너도 나도 대학 나오고 석박사가 널렸죠. 내가 많이 배웠으면 많은 사람에게 이익되게 살지는 못할망정, 내 배운 것을 악용해서 교묘히 딴짓해서 먹고 사는 사람들도 각성해야 해요. 이것은 죽어서 염라대왕 앞에 가면 반드시 심판받습니다. 그간 해온 행동이 있는데 어디로 가겠어요.

불자라면 육도중생 하는 것을 확실하게 믿고, 인생을 연기법으로 산다는 것도 확실히 믿어야 해요. 인因이 있으니까 연緣을 만났잖아요. 나라는 인이 있으니까 한 공간 안에서 법문을 할 수 있는 것 아니겠어요. 만나지 않았으면 이런 게 없죠. 그러면 전생부터나 전전생부터나 끝없이 우리는 부처님을 믿고 부처님을 의지하고 살았다는 소리가 되는 겁니다. 이 한 생에서 이러한 인연이 지어질 수 없다는 거죠. 끝없는 인과 연이 서로 결속되어서 좋은 것도 내 인연이요 나쁜 것도 내 인연이라는 생각을 가지고, 나쁜 것이 들어왔을 때는 내 스스로 그것을 참회하세요. 나를 힘들게 하고 고통스럽게 하는 사람이 있으면 오히려 나의 내면을 다시 들여다보고 스스로 참은 바 없이 참아내고 이해한 바 없이 이해하고 용서한 바 없이 용서하며 산다면 불필요한 소리가 나지 않을 거예요.

불교는 다른 가르침이 아니에요. 중생으로 살지 말고 사람답게 살다가 그 다음에 부처답게 살다가 결국 부처 되어야죠. 지혜로움을 발견해서 부처답게 살아가자는 거예요. 삼계화택이요, 고해중생이라 했으니 고통과 괴로움이 연속적으로 일어나고 불타는 집 속에 사는 것과 같아요. 불타는 집이 어디예요? 오장육부가 뒤집어지는 집이라는 거예요. 다른 게 아니라 나다, 나다 하는 나에 속아서 자성은 영원히 슬퍼하고 헤매고 있다는 거죠. 때에 따라선 눈물도 흘리면서 어디로 갈까 고민하는 나를 찾아서 결국은 부처님 앞에 가서 부처님을 지극히 찬탄하고 내 잘못을 참회하세요. 거기에서 다시 희망과 용기를 얻고 중생의 음력이나 버릇을 고쳐서 부처님의 버릇과 습관을 들이고 내 것으로 쓸 때, 내 삶이 윤택해지고 내 주위가 밝아지기 시작하는 거예요. 왜냐하면 부처님 광명이기 때문이에요.

우리가 불자로 살면서 이 마음으로 사니까, 즉 청소부터 하게 되니 내 집안이 훤해지기 시작해요. 베란다에 천년 묵은 것처럼 내놨던 것 다 꺼내 버릴 것은 버리고 정리정돈 하죠. 오늘 아침에 일찍 나오느라 펼쳐 놓은 이부자리도 정리하고, 다포라도 깔아 놓고 향이라도 하나 피우면서 경전 읽고 절을 할 때, 자성은 들뜨고 기뻐하겠죠. 그러면서 내가 기쁘고 즐거우니까 하루 종일 힘들게 일하고 조금 늦게 들어온 남편도 용서가 되고, 또 공부하러 간다고 하고 놀다 온 자식도 용서가 되는 거예요. '그래, 네가 누구 닮았겠어? 나 닮았지. 나도 그때 너처럼 놀고 싶은 마음이 있었다. 나는 차마 실천까지는 못 했는데 너는 실천까지 하는구나.' 하고 밉지만 말하지 않아도 뻔히 알잖아요. 우리 삶 속에 있는 모든 것이 인정받고 인정하는 겁니다. 조금 부족하더라도 인정해주는 거예요. 그 다음에 남보다 조금 못한 남편을 만났더라도 내가 인정해주는 거예요. 내 주위가 조금 부족하더라도 마찬가지예요. 내 지혜와 복덕이 수억겁생을 살면서 지은 복과 지혜가 다 돼서 그런 것을 남을 보고 한탄하고 밖을 보고 한탄한들 뭐하냐는 거죠.

어떤 거지가 다리 밑에서 아들과 자고 나오다가 빌딩에 불이 난 것을 보고 "너는 복 받은 줄 알아라. 넌 아버지가 거지니까 불 날 일이 없잖아."라고 했대요. 있는 사람들을 살펴보면 천석꾼은 천 가지 걱정이고 만석꾼은 만 가지 걱정이에요. 없는 사람은 단순히 없는 것만 걱정하면 되잖아요. 몸만 건강하기를 바라면 되는 거예요.

대구에서 서울까지 걸어서 오려면 2박 3일을 걸어와도 도착할까 말까죠. 그런데 요즘은 두 시간도 안 걸리잖아요. 부처님은 서품에서 선정에 든 채로 동방으로 일만팔천세계를 다 비춰서 보여줬다고 했어요. 일만팔천세계를 다 보여주셨는데 대구에서 서울 오는 것이 문제겠어요? 그러니까 부처님의 깨달음의 세계는 상상 이상의 세계이기 때문에 허망하지 않다는 거죠. 부처님을 믿고 의지하고 찬탄만 하면 지혜도 저절로 문리가 터지고 복력이 생겨요. 제가 절에 있으면서 확실히 그걸 깨달아요. 느낌이 온다는 거죠.

어떤 중년의 보살님이 오셨는데 상호가 원만후덕상이에요. '저 보살님은 절에 한평생 다녔구나. 먹고 사는 것도 남보다 좀 낫구나.' 그게 보여요. 상호가 복상으로 바뀐단 말이에요. 지지리 복도 없으면서 "부처는 부처, 나는 나만 믿고 살면 된다."라고 했던 사람들 사는 것 보면 인상 팍팍 쓰며 살다가 얼굴에 내 천자를 그려 놓고 고양이 새끼처럼 앙앙거리더란 말이에요. 부처님을 의지하고 믿고 살았던 사람은 나이가 들면 상호가 달라지고 먹고 살기도 편해져요. 부처님은 우리를 절대 버리지 않는다는 거죠. 불혹의 나이는 자기 얼굴을 자기가 책임져야 한다고 하죠. 그런데 불혹이 넘어서도 내 인상이 펴지지 않고 상호가 원만하지 않았다면 참회하고 부처님 앞에 빨리 가서 기도 열심히 하세요. 그 다음에 부처님이 인정하고 인가할 때 우리 삶은 분명히 행복해질 수 있어요.

대접받기 좋아하고, 남이 알아주기를 바라고, 스스로는 아무런 노력도 안 하면서 남이 챙겨주기만 바란다면 복을 지어 놓지 않았기 때문에 꿈 꼭 깨야 합니다. 그런 일은 없어요. 세상 살면서 로또 복권 맞는 것도 어쨌든 전생부터 인연이 있어야 되는 거란 말이죠. 내면의 수양이 얼마나 되었느냐, 지혜가 얼마나 문리가 터졌느냐, 복력을 얼마나 지었느냐에 따라서 주변 환경이 변화하고 주위의 모든 것이 자꾸 일어나는 삶이 되는 거예요.

집에만 들어가면 그냥 머리 아프다, 골치 아프다, 허리 아프다, 아픈 곳 투성이죠. 우리나라 40대, 50대 여성들은 바쁜 사람과 아픈 사람 두 가지만 있대요. 바쁜 사람은 밖으로만 돌아다니니까 바쁜 것이고, 집에만 있으면 아프다는 거예요. 천하의 어떤 것을 가지고 중생의 재미있는 것을 끝끝내 찾아봐도 내 마음의 평화나 구경에 진실한 나라는 존재는 찾지 못하고, 허망한 세월 보내게 돼 있어요.

삶이란 내가 아는 만큼 보거든요. 이걸 보고 소견이라고 하잖아요. 나라는 존재는 소견이라는 것을 가지고 있으면서 그 소견에 규

합되지 않았을 때는 배척해 버려요. 말 한 마디만 잘못 해도 그 사람을 다시는 안 볼 듯이 하는 거예요. 결국 남을 깔아뭉개더라도 나는 인정받아야 한다는 거죠. 그러니까 내 자식만 공부 잘해라 하잖아요. 그런데 진정한 공부는 1등이 되기 위한 것이 아니에요. 모든 중생을 더 이익되게 해주고, 그 배움을 통해서 많은 사람을 편안케 해주고, 더불어서 자기도 잘 되는 거예요. 그런 생각을 가진 사람은 분명히 이익이 창출되게 되어 있다는 거죠. 그런 생각을 가지지 않고 나만 잘 먹고 잘 살겠다 생각을 하니까 겨우 밥만 먹고 살다가 죽는 거예요.

　큰 부자나 큰 사람들은 생각부터 달라요. 그래서 부처님을 믿고 지혜가 터지면 머리에 복이 들었는지 손에 복이 들었는지 발에 복이 들었는지 말에 복이 들었는지, 그 복력이 자꾸 증장된다는 거죠. 내가 발에 복이 들었으면 육신통력 중에 신족통神足通이라는 게 있는데 한방에 서울에서 부산까지도 가버리는 거예요. 그런 축지법도 육신통력 속에 들어가 있는 거예요. 내가 열심히 쫓아다닌 만큼 재복이 늘어난다면 발에 복이 있는 것 맞잖아요. 그 다음에 아주 지혜로워서 머리를 잘 쓰고 연구, 개발을 잘한다면 그것도 부처님을 의지하는 가운데서 일어나는 것이에요. 과연 어떤 복을 가지고 있고 어떤 지혜를 가지고 있느냐에 따라 남보다 더 잘할 수 있는 쪽으로 개발만 되면 과학자도 될 수 있고 예술가도 될 수 있고, 깊이 선정에 들어서 부처도 될 수 있어요. 최종의 목표는 부처님이지만 내 자성을 개발하면 일상생활 속에서도 일조할 수 있는 일들이 너무 많다는 거죠. 그러니까 자성을 개발할수록 남에게 인정을 받아요.

내가 남에게 인정만 받아야 하는 게 아니라, 남도 인정해줘야 해요. 요즘 박사들이 참 많아요. 그분들은 자기 전공분야의 박사들이죠. 내 전공분야에서 내가 일등할 수 있는 것은 다른 분야도 같이 성장해 가기 때문이에요. 내 분야가 중요한 만큼 다른 사람의 분야도 중요하니까 인정해줘야 한다는 거죠. 내 가정을 잘 지키고 열심히 내조하는 것은, 외조를 잘하는 남편이 있기 때문이잖아요. 그러면 남편을 인정해줘야 하는 거예요. 그리고 대대손손 조상의 음력과 복력이 나에게 미쳐서 내가 사는 거니까 그 조상도 인정해줘야 해요. 조상을 인정했기 때문에 제사 지내는 것에 대해 불평불만이 있을 수 없는 거죠. 제사를 지내면서 말 많은 집이 있어요. 형제들이 모이면 너 잘났다, 내 잘났다 싸우는 집 꼭 있잖아요. 제삿밥 얻어먹으러 온 조상이 볼 때는 얼마나 기가 차겠어요. 살아서도 속을 뒤집더니만 죽어서도 자손들이 속을 뒤집어 놓아 밥 한그릇도 마음대로 못 먹어요.

옛날에 어떤 나그네가 산을 넘어야 하는데 도중에 날이 저물었어요. 주변을 살펴보니까 오래된 산소가 하나 있더래요. 그래서 어쩔 수 없이 산소 옆에 잠을 자려고 누우면서 "할아버지인지 할머니인지는 잘 모르겠습니다만, 제가 오늘 길을 가다가 날이 저물어서 어디 쉴 데가 없으니 하루만 유하다 가겠습니다." 하고 인사하고 잠이 들었어요. 그런데 조금 있으니까 "아무개 씨, 아무개 씨" 하며 부르는 소리가 들려요. 그러자 누워 있는 그 산소에서 "왜 그래? 왜 부르냐?"라고 대답하니 "오늘 저녁에 내 제삿날인데 밥 얻어먹으러 가세." 이러는 거예요. "자네 혼자 다녀오게. 오늘 우리 집에 손님이 들어서 못 가겠네."라고 이야기하는 게 들리더라는 거죠. 축시가 넘어서니까 귀신이 "고얀 놈, 고얀 놈" 하면서 자식 욕을 하며 올라오더래요. 왜 그러냐고 물으니까 "고얀 놈들이 재래식 화장실 울타리 가지를 뚝뚝 꺾어 와서 그걸로 밥을 해주더라. 내가 더러워서 밥을 안 먹고 손자가 그 옆에 놀기에 불에 차 넣고 와버렸다."라고 이야기하더래요. 그래서 "어린 손자가 무슨 죄가 있다고 그랬냐?" 하며 나그네에게 "날이 밝거든 아랫마을에 가면 간밤에 제사를 지낸 집이 있을 겁니다. 거기 가서 물에 낀 청태를 화상에 바르라고 하세요."라고 부탁했어요. 화상에는 청태가 제일이래요. 그 청태를 발라 화기를 빼줘서 손자가 흉터 없이 싹 나았대요. 그래서 그때부터 청태가 화상에 약이 됐다고 해요.

우리가 살아가면서 정성을 다해서 조상을 모시면 우환이나 질고가 없어요. 영혼이 있다면 꽥꽥 거리고 밥하다 말고 잔소리하고 아들 며느리가 머리 뜯고 싸우는 꼴 보고 밥 먹고 싶겠어요? 영가라도 그런 밥은 먹기 싫겠죠. 그런데 우리는 눈에 보이지 않는다고 나만 살았다고 생각하는데, 육신이 있고 없고를 떠나서 일체 만법이 다 한 공간 안에 있는 거예요. 우리 몸은 지地·수水·화火·풍風의 사대로 이루어졌어요. 물, 불, 바람, 흙의 기운이라는 거죠. 이 기운을 다 떠나면 본연 자성은 어디에 있어요? 그러니까 나의 이 허망한 육체가 전부인 줄 알지만 그 영혼 영가들도 끝없이 내려왔기 때문에 나라는 존재가 이 세상에 살아가고 있는 거죠. 그러면 조상 모시는 건 당연한 거고, 우리는 응당 자손으로서 조상들에게 덕을 베풀고 공덕을 짓게끔 해야죠. 절에 가서도 부처님 앞에 영가님들의 왕생과 삼품삼생三品三生을 지극하게 빌어요.

이런 마음이 없으니까 얽히고설켜 내 머릿속을 파악할 수 없어요. 어리석은 사람들이 화나 짜증을 많이 내요. 어리석은 것만 해도 봐줄까 말까인데 화까지 내니 누가 봐주겠어요. 거기에다 욕심은 많아서 전부 다 제 것이라고 하면 그 사람을 누가 좋아하겠어요. 그러니까 비우는 데서부터 시작되는 거예요. 조상을 위함이 진실로 나를 위함이 돼야 하고 내 자손을 위하는 거예요. 조상을 잘 섬겨야 한다는 거죠. 그러면 나도 조상에게 인정을 받아요. 그러면 선대 조상님들에게도 며느리로 인정을 받고, 나이가 들어서 내 밑에도 며느리가 들어오고 손자 손녀가 나면 내 자손에게도 인정받는 사람이 된다는 거죠.

인정받기가 참 어려워요. 실천하는 바가 없고 부처님 앞에 와서 수행하듯이 하지 않으면 나라는 존재가 불뚝불뚝 튀어나오니까 남에게 인정받기 어려운 거거든요. 그리고 나 역시 남을 인정할 때 참 인색해요. 한 가지 좋은 점을 보고 "그래. 저 사람 저거 대단한 거야." 하면 꼭 "보이는 것만 그렇지."라고 하면서 옆에서 초 치는 사람도 있단 말이에요. 내가 어떤 사람을 인정해주고 칭찬해주면 내 옆에 몇 사람 모여서 꼭 그 사람을 헐뜯어요. 이게 중생심이에요. 내 주위도 내가 인정해주고 인정을 받고, 조상에게도 지극한 정성을 다하면 조상이 인정해주는 거예요. 인정해줬기 때문에 집안이 되어 나가는 거죠.

내가 부처님 앞에 가서 조상을 위해 기도를 많이 하니까 내 집안이 편하고, 내 자손들에게도 내 복력이 미쳐서 대가 끊어지지 않고 꾸준히 이어지는 것이 오늘 나의 삶이라는 거예요. 인정받고 인정하는 것이 쉬운 일인 것 같아도 정말 쉬운 일이 아니에요. 사람살이로서도 내가 남을 인정해주고 남이 나를 인정해주기 어려운데, 이렇게 골치 아픈 세상에 모든 것을 부처님께 맡겨 버리면 바로 부처된다는 수기를 받을 수 있는 제자이고, 자식이라는 거예요. 그런 마음을 가지고 노력하고 불교를 믿고, 내 삶에 가져와서는 인정하고 인정받아 두루 사회가 안정되는 거죠.

사회가 안정되려면 먼저 내 집안이 안정되어야 하잖아요? 내 집안을 안정되게 하고, 사회를 안정되게 하고, 국가가 안정되게 하고…… 이렇게 나다, 나다 하는 나를 버리고 나면 서로 인정해주는 사회가 상생하는 사회예요. 상생한다는 것은 함께 발전할 수 있다는 것 아니에요? 그러면 중생심을 가지고 살더라도 스스로 부처님에게 인정받는 삶을 살기 위해 노력한다면, 그 부처님께 인정받는 삶을 가지고 인정해주고 인정받는 삶을 산다면 늘 즐거움과 행복함이 충만하게 된다는 거죠.

그렇지 않고 나라는 존재만 내세운다면 사단이 나는 거예요. 그러니까 편하려고 하고 인정받으려고 하지만 인정해주기는 싫어하죠. 내 몸 아픈 것은 금싸래기도 그런 금싸래기가 없고, 남이 아프면 대충 병원 가봐라 해서는 절대 인정받을 수 없어요. 사람이 이런 식으로 나만 위하면서 살면 남에게 나쁘게 인정을 받아요. 너라는 존재는 꿈에 볼까봐 겁이 난다고 인정받는 거죠. 이왕이면 좋은 쪽으로 인정을 받아야죠.

미국이란 나라까지 대통령을 수행하고 간 사람이 엉뚱한 소리,

엉뚱한 짓을 해서 국가를 망신시키고도 잘났다고 설치잖아요. 옛날에는 애국심이 얼마나 대단했어요? 일국의 대통령을 수행한다는 양반들이 나가서 딴짓을 했다는 자체만으로도 정말 입이 열 개라도 할 말이 없어야죠. 요즘은 세상이 전부 그래요.

이런 세상 속에서 우리 불자들만이라도 정말 제대로 된 마음을 가져야 해요. 부처님께 인정받고 스스로 주위를 인정하고 인정받을 때, 우리의 삶은 점점 더 복된 삶으로 발전하겠죠? 더 나아가서 구경에는 부처 될 수 있는, 그런 복된 삶을 살아갑시다.

법/화/상/담

Q. 생활 속의 불교라는 얘기를 많이 하는데, 불자로서 어떻게 생활 속에서 불교를 실천하고 살아가야 하는지 궁금합니다.

부처님께 내 모든 것을 의지하고 살지만, 생활은 어디에서 해요? 가정에서 하고, 부부가 있고 자식이 있죠? 그런데 내 마음속엔 늘 부처님을 모시고 살아요. 내 마음속에 늘 부처님을 위하고 찬탄하고 살아요. 내 마음에 부처님을 위하고 찬탄하고 내 잘못을 참회하고 산다면 부인을 봐도 부처님과 같이 보인다는 거죠. 그러니까 말 한마디라도 곱게 나와요. 식사 준비가 조금 늦어져도 "그래. 조금 기다렸다가 먹지." 해요. "하루 종일 집에 있으면서 시간 맞춰 밥도 못 해? 집구석에 있으면 애도 좀 씻기고 집도 치우고 하지 뭐했냐? 집이 이게 뭐냐?" 하는 것은 나를 위한 삶이고 중생의 삶이에요.

진실로 부처님을 믿고 의지하고 부처님의 가르침대로 산다면, 집안이 조금 지저분하더라도 내가 치우면 되는 거예요. 함께 노력하면 되는 거죠. 내가 내 불편함만 조금 감추면 모든 사람이 좋아지는데, 내가 거기서 연극을 못해서 온 집안을 시끄럽게 만들어 버린다면 그것은 불자로서 사는 것이 아니라는 거죠.

생활 속의 불교란, 부처님의 가르침을 내 집안에까지 가지고 들어와서 항상 부처님의 가피 속에서 산다고 생각하는 거예요. 그 속에서 늘 감사함과 행복을 느끼고 살면 주변 사람들에게 말 한마디라도 부드럽게 나와요. 부드러운 말이 미묘한 향이에요. 부처님에게 올린다고 미묘한 향이 아니라, 내 아내 내 자손에게도 올릴 줄 알아야 해요. 왜 꼭 비싼 향을 사서 올리나요? 말 한마디라도 제대로 하면 그것이 향이에요. 내가 내 스스로를 경책하고 참회하면서 내 가정을 돌본다면, 그 속에서 부처님의 삶 자체가 정이 넘쳐나게 되어 있으니까 그 가정은 잘될 수밖에 없어요.

"내가 나를 모르는데 넌들 나를 알겠느냐"라는 노래 가사도 있듯이 나는 나를 모르지만 부처님은 안다고 생각하고 좇아가고, 나는 나를 모르지만 배우자는 안다고 생각하고 가준다면, 자식이고 아내고 남편이고 간에 삶 자체가 온통 부처님의 삶 속에서 뭉쳐지는 삶이 되는 거예요. 그래서 괴로움을 극복할 수 있는 힘이 생기고, 즐거움도 배가 되는 거예요. 왜 함께 살면서 같이 앉아 밥도 못먹고 사느냔 말이에요. 부처님의 가르침이 없고, 생활 속에 나라는 존재와 부처님이 따로따로이기 때문에 이런 현상이 있는 거예요.

이것을 바르게 해 나가는 것이 참다운 불자의 삶이고, 생활 속으로까지 쑥 가져지고 들어와서 보살행을 실천하고 살아야 해요. 그 속에서 살려면 우리는 항상 부처님께 인정받는 삶을 살려고 노력하고, 부처님께 인정받은 그 삶을 가져와서 남편 인정해주고 자식 인정해주고 아내 인정해주는 삶을 살다 보면 당연히 인정받는 삶이 되는 거예요.

선근공덕은 나한테 복력이 돼서 오는 거고, 나쁜 악행은 나에게 쇠사슬이 돼서 나를 속박하게 되는 거예요. 스스로 복력을 짓고 부처님께 인정받고 서로 인정해주고 인정받는 삶이 「오백제자수기품」에 나온 것과 같은 이런 삶이 아닐까 생각합니다.

7강

믿음이 사랑으로 피어날 때까지

수학무학인기품授學無學人記品

젊어서부터 복과 지혜가 많아서 풍요롭고 공부도 열심히 했던 분들도 있지만, 고생고생해가면서 젊은 시절을 보내다 보면 40~50대쯤 되면 다리도 아프고, 허리도 아프고, 비가 오려고 하면 먼저 알죠? 한평생이라는 게 알고 보면 그렇게 긴 세월은 아닌데도 내 생활에 따라서 참 지옥 같고 지겹기도 하고, 또 언제 하루가 갔는지 모를 정도로 바쁘게 사는 사람도 있단 말이에요.

내 마음에 어떤 기준을 갖고 대상을 보느냐에 따라서 즐겁기도 하고, 괴롭기도 하고, 힘들기도 하고, 고민도 하고, 또 꿈이 있으면 열심히 살려고 노력하잖아요. 인간의 집념이라는 게 21세기를 얼마나 개발을 하고 발전을 시켜놨어요? 부처님께 "중생은 몇 가지 병으로 죽습니까?" 했더니 404가지 병이라고 답하셨어요. 그런데 지금 이렇게 과학이 발전해도 아직 167가지인가만 확인됐다고 해요. 부처님은 그렇게 위대하신 분이에요. 『법화경』은 그런 부처님의 법 중 특히 최상승법이에요.

이번에는 제9품 「수학무학인기품授學無學人記品」인데, 게송으로 부처님이 말씀하신 것을 한번 읽어 보겠습니다.

내가 태자로 있을 적에
라후라가 장자가 되었더니
내가 이제 불도를 이루게 되니
가르침을 받고 법의 아들이 되었네.

오는 세상에도
헤아릴 수 없을 만큼의 무량한 부처님을 뵙고,
모두 그들의 장자가 되어
일심으로 불도를 구하리라.

라후라의 비밀스러운 행을
오직 내가 알 뿐이니
드러나게 나의 장자가 된 것은
모든 중생에게 보여주려고 한 것이니라.

한량없는 천만 억 공덕을
이루 다 헤아릴 수 없지만

부처님의 법에 편안히 머물러
최상의 도를 구함이니라.

부처님이 출가하시기 전에 정반왕이 기어이 출가를 하려면 결혼해서 자식을 낳아 가문의 후사를 이어달라고 부탁했어요. 결국은 아쇼다라라는 여인을 맞이해서 결혼이라는 중생의 삶을 거치고, 라후라라는 아들을 낳았어요. 부처님이 득도하신 이후에 고향인 카필라국을 가시잖아요? 부처님이 성도하셨다는 소문이 온 세상에 다 퍼져 있었어요. 정반왕이 성도하신 부처님을 맞으러 나갔어요.

아쇼다라는 아직까지 중생심을 버리지 못해 부처님의 성도 소식이 서운했겠죠. 그 서운한 마음이 중생심이라는 거예요. 그래서 아들 라후라에게 "오늘 아버지를 만나거든 아버지에게 상속해줄 게 있는지 여쭤봐라." 하고 시켰어요. 아쇼다라는 숨어 있고 어린 라후라가 부처님 앞에 나아가 "저에게 상속해주십시오." 하니 부처님이 뭐라고 했을까요? 제자들에게 라후라의 삭발을 지시했어요. 출가하게 되었다는 거죠. 아쇼다라의 질투와 괴로움, 아만심 때문에 아들마저 어린 나이에 출가하게 된 거죠. 안 그랬으면 좀 더 커서 스스로 철이 들어서 출가했을지도 모르는데, 어머니의 중생심 때문에 바로 출가하게 됐어요.

그런데 라후라가 어리다 보니까 대중 속에서 말썽을 부리잖아요. 그렇게 말썽을 부리고 사고치고 말도 안 듣고 하니까 하루는 아난존자가 "부처님, 라후라가 제자들을 골탕 먹이고 뜻대로 되는 것

이 없습니다." 하면서 부처님께 보냈어요. 라후라가 부처님 앞에
오자 세숫대야에다 물을 떠오라고 했죠. 라후라가 세숫대야에 물
을 떠오니까 부처님이 그 물에 발을 씻고 라후라에게 그 물을 마셔
보라고 했어요. 더러워서 발 씻은 물을 어떻게 마십니까? 모름지기
습관과 버릇이라는 것이 깨끗한 물로 있을 때는 마실 수 있지만, 이
렇게 사용하고 나쁜 습관과 버릇이 계속해서 반복되면 이 물처럼
쓸 데가 없다는 말이죠. 그 이후로 라후라가 밀행密行을 잘 했대요.

결국은 「수학무학인기품」에서는 두 번의 자식이 되는 거예요. 라
후라가 육신으로써 태어난 자식이었다면, 이제는 법의 자식으로
다시 태어나는 거예요. 우리가 부처님의 육신이 열반하신 것을 반
열반이라고 해요. 육신만 벗어버린 것일 뿐, 우주에 가득한 부처님
의 가르침이나 모습들은 그대로라고 보는 거예요. 그래서 이것을
어떤 관점에서 볼지 참 고민을 해봤어요. 부처님은 아쇼다라가 자
식에게 상속할 것을 내놓으라고 하니 출가를 시켰어요. 그 다음에
"너는 다시 태어나도 왕의 자식으로만 태어날 것이다. 그렇게 끝없
이 태어나다가 인연이 닿았을 때, 만 억겁 후에는 무슨 부처가 되리
라." 하고 수기를 주셨어요. 우리가 부처님 자식이라는 의미로 여
래자如來子라고 하고 또 불자라고도 해요. 그러면 우리도 부처님의
자식이라는 소리예요. 이미 수많은 제자에게 수기를 주고 난 다음
에 라후라에게 여래의 자식으로서 수기를 줬어요.

이 모습을 21세기를 사는 우리의 삶에 와서 생각해 봅시다. 젊어
서 중매를 했든 연애를 했든 결혼을 해서 부부가 되고 자식을 낳잖
아요. 그런데 사람 몸 받기가 얼마나 힘든지 아세요? 지구상의 인

구가 약 70억이래요. 그런데 어떤 책을 보니까, 한 번 정자가 쏟아져 나올 때 70억 개 정도랍니다. 그러니까 지구상의 인구만큼 나온다는 거죠. 거기에서 유일하게 하나의 정자가 난자와 만나서 자식이 되는 거예요. 그래서 부처님이 사람 몸 받기가 힘들다고 말씀하신 거죠. 가만히 그 내용을 들여다보면 70억 분의 1의 확률로 내가 태어난 건데, 사람 몸 받기가 얼마나 힘이 들었냐는 거죠. 그 다음에 사람 몸은 받았지만 부처님 만나기는 이보다 더 어렵다 그랬거든요. 이게 불법이에요. 그런데 이미 부처님 법을 만나서 이렇게 함께 불법을 논할 수 있다는 것은 이미 엄청난 혜택을 누리고 있다는 소리예요. 우리가 70억 분의 1의 확률로 사람의 몸을 받아서 누구 자식으로 왔단 말이에요. 그렇게 소중한 생명이에요.

부부간에 정이 있고 돈독할 때는 자식도 더 살갑고 예쁘죠. 세상의 어머니들은 자식을 돌보지 않는 분이 없잖아요. 하지만 근본을 모르고 설치는 세상이 되다 보니까 내가 힘들면 자식조차도 버리는 경우가 생기더란 말이죠. 내가 힘들고 피곤하면 내 자식도 알아서 챙겨먹기를 바라고, 내 편리한 대로 자식을 키우기 시작해요. 그러니까 자식들이 그런 환경 속에서 성장해 왔어요. 내가 공부만 하라고 가르쳤죠. 학원 대여섯 군데 다니는 것은 보통이죠. 잠시도 힐링할 시간을 주지 않아요. 그렇게 공부만 강조하며 키우다 보니까 예의와 도덕과 윤리가 없어지는 거예요. 그리고 내가 살아온 대로 자식도 대하니까 자식도 남을 배려하는 마음이 없고 자기 위주로 하다 보니까 문제아가 되는 거예요. 자식이 야단이라도 맞으면 왜 내 자식만 야단치냐고 학교 찾아가서 난리치는 거예요.

윤리와 도덕과 예의라는 것은 집을 지을 때 주춧돌과 같은 거예요. 적어도 만대까지 전해질 수 있는 집을 지으려면 그만큼 주춧돌이 튼튼해야 한다는 거죠. 그래서 반석 위에 집을 짓잖아요. 주춧돌과 같은 것이 윤리고 도덕이고 예의범절인데, 이것이 없이 집을 지으니까 얼마 가지 못해서 허물어져 버리는 거예요. 그러고는 내 자식만 잘못되는 것 같고, 세상을 비관하고 밖으로만 밖으로만 일어나는 경계에 의해서 남 탓을 하죠. '학교를 보냈더니 왕따를 시켜?', '선생님이 너한테만 그런 말을 했어?' 이렇게 되는 거예요. 이렇게 자꾸 내 자식만 감싸는 게 오히려 내 자식을 더욱 이상으로만 똘똘 뭉쳐진 상태로 내버려 두는 것과 같아요.

잘못된 일은 원인이 있을 것 아니에요? 그러면 그런 것에서부터 시작해서 자식을 키우더라도 사랑할수록 잘못된 행동이나 습관 버릇이 보일 때는 따끔하게 제재도 할 줄 알아야 해요. 옛날에는 예쁘고 귀한 자식일수록 매 한 대 더 때렸잖아요. 요즘은 손만 댔다 하면 난리가 나요. 회초리를 대는 것은 교육이에요. 그런데 나는 내 자식 한 번 안 때리고 키웠다고 자랑스럽게 이야기하는 분들 많아요. 그럼 안 봐도 뻔한 거 아니냐. 그러니까 제대로 보고 제재가 필요할 때는 제재해줘야 해요.

스스로 가만히 들여다보세요. 자동차를 예로 들어 봅시다. 내가 자동차를 건드리지 않으면 자동차는 그냥 가만히 서 있어요. 내가 차문을 열고 들어가서 운전을 하니까 차가 가는 거잖아요. 과연 나를 운전하는 놈은 누구냐 하는 거죠. 자동차를 운전하는 놈은 난데, 나를 운전하는 놈은 누구냐? 몸이 아파 본 사람들은 나와 상관없이 이놈이 아프다는 생각을 해요. 나는 감기가 걸리면 얼른 낫고 싶은데 안 낫는단 말이에요. 나는 감기에 걸리고 싶지 않지만 나와 상관없이 아프고 힘들어하고 괴로워하는 거예요. 그러니까 자동차 운전대를 잡고 있는 기사는 있는데, 나의 운전대를 잡고 있는 기사는 누구냐, 나의 육신을 잡고 있는 기사는 누구냐? 이것을 들여다보면 견성한다는 거죠.

안거철이 되면 각 선방마다 안거에 들어가서, 선방 문을 걸어 잠그고 스님들은 백일 동안 열심히 정진한단 말이에요. 한옥에 살아보셨어요? 한옥의 문고리가 어떻게 생겼어요? 동그랗죠. 안에도 역시 동그랗죠? 밖에서 잠그는 것도 동그랗고, 안에서 잠그는 것도 동그래요. 만행을 하고 각자 소임도 살며 여러 가지를 하다가 한철이 돼서 안거가 들어가면 그 문을 잠그고 들어간단 말이에요. 그러면 바깥 경계에서 일어나는 육식 육정의 나쁜 습관과 버릇을 싹 잡고, 밖으로만 취해졌던 모든 것을 싹 잡아서 안에서 문을 걸어 잠그고 들어가요. 그 문 안에서는 어떤 일이 일어날까요? 이런 것을 곰곰이 생각하고 성찰하고, 참선을 하면서 내면을 성찰하는 거예요. 결국은 안팎의 문고리는 동그랗다는 거죠.

그러니까 나를 운전하는 놈을 찾기 위함이라는 거예요. 그 다음에 그 운전수를 찾아보도록 하는 그분이 누구냐? 거룩하게도 우리는 부처님이라는 거죠. 그래서 그 부처님을 의지해서 내 생활을 되돌아보고, 육식에 끄달리고 육정에 끄달린 생활로 계속 바깥으로만 취하던 이 마음을 잡아야죠. 선방 스님들뿐 아니라 우리도 하루에 한 번이라도, 5분이든 10분이든 앉아서 '밖으로만 취하는 이놈은 누고?'하고 들여다보세요. 그저 막연하게가 아니라, 부처님을 의지한 지극한 마음에서 해야 해요. 부처님의 가르침대로, 부처님의 일체종지대로 수행해서 여실히 들어갔을 때 영원히 내가 부처되는 길이에요. 그렇지 않고 부처님을 의지하는 마음을 떠나서 혼자만의 생각으로 하는 것은 아무리 부처가 되려고 해도 부처가 아니라고 분명히 말씀하셨어요.

그러니까 부처님이 한 번은 육신의 자식으로 한 번은 법의 자식으로 라후라를 거듭 태어나도록 했던 것과 같이, 우리도 자식을 키우면서 한 번은 내 육신의 자식이었지만 좀 더 성장하고 도덕과 윤리가 탄탄하게 역할을 잘하는 그런 자식을 두면, 그 자식들의 내면의 자성이 밝고 도전적이 된다는 거죠. 그러면 결국 주춧돌에 기초한 사명감을 가지게 되어 있어요. 그래서 많은 사람에게 이익을 줄 수 있고 자기도 이익된 삶을 사는 사람으로서 성장한다는 거예요. 결국은 부처님이 라후라에게 나중에 수행이 깊어져서 밀행을 잘하는 자식으로 거듭나게 하고, 거기에서 또 수기를 줘서 부처가 될 거라고 칭찬하는 겁니다.

우리가 자식들의 허물만 들여다보고 "너는 꼭 그러는 버릇이 있더라. 너는 하는 일마다 누구 닮았냐?" 이렇게 얘기하잖아요. 그러면서 또 "아버지도 안 닮은 것 같은데."라고 하는데 그건 결국 자기 욕 하는 거예요. 아버지를 안 닮았으면 본인이 나쁘다는 거잖아요. 요즘 드라마들이 그런 드라마들이 많더군요. 드라마를 보면 씨가 다르고 배가 다르고 한 것이 주제더라고요. 참 그런 세상인가 봐요.

우리가 드라마를 보다 보면 방송에 빠져들죠. 드라마에 빠져드니까 쓸데없이 망상심이 커져요. 계속 그것만 따라가며 다음 편을 기다리죠. 교양 프로는 보지 않고 드라마 시간만 기다린단 말이에요. 그게 결국은 남의 생활에 전도되어서 가상적인 구속에 내 인생의 고리를 걸어요. 드라마의 주인공이 나였으면 어떨까 상상하면서 보니까 빠져드는 거예요. 그런데 사실은 알고 보면 꿈이거든요.

부처님도 동방으로 일만팔천세계를 비춰서 보여주셨어요. 그렇게 부처님이 일만팔천세계를 보여주니까 사람이든 사람 아니든, 천룡팔부나 범천이나 제석천이나 모든 존재가, 우리가 드라마에 빠져서 보듯이, 그 속에 빠져서 그걸 봤다는 거예요. 요즘 영화관에 가면 몇백 명이 함께 앉아서 그 영화 속에 빠져드는데, 2,500년 전에 듣도 보도 못한 세계를 보여줬다고 생각하면 과연 우리의 중생심으로 봐도 너무나 희유한 일이죠. 그런 희유함을 가지고 부처님을 대하고 항상 부처님을 찬탄할 줄 아는 불자가 되어야 진실로 입이 열리기 시작해요. 입이 열려야 가슴에 전해져요.

그런데 남에게 들은 거슬리는 소리는 한쪽 귀로 들으면 다른 쪽 귀로 빠지지 않고 머리에 뱅뱅 돌다가 가슴에까지 와서 받쳐요. 그 다음엔 '이놈, 두고 보자.' 그런단 말이에요. 자다가도 분하고 괴로워서 발딱발딱 일어나요. 내가 오늘 낮에 모임에 갔다가, 실수로 말을 잘못했다면 자괴감을 느끼고 부끄럽겠죠. 그러면 집에 돌아가서 3일 낮밤으로 고민하잖아요. 맺힌다는 소리예요. 한쪽 귀로 듣고 다른 쪽 귀로 흘려 버리는 것도 좋지만, 내가 이제까지 수많은 선지식들에게 주옥같은 법문을 많이 들었는데 듣고는 참 잘 흘려 버려요. 이게 드라마 보듯이 머리 위로 뱅뱅 돌다가 속에 딱 들어가면 그 다음에는 입이 떨어져 말이 나오기 시작해요. '부처님, 내가 잘못했습니다. 사는 게 고단해서 제가 부처님 전에 자주 가지 못했습니다.' 이런 내 잘못된 점들이 입에서 줄줄 나오고 부처님에 대한 찬탄이 나오게 되어 있어요. '거룩하신 부처님. 양족존하신 부처님. 복혜가 왕양한 부처님' 하죠. 불자들에게 바람을 한번 써보라고 하면 A4 용지에 하루 종일 한 자도 못 쓰고 고민만 하고 있잖아요. 이게 한국의 불자들이라는 거죠.

그런데 개신교 사람들은 입 한 번 떨어졌다 하면 하루 낮밤은 우습죠. 그러니까 48대원을 세운 법진 비구가 이룩한 세계가 서방정토 극락세계라는데 한번 가보자 하고 올라가니까 불자들의 귀만 올라와 있더라는 거예요. 들은 게 많거든요. 반면 천당이라는 데 가보니 입만 올라와 있더라는 거예요. 그러니까 따로 노는 거예요. 입 올라간 데 입 올라가고 귀 올라간 데는 귀 올라가고. 입과 귀가 같이 올라가면 마음이 올라간다는 거예요. 궁극적으로 부처님을 믿고 의지하는 삶은 사실은 귀로 들은 것이 많은 만큼 입으로도 참회할 수 있고 찬탄할 수 있고, 그러다 보면 마음에 와서 심장에 콱 박혀요. 박힐 때 기도와 참선이 둘이 아니에요. 그렇게 지극한 마음으로 기도하니까 그 기도하는 가운데 가피를 받고 울컥하는 마음에서 내면의 내 영혼이 보일 때 더 깊이 들어가면 부처님을 바로 볼 수 있는 견성이라 하는 거예요. 부처님을 상구보리上求菩提 하라고 그랬잖아요. 그 다음에 하화중생下化衆生이라는 것은 알고 보면 내 밑에 중생이 어디 있어요. 나와 똑같은 사람이 살잖아요.

내 남편이 좋으니까 결혼해서 자식을 낳고 살았지, 오늘 같이 원수였으면 살았겠어요? 그러니까 누가 만들었냐 이거죠. 조건을 너무 많이 붙이니까 그래요. 자식이 건강하지 않으면 건강만 했으면 좋겠다는 조건 하나예요. 건강하면 공부만 좀 잘했으면 좋겠다는 조건이 붙어요. 계속 하나씩 하나씩, 기대와 바람으로 엉글어져 가는 거예요. 남편의 조건은 인물이 잘 생겼나, 학식은 있나, 집안은 좋은가, 돈은 많은가 등 몇 가지를 확인하잖아요. 그렇게 열 가지 스무 가지를 따져서 '아, 이 사람이면 됐다.' 하고 결혼했는데 속을까요, 안 속을까요? 한 가지도 이루기 어려운데, 열 가지 이상을 남편에 대해 기대하고 결혼했단 말이에요. 그런데 결혼하고 나서 보니까 쪽박이죠. 술 한잔 마시니 주정도 있네? 잠을 자도 코고는 소리가 오토바이 굴러가는 소리가 나요. 이러니 기대하고 설레고 시집왔는데 말도 못하고 속으로 끙끙 앓다가 병이 되는 거예요.

그러면서 내가 힘들어하는 것을 남편이 알아줬으면 하잖아요. 예를 들어서, 내가 뭐를 하나 갖고 싶은데 이야기하면 안 된다고 하겠지 생각을 하고 체념을 하는 거예요. 포기하는 게 아니라 참고 있는 거죠. 참고 있다가 그래도 기회 봐서 한번 더 이야기하려고 해요. 그러다가 다른 일 보고, 손님이 오고 하다 보니 또 참아요. 나중에는 이 참았던 게 서러움이 되는 거예요. '내가 옷 한 벌 사 입는 것도 눈치를 봐야 하나?' 하죠. 누가 눈치 보라고 했나요? 스스로가 속에서 키우는 거예요.

남편한테 바라는 것이 많다는 게 그거예요. 내가 내 마음도 모르면서 남편이 내 마음 다 알아주길 바라지 마세요. 할 말 있으면 직설적으로 하세요. "내가 이것 좀 갖고 싶은데 사도 될까?" 그러면 참은 바가 없으니까 안 해줘도 "알았어. 그럼 다음에 하지 뭐." 이러고 마니까 내가 먹은 마음이 없다는 거죠. 그래도 갖고 싶으면 한 번 더 이야기해 보는 거예요. 그렇게 도전정신이 있으면 결국은 사랑 받게 되어 있어요. 왜냐하면 사랑 받으려고 자꾸 그 사람을 칭찬하게 되기 때문이에요. "당신 땀 많이 흘렸네. 많이 더웠어?" 하면서 냉수 떠다 주고 부채질이라도 해주는데 예뻐하지 않겠어요? 딴 데 한눈팔지 않고 일찍 집에 들어오겠죠.

일 때문에 어쩔 수 없이 술자리가 있으면 넉넉한 마음으로 '가족 부양하려고 애쓰는 내 남편, 몸이나 상하지 않아야 할텐데.' 하는 마음이 들어야 하는데, "또 쳐먹나?" 그러면서 싸울 때 보면 원수도 그런 원수가 없도록 싸우잖아요. 이게 결국은 내가 바라는 게 많고, 상대가 나를 알아주기 바라기 때문이에요. 아무리 예쁜 사람도 3일만 같이 살면 예쁜 것도 필요 없다고 하잖아요. 마음이 예쁜 게 제일이에요.

요즘 힐링이라고 하는 게 전부 정신적인 것이에요. 우울증, 스트레스, 조울증, 심할 경우에 스스로 자학하는 사람들까지 엄청 많잖아요. 세상은 복잡하고 다문화고 다종교이고 여러 가지로 얽히고 설키다 보니까, 어제까지 친구라고 했던 사람이 종교가 다르니까 같이 못 놀겠다 하는 거잖아요. 그러면서 자꾸 구분을 지으니까 힘들어질 수밖에 없어요. 이게 여러분들 속에 있는 원결, 즉 원한이 되는 거예요.

원한에 대해서 잠시 이야기할게요. 우리가 일제강점기에 나라 잃은 설움만 해도 엄청나게 고통스럽고 힘들었을 텐데, 거기에다가 종군 위안부로 전쟁터에 끌려가서 온갖 고통과 학대를 겪었잖아요. 이런 정신적·육체적 고통을 겪은 분들은 일본이라면 증오심에 불타게 되어 있어요. 불교를 믿으면 윤회를 믿으라고 했어요. 그러면 그분들이 제일 맺힌 곳에 가서 태어나겠죠. 제일 맺힌 곳에 가서 태어난다면 어디에 태어날까요? 일본 가서 태어나죠. 그렇게 생각해 보라는 거죠. 얼마 전 하시모토 오사카 시장이 종군 위안부에 대해서 전혀 엉뚱한 망언을 했어요. 계속해서 그런 망언을 하는 것은 자기 어머니를 모독하는 소리고, 자기 아내를 모독하는 소리이기도 해요. 그리고 자기 딸을 모독하는 소리고, 일본 여성들을 모독하는 소리이기도 해요. 이런 것을 알면 그런 망언은 못할 거예요.

왜 이 이야기를 하느냐 하면 부처님께서 라후라에게 수기를 준 이야기이기 때문이에요. 위로 부처님을 모시듯이 내 부모에게는 얼마나 공경하고 살았는지 가만히 생각해 보고, 내가 잘못한 점이 있으면 지금 바로 전화라도 해서 부모님께 안부를 전하세요. 그 다음에 곁에 있는 배우자를 가만히 돌아보고 "나같은 사람 만나서 살아줘서 고맙다. 사는 날까지 우리 열심히 살자." 하세요. 그 다음에 자식을 보고는 그 자식이 얼마만큼 활기차고 많은 사람에게 이익될 수 있는 삶을 살아가줄까 이런 것을 가만히 들여다보세요. 농사를 지을 때 식물을 북돋아주듯이 자식은 훈수만 둬주고 바르게 커가도록 기도하고 염원해주는 것이 참사랑이고, 부처님이 라후라에게 다시 수기를 준 사랑이 아닐까 생각합니다.

Q. 남편이 퇴사하고 사업을 시작했는데, 요즘 어려움이 많습니다. 어떤 마음으로 기도에 임해야 사업이 번창할까요?

직장생활을 하다가 갑자기 퇴사하면 제일 불안한 사람이 부인이에요. 꼬박꼬박 들어오던 돈이 딱 끊어지고 불규칙하게 들어오니까 그때부터 불안한 거예요. 그러니까 이 불안함 가운데도 부처님을 믿는 마음이 있으면 시련이 오더라도 내 남편을 더 큰 사람을 만들기 위해 이러는 거라고 생각하겠죠.

'부처님, 오늘부터 내 남편을 위해서 천배 만배 기도하겠습니다. 부처님의 가피를 입어서 저희 남편의 사업이 원만성취하여지이다.' 하고 지극하게 기도하면 그 마음이 행복해지고, 불안감은 싹 가실 수 있습니다.

8강

믿음의 법화가 필 때까지

법사품法師品

「법사품法師品」이 『법화경』 제10품인데 부처님은 아직까지 『법화경』을 강설을 하지 않았어요. 아직까지도 서품에 해당되는 거예요. 어떨 때는 찬탄하고 어떨 때는 수기 주고 칭찬하면서 무한한 광명의 세계, 무궁무진한 세계를 『법화경』에 함축시켜 놓은 거예요. 그래서 『법화경』에서는 일체종지의 깨달음을 믿고 따르기만 해도 일생성불—生成佛하는 거예요. 단숨에 다 성불할 수 있다는 큰 가르침이 이 『법화경』에 있어요.

특히 이 제 10품 「법사품」에서는 부처님이 어떻게 이 경전을 하면 좋은지 제자가 묻기도 전에 먼저 말씀해주신 거예요. 『법화경』을 수지 독송하고 서사차경하는 공덕이 얼마만 하냐? 심지어 아이들이 모래 위에 장난으로 부처님의 존상을 그리거나 『법화경』이란 말 한마디만 써도 일생성불한다는 거예요. 그러니까 이제까지는 부처님 제자들에게 수기를 줬다면,「법사품」에서는 누구나 부처님을 믿고 따르고 의지만 한다면 다 부처 된다는 소리예요. 엄청난 말씀이죠.「법사품」에는『법화경』을 찬탄하고 광선유포하고,『법화경』을 듣기만 해도 일생성불한다는 말로 증명하신 거예요.『법화경』을 가지고 아무도 없는 곳에서 법사가 혼자서 경전을 독송하면 부처님이 천신이나 범천이나 귀신이거나 사람이 아니어도 그 주위를 옹호하고,『법화경』을 찬탄하는 노래를 듣고 그 법사를 보호한다는 이야기예요.

그러면 우리가 어떻게 이 경전을 믿고 따르고 인정할까요? 요즘『법화경』사경을 참 많이 해요. 사경의 공덕도 엄청난 공덕이니 사경 한번 해보세요. 처음 할 때는 조금 힘이 들어도 두세 번만 넘어가면 뜻을 모르더라도 환희심이 저절로 나고 가슴 설렘도 맛볼 수 있어요. 그만큼『법화경』을 찬탄하거나 수지 독송하면 무한한 부처님의 세계가 열린다는 소리예요. 부처님이 최후에 법화삼부경이라 해서 이 경전을 설하셨어요. 부처님 입멸 이후에 250년 이상 불교가 융창해서 세계로 뻗어나가던 시기였어요.

『법화경』을 얼마만큼 믿어야 되느냐? 믿음이 제일이라 그랬어요. 불교신자잖아요. 신자라는 것은 믿을 신, 그러니까 부처님을 믿고 의지하는 사람이라는 소리잖아요. 그러니까 부처님을 믿고 의지한다면『법화경』을 부처님 보듯이 해야 해요. 그 다음에「법사품」에 보면 가루향, 바르는 향, 음악 등 여러 가지로『법화경』을 찬탄해도 일일이 부처님이 증명하리라고 하셨어요. 그만한 공덕이 있는 경전이에요. 『법화경』을 이렇게 함께 이야기할 수 있고 강설할 수 있는 것만 해도 일생성불의 약속을 할 수 있다고 보는 거예요. 그만큼 큰 공덕이 있는 것이 「법사품」입니다.

부처님이 이 경전을 가지고 말씀하신 것이 이 「법사품」에는 참 많습니다. 경전을 한 구절 인용해 보겠습니다.

약왕아, 만일 선남자 선여인이 여래가 열반한 뒤에 사부대중을 위하여 이 『법화경』을 설하려면 어떻게 설해야 하겠는가? 선남자 선여인은 여래의 방에 들어가서 여래의 옷을 입고 여래의 자리에 앉아야 사부대중 위하여 이 경을 널리 설할 수 있느니라. 여래의 방이란 것은 온갖 중생 가운데 대자비심한 마음이요, 여래의 옷이란 것은 부드럽고 온화하고 인욕하는 마음이요, 여래의 자리란 것은 모든 법이 공한 것이니라. 이런 가운데 편안히 머물러 있으면서 게으르지 않은 마음으로 여러 보살과 사부대중을 위하여 이 『법화경』을 널리 설할 것이니라.

여래의 방에 들어가고 여래의 옷을 입고 여래의 자리에 앉아서 『법화경』을 설한다는 것이 대단한 말씀이에요. 이미 여래라는 소리예요. 『법화경』을 강설하는 것만 해도 이미 너는 나와 동급이라는 거죠. 그런데 믿는 자와 믿지 않는 자를 이야기하는 거예요. 우리가 아무리 광선유포하고 포교를 열심히 하고 『법화경』의 위신력과 부처님을 찬탄해도 믿지 않는 사람은 욕하겠죠. "믿으려면 저 혼자나 믿지." 이러잖아요. 그래도 참으라는 거예요. 인생살이가 전부 참지 않고는 안 되는 거예요. 그런데 참는 것을 어떻게 참느냐? 참고, 참고, 참으면 폭탄이 터지듯이 터져 버려요. 그러면 도장 찍자, 인연 끊자 이런 소리도 나오는 거예요. 부모나 형제나 친척도 틀어져서 안 보고 사는 사람들 있잖아요.

사실 말 끝에 서운해서 다시는 안 본다는 말 쉽게 하는데, 우리가 이 세상에 부부로 만나는 게 얼마만 한 인연인지 알아요? 팔천만억 겁의 인연이 있어야 부부로 만날 수 있어요. 옷깃만 스쳐도 500생의 인연이라고 했잖아요. 그런데 부부로 만나서 원수 되어 사는 것도 생각해 보면 팔천만억 겁의 인연이에요. 얼마나 쌓인 게 많겠어요. 그러면 받을 것만 있겠어요? 줄 게 더 많을 수도 있겠죠. 그 팔천만억 겁의 인연 동안 부대끼면서 그 사람을 이용했을 수도 있고, 이용당했을 수도 있겠지요. 그러면 남편이 나를 속였을 때 "전생에 내가 당신을 많이 속인 모양이다. 이해해야지. 관세음보살, 참회합니다." 해야죠. 그런데 "인간이 그렇게 살면 안 된다. 내가 당신 같은 인간을 어떻게 믿고 사냐?" 이런 소리 나오게 되잖아요. 그런데 '팔천만억 겁의 인연 동안 내가 당신을 얼마나 힘들게 했으면 당신이 나를 이렇게 괴롭힐까?' 하며 내 스스로 참회해줘야 맺힌 게 없어져요.

단순히 겉으로 드러난 행위에 반응만 보이면 남편이 나쁜 짓을 하거나 나를 속이거나 했을 때 당장 끝내 버리고 싶잖아요. 아침에 먹은 마음과 저녁에 먹은 마음 다르게 자꾸 변한다는 거죠. 약간의 돈을 주면서 "이것은 월급 외에 당신 것이니까 마음대로 써." 하고 주면 좋아서 금방 깔깔 넘어가죠. "고마워. 당신 밖에 없어."

하고 아침에 받았죠. 그런데 저녁 때 남편이 "아침에 준 돈 좀 줘 봐라. 급히 빌린 돈 갚을 데가 있다." 하면 목소리가 대번 바뀌잖아요. "야 이 화상아! 더럽고 치사하니 가져가라." 하죠. 그러면서 받을 때 좋았던 그 기분의 몇 배로 더러운 기분이 든단 말이에요. 그게 내 욕심이에요. "왜 남 줄 것을 잊고 있었어? 신용이 없어지면 어떡할래? 빨리 갖다 줘라." 해 보세요. 그러면 지금 준 마음에 사랑을 배로 받을 텐데, 말 한마디에 소가지도 좁아지고 남편은 남편대로 기분이 상해서 밤에 서로 등 돌리고 잔단 말이에요. 그렇게 이틀 삼일 지나면 못 이기는 척 대화하며 어쩔 수 없이 사는 것이 괴로움이에요.

그러니까 애초에 부부간의 인연으로 서로의 부족함을 채워주려고 노력해야 하는데 받으려고만 하고 부족한 게 많으니까 서로 원망만 하죠. "젊었을 때 나한테 백마 탄 남자가 올 줄 알았는데, 당신 같은 인간이 걸릴 줄은 진짜 몰랐다." 하죠. 그러면서 신랑 출근하고 나면 텔레비전 드라마 보면서 "아이고, 저런 사람 한번 만나봤으면." 하고 망상을 하는 거예요. 그러니까 점점 내 남편이 보기 싫어지는 거예요. 그러니 밥도 같이 먹기 싫죠. 친구가 불러내니까 근사한 데 가서 찻잔 기울이면서 시간 가는 줄 모르죠. 하지만 집에 돌아오면 말짱 황이잖아요. 그렇게 속고 속이며 팔천만억 겁을 살았어요. 남편 출근하고 난 뒤에 절에 가서 부처님 앞에서 자성을 찾으려고 기도하고 참회하고 내 음력을 소멸시켜 달라고 빌어도 시원찮을 판에, 친구 만나서 좋은 데 찾아가 노닥거리며 수박 호박 다 깨지도록 찾아봐도 내 복이 그것밖에 안 되는 거예요. 설익은 밥은 새로 해도 설고, 쪽박은 집 안에 들어오나 집 밖에 나가나 깨진 것은 똑같은데, 다 자기 팔자고 업이라고 생각을 못하니까 그런 착각을 한다는 거죠.

내가 지금 가진 것에 대한 소중함을 알아야 해요. 더 나아가 부처님의 가르침대로 살고 부처님의 자식으로 복을 많이 지어야죠. 수억겁 생 동안 육도중생하며 살면서 정말 복이 없고 지혜가 없을 수밖에 없는데, 그것을 모르고 그냥 환장하고 설쳐요. 한번 사슬에 걸리면 빠져나가려고 발버둥 칠수록 옥죄어지잖아요. 점점 숨을 못 쉴 정도로 힘들어져요. 내 권위의식을 보여주고 싶은데 못 보이고, 나도 잘났는데 이렇게 앉아 있어야 되나 하는 여러 가지 생각들을 하면 할수록 숨을 할딱할딱 쉬다가 저녁에 남편 보면 돌아누워서 자게 되어 있다는 거죠.

이것을 궁극적으로 바꾸어서, '내 음력에 의한 것이고 수억겁 생을 살아오면서 인연 지어 놓은 것이 이것밖에 안 되니까 앞으로 복을 많이 지어야겠구나.'라고 생각해 보세요. 인도에 가서 길을 물어보면 사람들이 아주 상세하게 가르쳐줘요. 고맙다고 인사하면 오히려 그 사람이 고맙다고 해요. 당신이 나한테 길을 물었기 때문에 내가 그 복을 짓는다는 거죠. 이런 생각 해보셨어요? 물 한 그릇 떠다 주는 것도 음력 갚는 것이고, 자식을 보듬어 안아서 만물의 영장답게 키우는 것은 큰 어머니의 생각이라는 거예요. 부모나 주위사람들 보기 싫다고 안 보고 말 한마디 잘못 했다고 안 보고 원수처럼 살아서 되겠어요?

어떤 종교에서는 원수를 사랑하라 그러잖아요. 그런데 불교는 원수가 아예 없어요. 내가 짓고 내가 받은 건데 자업자득自業自得이고 자작작수自作作受지, 원수가 어디 있겠어요. 원수가 없는데 원수를 사랑할 수 있나요? 부부는 원수가 서로 인연으로 만났으니까 둘이 부처님 앞에 가서 참회하고 기도해 보세요. 둘 다 복이 없어 그런 거니 복 열심히 지으세요. 열심히 복을 저축해 놓아야 쓸 게 있죠. 집 살 때도 쓰고, 자식 결혼시킬 때도 쓰고 쓸 거 아니에요. 살다 보니 부조할 데가 한두 곳이에요? 일요일만 다가오면 겁나잖아요. 아이 성적은 안 올라가고 남편 월급도 안 올라가는데 내놓으라는 데는 얼마나 많아요. 이래서 늘 스트레스 받는다는 거죠.

이것을 한번 돌려 생각해 보세요. 요즘 뉴스를 보면 전기 수급이 어렵다는 얘기가 종종 있었어요. 조금만 더워도 못 참아요. 옛날에 비해서 발전시설이 많은데도 가정에 쓰는 것도 무시 못해요. 방생하러 일부러 멀리 가지 않아도 됩니다. 집에서 세제 덜 쓰고 빨래 덜하면 방생이에요. 물이 깨끗해지잖아요. 주변에 가난한 사람이나 결손가정의 아이를 들여다보는 것도 방생이에요. 방생한다고 물고기나 자라를 강에 풀어줘 봐야 외래종이라 토종 물고기 다 잡아먹고 먹이사슬만 파괴하잖아요. 세제 조금 덜 쓰고, 전기가 부족하다니 한 달에 한두 번이라도 전기 없는 날로 정해 보세요. 그러면 전기가 모자랄 일은 없을 거예요. 공장은 쌩쌩 돌아가고, 전기요금도 절약이 되겠죠.

가정에서 이렇게 정해서 지켜나가면 가족 간의 정도 더 생겨요. 말 한마디라도 서로 더 붙이려고 노력해 보세요. 남편이 부처도 아닌데 내 마음을 다 알아주길 바라요. 표현하지 않고 입이 툭 튀어

나와 있으면 원하는 것이 무엇인지 알 수 없어요. 이유를 들어봐야 알 거 아니에요. 남자들은 엄마나 아내는 말 안 해도 내 마음 다 알 거라고 생각하는 게 있어요. 그리고 가족들 표정이 안 좋으면 눈치 채고 알아서 맞춰주잖아요. 그렇게 살다 보니까 힐링이 되지 않는 삶이에요. 남편은 남편대로 스트레스, 나는 나대로 스트레스, 아이들은 아이들대로 스트레스죠. 틀에 짜여진 생활로 복잡하게 돌아가는 기계처럼 살다 보니 힐링할 시간이 없다는 거죠.

그런데 불자들은 어디에 가 있어도 힐링이 돼요. 왜냐하면 부처님을 진실로 믿고 의지하면서 자꾸 밖으로 나갔던 이런 문제들을 내면에서 성찰하면 저절로 힐링이 되기 때문이에요. 운동 열심히 하고 산 사람도 70, 80이고 운동 안 하고 산 사람도 70, 80이래요. 그러면 돈 들이고 힘들여서 골프 치고 에어로빅에 수영까지 하더라도 본인 삶에는 그게 운동 때문에 오래 사는 것이 아니라는 거예요. 매일 108배만 해도 전신운동이 되고 지병도 없어져요. 그리고 부처님께 고백하고 찬탄하고 참회하고 기도하다 보면 힐링이 되는 거죠. 『법화경』을 수지 독송하고 공부한 이 공덕으로 일생에 분명히 성불할 수 있어요. 부처님의 경전에 거짓말이 있을 수 없잖아요? 그렇게 믿고 의지하면 성불해요.

마음속의 불성은 부처님을 만났으니 유전인자가 같잖아요. 성불하려고 애쓸 필요 없어요. 억지로 하는 것은 도살장에 끌려가는 소와 똑같아요. 하기 싫은 일을 억지로 하려다 보니까 자꾸 걸림이 있고 막힘이 있고 답답해지죠. '왜 내가 이 일을 내가 해야 되느냐' 그러잖아요. 하고 싶은 것만 하되, 그 가운데서 부처님을 믿고 의지하고 기도하는 마음은 결코 빼먹지 마세요. 그것만이라도 잡고 있어야 탄탄한 동아줄이 됩니다. 다른 것은 썩은 동아줄이라 뚝뚝 끊어져 저 아래로 다 빠져요. 그런데 힘 좋고 능력 있고 복 많고 지혜 있는 부처님만 꽉 잡고 있으면 절대 지옥 갈 일 없다는 소리예요. 두 줄을 내려놓고 음력에 따라서 고르라고 했을 때 안 믿고 평소에 중생의 음력으로 살았던 사람은 잡으면 줄이 끊어지니까 밑에 다 처박히는 거죠. 그런데 진짜 신심 있는 불자가 잡으면 그게 썩은 줄인지, 동아줄인지 보인대요. 지옥에 가도 문고리만 보고도 저기가 극락이구나, 알 수 있어요. 한 마음 한 찰나 깨닫고 나면 극락세계로 바로 가진다는 거죠. 이런 마음을 가지고 살다 보면 구경에는 성불하는 거예요.

일단 의지하는 마음, 기도하는 마음, 부처님께 지극하게 예배하는 마음이 필요한 거예요. 그렇게 하다 보면 자연히 그 속에서 저절로 부처님의 버릇과 습관이 들여진단 말이에요. 습관과 버릇 때문에 우리가 이렇게 사는 거예요. 업이라는 것이 습관과 버릇이에요. 아무리 평지에 있는 좋은 밭도 일년만 버려두면 잡초가 무성해지고, 그 밭을 갈아주면 다시 옥토가 되잖아요. 또 아무리 옥토라도 씨앗을 뿌리지 않으면 다시 잡초밭 가시밭이 된다는 거죠. 그렇게 옥토밭을 만들었으면 그 속에다 불성의 종자를 뿌리는 거예요. 그 씨앗이 자라고 성장해서 꽃이 피고 열매가 맺겠죠. 우리가 부처님 앞에 과일공양 올릴 때는 부처님의 알음알이, 즉 증과證果를 얘기하잖아요. 그래서 과일공양을 올리는 거예요. 믿음이 얼마나 오롯하고 바르냐에 따라 과일 공양을 올릴 수 있는 날이 오겠죠.

이 『법화경』을 공부를 하시다가도 마장이 없지는 않거든요. 오늘은 『법화경』을 공부해야지 마음먹고 다포도 펴고 혼자 삼배를 하고 경전을 한 구절이라도 제대로 읽어 봐야지 하고 거실에 앉았어요. 그런데 그때 "뭐해? 얼른 자자." 하죠. 그래도 거기에다 기도한다면서 화내면 밤새도록 잠 못 자는 싸움이 일어날 수도 있어요. 그럴 때는 '그래, 당신 먼저 재워 놓고 해야겠다.' 이러면 되잖아요? 마음의 여유를 가지라는 거예요.

우리가 이 「법사품」에서 공부해야 할 부분은 다른 것이 아니라, 내 마음을 얼마나 부처님 같이 쓰고 내 음력을 얼마나 잘 다스리고 내 주위를 돌보면서 그들과 얼마만큼 끈끈한 인연으로 불성의 종자를 심느냐 하는 것이에요. 그렇게 인욕해서 여래의 옷을 입고 여래의 방에 들어가고 여래의 자리에 앉아서 함께 광선유포하는 것이 바로 불교가 화창세계가 열리는 그런 때가 아니겠습니까? 이 「법사품」처럼 내 삶을 부처님의 삶으로 바꿔 나가는 것이 진실된 불자들이라 할 수 있을 겁니다.

경전을 조금 더 읽어 보겠습니다. 경전을 설하는 규칙이 있어요.

만약 어떤 사람이 이 경을 설하려면 마땅히 여래의 방에 들어가서 여래의 옷을 입고 여래의 자리에 앉아서 대중 가운데서 두려움 없이 널리 분별하여 설하라. 큰 자비심은 방이 되고, 부드럽고 온화하고 인욕하는 것은 옷이 되고, 모든 법이 공한 것은 자리가 되니, 여기에 앉아서 법을 설하라. 만약에 이 경전을 설할 때에 어떤 이

가 욕설을 하거나 칼로 베고 막대기로 치고 돌을 던질지라도 부처
님을 생각하여 마땅히 참아야 하나니라.

　무서운 소리죠? 부처님은 일체종지를 하신 분이에요. 그 옛날에
세상이 이렇게 막행막식 하는 사람이 많을 줄 어떻게 아시고 이런
구절을 넣어 놓았어요. 아무리 부처님의 법이 좋고 정법이고 최상
승이라도 거기에도 욕하는 놈은 있어요. 그런데 생각해 보세요. 남
편이 밖에 나가서는 다 인정을 받는데 나에게 인정 못 받는다면 내
가 나쁜 사람이에요. 그러면 이런 아내들이 또 하는 말이 있어요.
"한번 살아 보세요." 하죠. 정말 나가서는 잘해요. 특히 보살님들이
나 거사님들이 밖에 나가서는 자기의 나쁜 습관과 버릇은 숨기고
잘하는 분들 많잖아요. 그게 제일이라고 생각했다가 들어가 보면
완전히 속은 거예요. 유별나게 잘해주는 사람, 유별나게 친절한 사
람도 알고 보면 잘못될 확률이 높아요. 가까이에서 유별나게 잘하
던 사람이 계주 되어 내 돈 떼먹고 도망가지, 그냥 평범하게 대하던
이웃을 잘 만나야 내 삶이 편안할 수 있어요.

　오늘 KTX를 타고 오면서 조용히 강의할 내용을 정리하면서 오려
고 했는데, 옆 사람이 신문을 연방 차그작 차그작 넘기며 신문이란
신문은 다 가져다 보는 거예요. 그래서 속으로 '부처님, 한 귀에 듣
고 한 귀로 흘리겠습니다. 저것도 나에게 인욕바라밀을 주려는 모
양입니다.' 그랬어요. 인욕은 참은 바 없이 참는 거예요. 아무리 머
리 깎고 살아도 뜻대로 잘 안 되는 부분이 그거예요. 하지만 노력해
야 한다는 거죠. '인욕바라밀을 가르치기 위한 것이구나. 나에게 더

가르쳐줄 것이 있어서 그렇구나.'

제가 성관음사 중창 불사를 했는데, 옆에서 불교를 제일 잘 안다는 사람이 나를 골탕을 먹여요. 그러니까 일하는 데 마장 없기를 바라지 마세요. 마장이 없으면 교만심이 생겨요. '아, 부처님이 나를 가르쳐주기 위해 저 사람을 보냈구나.' 했어요. 항상 주위의 이웃이나 친구나 유난히 친절한 것은 경계해야 해요. 유난히 친절한 것은 부처님 외에는 경계해야 됩니다.

수억겁 생을 지어왔던 그 인연, 부부는 팔천만억 겁 인연, 형제는 구천만억 겁 인연, 부모는 십만억 겁의 인연으로 만나요. 그러니까 이렇게 만나기 어려운 부모요, 형제요, 부부예요. 그런데 우리는 이것을 너무 함부로 대해요. 그러니까 내 스스로 가진 것에서 정말 부처님의 정법으로 『법화경』을 설하고 싶거든 우선 가족에게 말 한마디라도 따뜻하게 하고, 미묘한 향이 되도록 해주세요. 가슴에서 우러나는 거예요.

그런데 우리는 참 어리석은 게 속은 안 그러면서 겉으로만 하는 거예요. 그건 보여요. 백화점 같은 데 가면 "어서 오십시오, 고객님. 무엇을 도와드릴까요?" 이렇게 얘기를 하잖아요. 그런데 속으로는 귀찮아 죽겠는데 겉으로만 하는 것에서 사람들은 그 느낌을 받아요. 그래서 이 느낌이라는 게 굉장히 중요하다는 거죠. 대충 넘어가려고 하는 것 같으면 상대는 더 강하게 나오고 거기에서 싸움이 일어나는 거예요.

한마디만 하더라도 진실된 말을 할 때 통하는 거예요. 그렇게 부처님께 오면 그것이 전도되어 부처님에게도 진실로만 하게 되어 있어요. 진실이 서로 통한 세상이 되면 밝은 사회가 되고 공생하는 사회가 되고 상생하는 사회가 되는 거죠. 그런데 그렇게 살지 않으니까 자꾸 칸을 치고 막을 치고 내 것은 안 보여주면서 상대방 것은 다 뺏으려고 하니까 시끄러운 거예요. 서로 공생하려면 주고받는 것이 있어야 해요. 악의 세계나 극락세계나 밥은 똑같이 차려져 있대요. 악의 세계에서는 서로 먹으려고 싸우다가 아비규환이 되어 버리고, 반면에 극락에서는 긴 수저로 퍼서 서로의 입에 넣어주더래요. 똑같은 밥을 먹어도 맛은 배가 되겠죠. 오늘 집에 가시거든 부부간에 부모 자식 간에 이렇게 먹여줘 보세요.

이 『법화경』 「법사품」을 항상 수지 독송하면서 주변에 사경을 권장하고, 독송을 권장하고, 함께 법화행자로서 살아가기를 권장해 보세요. 이렇게 하는 것이 진정한 「법사품」을 행하는 법화행자가 아닌가 생각합니다.

법/화/상/담

Q. 마음은 있는데 시간이 없어서 절에 자주 갈 수 없을 때는 어떻게 하면 좋을까요?

𝒜 우선은 절에 열심히 가는 것이 좋습니다. 시간이 있든 없든 그렇게 마음이 있다면 아침에 일어나서 절 있는 쪽으로 삼배부터 먼저 올리세요. "아버지, 제가 오늘도 절에 못 가지만 예를

올립니다." 그러면 됩니다.

내 마음이 편해지면서 불성이 더 증장되면, 그때부터가 바로 부처님 품 속에 완전히 들어와서 사는 삶이라 할 수 있어요. 시간이 없어 못 가면 그렇게 하시면 됩니다.

9강

불자의 도리를 다하는 삶

|

견보탑품見寶塔品

|

이번에 공부할 부분은 「견보탑품見寶塔品」입니다. 부처님이 『법화경』을 설하시려고 하면서 참 뜸을 들여요. 설익은 밥은 다시 해도 설죠. 제가 어렸을 때 아주 가난하게 살았어요. 그래서 흉년이 들면 좁쌀로 떡을 지어요. 디딜방아로 좁쌀을 찧어서 채반에 놓고 찌면 그게 차조떡인데, 한번 설면 끝까지 익지 않아요. 뜸이라는 것은 깊이 들수록 맛이 있어요.

부처님이 『법화경』을 설하실 때 15품 전까지는 계속해서 준비단계로 뜸을 많이 들여요. 그 다음에 내 스스로 부처님의 위신력을 들어 보이죠. 「견보탑품」에도 보면 어떤 현상이 일어나느냐 하면, 그 영산회상에서 법회를 하신다고 하니 다보탑이 공중으로 떠올랐어요. 탑 안에서 다보 부처님이 "아주 훌륭하도다, 훌륭하도다. 우

리 석가모니 부처님, 정말 훌륭하시다."라고 석가모니 부처님을 찬
탄하는 목소리가 나와요. 그래서 그 자리에 모인 대중들이 희유하
게 생각하죠.

부처님이 모든 것을 설법하려면 분신 부처님까지도 다 모여야
한다 해서 이 국토를 세 번 변화 시키는 엄청난 드라마틱함을 보여
요. 그렇게 해서 다 모였는데, 탑이 허공으로 높이 떠서 탑이 보이
지 않았어요. 대중들이 부처님의 위신력을 입어서 가까이 친견할
수 있게 해달라고 부탁을 드려요. 그래서 대중들도 다 공중으로 떠
서 탑을 가까이에서 친견할 수 있었어요. 탑문이 열리면서 부처님
이 그 탑 속에 다보 부처님과 같이 앉으셨어요. 이런 기이한 현상들
이 자주 일어나요. 그렇게 하고 탑을 열어서 보여준 것이 「견보탑
품」이에요. 요즘은 텔레비전이나 핸드폰으로 비춰서 사바 현장을
들여다보고 알 수 있지만, 부처님은 수많은 세계를 우리가 텔레비
전을 보듯이 다 보여주셨어요. 신통묘용한 힘을 가진 부처님이라
고 보면 돼요.

이 정도 위신력을 가지신 부처님이 자꾸 뜸을 들여요. 중생들, 특
히 부처님의 제자들도 이 『법화경』을 강설하실 때는 오천의 비구
비구니가 떠나버리고 난 뒤에, 이제는 쓸데없는 잎과 줄기는 다 떨
어지고 정말로 회삼귀일이라 일불승을 들을 수 있고 성불할 수 있
는 끈기 있는 그런 제자들과 대중만 남아있다는 생각을 하고 설법
을 시작하셨어요. 그러니까 『법화경』에 대해서는 누누이 이야기하
지만 믿음이 없으면 한 발짝도 들어갈 수 없어요.

이 『법화경』을 가지고 부처님이 또 한번 숙명통이나 여러 통달

하신 부처님이 2,000년이 지나고 3,000년이 지난 세계를 걱정하신 것이 이 「견보탑품」에 나온다고 볼 수 있어요. 언젠가는 불교가 쇠퇴할 것인데, 그때 『법화경』을 들고 나와서 설법하고, 광선유포하고 법화행자가 많아질수록 다시 불교의 꽃을 피울 수 있도록 할 사람이 누구겠어요? 어떤 종교든지 간에 물질에 속아서 종교심이 떨어지고, 물질만능주의로 흘러가다 보니까 정신세계가 굉장히 혼탁하죠. 혼란스러워요. 그런 세계에 살고 있으니까 웰빙이라고 하고, 요즘은 또 힐링이라고 하잖아요. 그렇게 점점 정신세계의 허접함을, 잡지 못함을 어떻게 하면 다시 치유하고 사람들이 본연 자성의 아름다움을 내면에 채워서 다시 맑게끔 살아가게 할 수 있을까? 요즘 들어서 많은 이야기를 논하고 있잖습니까?

2,500년 전에 이미 부처님은 그렇게 불교가 쇠퇴해가는 가운데서 다시 『법화경』을 가지고 광선유포하고, 불자로서의 도리를 다하고 불자로서의 생활을 만들어갈 수 있을까를 염려하신 부분이 「견보탑품」에 나와요.

대중에게 말하노라. 내가 열반한 뒤에는 이 경전을 누가 능히 수호하고 독송하겠는가. 오늘 여기 부처님 앞에 스스로 서원하고 말을 하라. 다보여래 부처님은 열반하신 지 오래지만, 크나큰 서원으로 사자후를 하시니 다보여래 부처님과 그리고 나와 모아놓은 분신부처님들이 이 뜻을 알리라.

누가 과연 이것을 설법하고 광선유포하고, 많은 대중에게 다시 불교를 꽃피게 할 수 있을 것인가? 누가 나에게 이야기하라는 소리예요.

불자로서의 도리를 다하는 삶을 「견보탑품」에 비춰서 이야기해 볼까 합니다. 그 2,500년 전에 부처님이 영산회상에서 다보 부처님과 함께 분반좌, 즉 좌석을 나누어 앉아서 대중에게 물었어요. "과연 누가 이렇게 할래? 『법화경』을 설하기가 얼마나 힘든지 아느냐? 높디높은 수미산을 들어 옮겨서 다른 세계에 던지기는 쉬워도, 이 『법화경』을 설하기는 어려우리라. 그 다음에 온 우주의 하늘을 부수고 조화로 만들어서 내다버리는 것은 쉬워도, 『법화경』을 강설하고 유포하고 독송하고 믿고 따르고 의지하기가 어렵다. 수없는 경전을 설법 유포하기는 쉬워도, 『법화경』은 설법 유포하고 독송하고 서사차경하기 어렵다." 너무 엄청나다는 소리예요.

과연 부처님이 설법하시고도 이 경전이 제일이라고 말씀하신 이유가 뭘까요? 믿음이라는 거예요. 믿음을 가지고 불자로서 정말 함께 하고자 한다면 스스로 『법화경』을 서사차경하고 광선유포하고 사경하는 사람들이 많이 나와야 한다는 거죠. 그렇게 해야만 불교가 다시 꽃을 피울 수 있어요. 그리고 언젠가는 부처님이 될 수 있다는 바탕을 이 『법화경』이 갖고 있어요. 이렇게 하지 않으니까 문제가 되는 거예요.

많은 경전을 설법하면서도 『법화경』은 설법하지 않으려고 하시는 스님들도 계실 수 있어요. 그런데 제가 볼 때 『법화경』이라는 것 자체가 모든 믿음의 당처예요. 우리가 튼튼한 집을 짓기 위해서는 튼튼한 주춧돌이 있어야 해요. 튼튼한 주춧돌 위에 기둥을 세우고 집을 지으면 천년이 가도 변함없이 집으로 상주할 수 있지만, 대충 모래 위에 집을 지으면 금방 허물어지죠. 그러니까 우리 스스로 믿음을 가져야 해요. 믿음은 발보리심이에요. 아뇩다라삼먁삼보리를 이루겠다는 것이 믿음이에요. 스스로 믿음을 세우고, 믿음 위에선 내가 꼭 부처님이 3000년 이후에 일어날 말세의 중생을 제도하는데 누가 이 『법화경』을 가지고 광선유포를 하겠냐라고 했을 때 앞장서야 해요. 이게 불자의 도리예요. 부처님이 누가 할래 하면 어렵고 힘들고 고통스럽고 설령 그 길을 가다가 죽을지언정 아버지가 가라니까 갈 수 있는 그 마음이 믿음이라는 거죠.

이 믿음을 다시 내 생활 속으로 가져와 봅시다. 도리라는 게 뭐예요? 내가 진실된 불자의 도리로 앞장서서 광선유포하고 서사차경하고 사경하면서 부처님 가르침대로 간다면, 그 마음 그대로 집에 오면 남편을 위해서 도리를 다하는 사람이 되고, 자식을 위해서 엄마의 도리를 다하는 사람이 되고, 부모에게는 자식의 도리를 다하는 사람이 된다는 거죠. 내 도리를 부처님에게만 하는 것이 아니라, 내 생활 속에 가져와서 아내로서, 엄마로서, 자식으로서, 사회의 구성원으로서 도리를 다하는 거예요.

세상을 살면서 하지 말라는 것은 안 해야죠. 예를 들어 쓰레기 분리수거를 하라는데 귀찮다고 그냥 막 집어넣어 버리면 주민으로서의 도리를 못해서 결국 싫은 소리를 듣는 거잖아요. 내가 주부, 시민의 도리를 제대로 못해서 여러 사람들에게 욕을 얻어먹는다는 거죠. 그러니까 불자의 도리를 잘하다 보면 부부의 도리, 엄마의 도리, 자식의 도리도 할 수 있고, 사회 구성원으로서 정말 유기적으로 잘 할 수 있어요. 그런데 궁극적으로 도리를 다하지 못하기 때문에 요즘은 부처 되는 도리는 놔두고라도 인간의 도리라도 했으면 좋겠다는 생각을 해요. 남을 배려하는 마음 없으니까 도리를 다하지 않아 다른 사람에게 피해를 입히는 거예요.

학생은 학생의 도리를 잘해야죠. 학생의 도리 중 첫째가 뭐예요? 공부 열심히 하는 거예요. 선생님은 앞에서 열심히 가르치는데 도대체가 안 들어요. 그러니 공부를 못하는 게 당연하죠. 열심히 노력하면 공부 못할 놈이 없는데, 수업도 안 듣고 노력도 안 하기 때문에 공부가 어려운 거예요. 학생으로서 도리를 다하지 않는 거죠. 학생이면 학생의 도리를 다하고 살아야 하죠. 본인의 도리를 안 하니까 문제가 일어나고 사회가 혼탁해지는 거예요.

어렵더라도 불자로서 부처님이 가르친 법을 이어받아서 수많은 중생에게 전달하고, 중생들이 다 불자로서의 유전인자를 가지고 있기 때문에 그 유전인자를 받아들여서 불자로서 커나갈 수 있도록 앞장서서 유포하고 포교해야 해요. '사경해라. 사경하면 이러이러한 공덕이 있다.', '기도하고 독송해라. 그러면 이러이러한 공덕이 있다.' 한 번이라도 불자로서 이렇게 유포하고 살아봤습니까? 불자들이 혼자 성불하면 되는 줄 알아요. 불교가 포교가 안 되는 이유 중 하나가 자기만 믿으면 되고 나 하나만 잘하면 된다는 생각 때문에 잘못된 것을 보고도 그냥 지나가고, 잘된 것도 그냥 보고 지나가고, 잘된 것 잘못된 것을 구분 짓지 않아요. 그러다 보니 어떤 것이 진짜지, 어떤 것이 정의롭게 사는 것인지 모르더란 소리죠.

바로 발보리심해서 믿음이 완성될 때 정의도 보이고, 도리도 보이고, 거기에서 부처님의 핵심 가르침이 보이게 되어 있어요. 대충 어영부영하니까 이것도 저것도 눈에 안 보이는 거예요. 봉사가 삼밭을 지나간다고 보이겠어요? 그러니까 정말 눈 똑바로 뜨고 나라는 아상을 버린 자리에 자리이타한 삶을 심고, 도리를 다해야지 하는 생각이 습관과 버릇이 되도록 길들여 보세요.

정말 도리를 잘하는 사람은 그 가정이나 주변에 아무 문제가 없어요. 자기도 도리를 못하면서 남들이 도리 못하는 것만 눈에 보이니까 문제가 되는 거예요. 자기는 제 도리 안 하면서 상대방은 도리를 다하길 바라죠. 그러면서 자기는 좀 개차반 같이 나쁘게 하더라도 눈 감아주면 좋아하죠. 자기는 맛있는 것 다 사먹고 돌아다니며 살 것 안 살 것 다 사놓고, 남편은 돈만 잘 벌어다주기를 바라잖아요. 거기에서 문제가 발생하는 거예요. 살아야 하나 말아야 하나 심각하게 고민할 거 아니에요? 계속 이렇게 살다 보면 평생 전세 월세도 못 면하겠다 싶겠죠. 칠십억 분의 일의 확률로 만난 내 배우자의 가슴에 멍들게 하고, 좌절심을 안겨주진 않는지 살펴보라는 거예요. 귀중한 인연을 만나놓고 왜 그 사람 가슴에 상처주고 힘들게 합니까? 정말 보기조차 아까운 사람으로 사는 것도 겨우 20~30년인데 왜 싸우며 사느냐는 거예요.

사람은 자신의 나쁜 습관은 안 보여요. 그리고 스스로 나쁘다고 생각하고 자기 그릇을 생각하는 사람은 더 큰 그릇이 되기 위해서 노력하게 되어 있어요. 남에게 들은 말에도 기분 나쁘지만 다시 한 번 생각해 보고 '내가 그런 점이 있었구나.', '내가 참 융통성이 없었구나.', '내가 한쪽에 쏠리면 그것밖에 몰랐구나.' 하고 스스로 성찰해 보는 진실된 말로써 받아들여야 해요. 그런데 받아들일 생각보다 '자기는 얼마나 잘 하기에. 어디 두고 보자' 하고 피한단 말이에요. 나에게 충고하고 나의 단점을 이야기해주는 사람을 오히려 배척해요. 그러니까 발전이 없는 거예요. 지적해주는 사람이 나에게 선생인 줄 알고, 진짜 도리를 심어주는 사람인줄 알아야 하는데, 거슬리는 소리 한다고 '너는 원래 그런 놈이야.' 하면서 어디 가도 그 사람 이야기만 나왔다 하면 험담을 하고 달려들죠.

그러니까 배우자로서의 도리나 친구간의 도리나 나아가서 사회 구성원의 도리나 우리는 하나하나 연결된 그물과 같은 이런 인드라망 속의 삶인데도 나만 잘난 것으로 착각하고 살기 때문에, 오욕락으로 뒤집어져서 탐심·진심·치심으로 살다 보니까 중생심이에요. 이것을 바로 들여다보면 결국 '아, 길이 여기에 있구나. 내 그릇이 이것밖에 안 됐었구나.' 하는 거죠. 이 작은 그릇에 무엇을 담아도 넘쳐 버리죠. 그러니까 지금 아주 작은 그릇으로 사는 거예요. 전세 사는 사람은 전세 사는 그릇으로, 월세 살고 있는 사람은 월세 사는 그릇밖에 안 된다는 소리가 되지요. 스스로 내 그릇을 넓히면 월세 살던 사람도 전세 살 수 있고, 전세 살던 사람도 내 집을 가질 수 있다는 말이에요. 그렇게 내 그릇을 넓혀갈 줄 알아야 합니다. 이게 도리라는 거예요.

그런데 앉을 자리, 설 자리 보고 일어서야 하는데 자기만 생각하고 헐떡거리며 일어서니까 물그릇이 다 쏟아지잖아요. 법회를 할 때도 보면 차분히 주위를 살펴가면서 들어와서 앉는 사람이 있는가 하면, 화닥닥거리고 저쪽에 좌복 비었다고 엎어지듯이 쫓아가서 내 자리처럼 앉는 사람도 있단 말이에요. 왜 주위를 돌아볼 줄 모를까요? 진실된 불자로서 살고 불자의 도리를 다한다면 내 주변도 배려할 줄 알아야 되잖아요.

사회생활을 하면서 상사가 상사 도리 못하면 어떻게 해요? 보는 앞에서는 부장이니까 "예, 예" 하지만, 안 보는 데서는 얼마나 허파가 뒤집어지겠어요. 내가 앉은 자리에서 과연 내 도리를 잘 하고 있는지 다시 한번 돌아보시라는 거예요. 내 것은 보이지 않고 남의 것은 잘 보이니까, 남의 것 잘 보고 욕하지 말고 내 허물을 들여다볼 줄 알아야 해요. 도리를 모르니까 늘 욕 얻어먹고 살고 갈팡질팡하죠. 자신의 도리를 모르는 사람이 어떻게 자기 일이 잘 이루어지기를 바라겠어요?

탑을 하나 세워도 무게중심을 잘 맞추어 올라갔을 때 그 탑이 천년이 갈 수 있는 것이지, 들쑥날쑥 해놓으면 사흘도 못 가고 무너질 거예요. 내가 나이를 먹은 만큼 과연 무게중심을 잘 잡고 살아왔느냐? 무게중심이 바로 도리를 잘하는 거예요. 그만큼 도리 하고 살았는지 되돌아보고 참회하는 거예요. '제가 부처님이 말씀하신 광선유포는 못하고 오늘날까지 물질만능주의만 따라가다 보니까, 부처님의 참된 가르침은 등지고 탐심·진심·치심으로 살아왔습니다. 오늘에서야 비로소 부처님의 가르침이 어떤 것인지를 받아들이고 알아들었습니다. 오늘부터는 참 불자의 도리를 알고 살겠습니다.' 가정에서는 아내된 도리, 엄마된 도리, 자식된 도리를 다하고, 사회구성원으로서 직장에 있을 때는 부하직원으로서의 도리를 다하고 상사로서 매사에 부하직원들을 잘 어루만지는 그런 공유체가 우리가 사는 인드라망이라는 그물이에요. 그 속에서 우리가 단단히 엮어졌는데도, 그걸 몰라요.

요즘 우리나라에 농사짓고 사는 농민이 몇 프로 정도 될까요? 농사지으라고 하면 도망갈 사람들이 대부분이죠. 그런데 우리가 뭘 먹고 살아요? 그 농사지은 쌀을 주식으로 살잖아요. 거기에서 일미칠근一米七斤의 진실된 도리를 알아야 해요. 쌀을 씻다가 쌀 한 톨을 수챗구멍에 빠뜨리면 그것은 농부의 땀을 배신하는 거예요. 일미칠근, 즉 쌀 한 톨에 일곱 근의 무게가 있다고 그랬어요. 농부의 땀이 그만큼 담겨 있다는 거죠. 하늘도 배반하고, 태양의 따스함도 배반하고, 땅도 배반하고……. 한 톨의 쌀알을 버림으로써 배신하는 게 이렇게 많은데, 이걸 모르고 생각 없이 버리죠.

이렇게 생각 없이 살다 보니까 남에게도 욕을 먹고 함께 사는 사람의 미간을 찌푸리게 만드는 원흉이 내가 되어 있다는 거죠. 가만히 보면 내 자신을 반성할 줄 모르고 잘난 척한다 이거예요. 그러니까 잘난 척하지 마세요. 도와주고 도와줬다는 소리 안 해야 하는데도, 내가 요만큼 해놓고도 이만큼 뻥튀기 자랑을 하는 거예요. 내가 한 만큼만 이야기해도 덜한데, 그러는 사람 하나도 없어요. 그런 사람이 평소에 절에 와서 불전 천 원 넣으면서도 아까워서 만지작거리거든요. 부처님의 복력과 지견으로 이 세상을 이만큼이라도 살 수 있다는 감사함이 전혀 없어요. 불자로의 생각이 전혀 없으니까 천 원짜리도 아까워서 벌벌 떠는 거예요. 천원 넣고 천만 원 벌게 해주세요 하는 건 도둑놈 같은 소리죠.

이런 세상을 어디서부터 바꿔야 할까요? 불자든 불자 아니든 내 생각부터 바꿔 보세요. 내 부모에게 도리를 다할 줄 알고, 남편에게 도리를 다할 줄 알고, 자식들한테 도리를 다할 줄 알고, 사회 구성원으로서 도리를 다할 줄 아는 것만 해도 남한테 욕 안 먹고 살 수 있어요. 이런 도리를 못하고 사니까 날마다 시끄럽죠. 내가 도리를 다한다는 것은 스스로 참회할 줄 알고 남을 칭찬할 줄 아는 거예요. 자식이 공부를 못해도 건강하게 커주니까 고맙죠. 엄마로서의 도리를 잘하는 사람은 내 자식이 공부를 하든 무엇을 하든 늘 옆에서 챙기고 내 레이더망 안에 자식이 있도록 하는 거예요. 그러다가 자식을 떠나보낼 때가 되면 마음에서 진실로 떠나보낼 줄 아는 사람이 정말 도리를 다하는 사람이에요.

그런데 내 자식이 몸만 너무 튼실해서 하라는 공부는 안 하고 몸이 근질근질하니까 여기저기 사고치고 다녀요. 그래서 학교에서 호출이 오면 내 아이는 그런 아이가 아닌데 친구를 잘못 만나서 그렇다고 하죠. 그럴 것이 아니라 선생님 앞에서 "제가 부모로서 가르침이 부족했습니다. 앞으로 늘 주의하고 내 자식 옆에서 신경을 쓰고 선생님 속 안 썩이도록 최선을 다하겠습니다." 해야죠. 집에 와서는 아이를 앞에 앉혀 놓고 108배라도 해보세요. 힘 쓰는 것보다 꾀 쓰는 게 낫고, 꾀 쓰는 것보다 머리 쓰는 게 낫다는 것을 자꾸 가르쳐서 바꿔 나가야 해요.

그런데 "잘했다. 학교는 내가 갔다 왔으니 됐다." 한단 말이에요. 내 자식이 선생님한테 훈계를 듣고 매 맞았다고 담임부터 시작해서 교장까지 찾아가죠. 왜냐하면 나도 배웠다는 아상 때문이에요. 요즘 나만큼 안 배운 사람이 어디 있나요. 그런데 배움을 악용하고,

배웠다고 해서 남을 무시하는 그 자체가 "겨우 초등학교 선생 주제에." 하죠. 옛날에는 부모님들이 못 먹고 못 사니까 힘은 들어도 자식들이 책가방 둘러메고 학교만 갈 수 있어도 감사했고, 그 감사함 가운데 선생님을 보면 정말 스승이었잖아요. 감히 선생님 그림자도 안 밟았는데, 요즘은 부모가 선생님 멱살을 잡고 있어요. 세상이 이래서야 되겠어요. 각성하고 상대를 존중해줄 줄 알아야 합니다. 선생도 선생으로서의 도리를 다해야겠죠.

그 다음에 사회 구성원들이 각자의 자리에서 자기 도리를 다하면 밝은 세상이 되겠지요. 그렇게 안 하니까 힘든 거예요. 자신의 도리를 안 하니까, 도리를 못하니까 엉뚱한 일이 생기고, 사회의 부조리가 생기고, 악이 생기는 거예요. 내가 도리를 다하고 불자로서 도리를 지키고 살겠다고 생각하면, 모두가 그런 생각을 하면 그 나라는 살기 좋은 나라가 되겠죠.

「견보탑품」에서 보면 정말 부처님의 자식으로서 이 『법화경』을 광선유포하고 서사차경하고 수지 독송함으로써 복력이 증장되고 지혜가 터져서, 우리의 삶이 부처님 삶으로 이어져 나가고 발전할 수 있다는 거예요. 오늘부터라도 열심히 절을 해보세요. 운동한다고 돈 들여서 딴 데 다니지 마세요. 절만 해도 전신운동이 되는데 왜 쓸데없이 돈 들여요? '나 이만큼 살아요.' 하고 남한테 보여주기 위해 가는 거잖아요. 자랑하지 않아도 부처님은 다 아십니다. 진짜 부자들은 절대 자랑 안 해요. 쥐뿔도 없는 사람들이나 자랑하고 다니는 거예요.

오늘부터 이 세상에서 끝나는 날까지 불자로서의 도리를 다해서 부처님의 제자로서 살아가시길 바랍니다.

Q. 집이 매매가 되지 않아서 고민입니다.

𝒜 돈은 써야 하고 이사도 해야 하는데 매매가 안 되면 고민이죠. 내가 가지려고 할 때는 조금 비싸게 사고, 팔려고 할 때는 필요 없어 파는 거니까 조금 싸게 받아야 한다는 말이 있습니다. 싸게 내놓으면 잘 나가요. 그런데 싸게 내놔도 안 나갈 것을 비싸게 내놓으니까 안 나가는 거죠. 천 원짜리 물건을 구백 원에 팔면 빨리 나가겠죠? 그런데 천 원짜리를 천오백 원에 내놓으니까 안 나간단 말이에요.

그러니까 내가 집을 팔아야 한다고 생각한다면, 내가 필요 없어 파는 거니까, 시세보다 조금 싸게 내놓으면 잘 나가요. 반대로 집을 살 때는 집이 마음에 든다면 비싸더라도 사는 거예요. 급고독 장자는 부처님을 위해 절을 지으려고 땅을 구할 때 금을 미련 없이 바닥에 깔았잖아요. 그런 마음이에요. 내가 필요할 때는 더 주고라도 사는 거예요. 그러니까 만날 견주고 비교만 하는 사람들은 그만큼밖에 못 사는 거예요. 앞뒤 견주어 봤을 때 되겠다 싶으면 하는 거예요.

Q. 그런데 하도 안 팔려서 시세보다 낮게 내놨는데도 보러 오는 사람이 없어요.

A 거래가 없는 가운데 시세보다 낮은 가격에 내놨다는 거죠? 그러면 그 다음에는 부처님께 죽자고 절을 해보세요. '어떻게든지 이것 좀 팔리게 해주십시오. 그래야 내 경제가 돌아가고, 경제가 살아야 우리 집도 살고, 절에 가서 열심히 기도도 할 수 있습니다.' 다 연결이 되어 있는 거니까, 하나라도 툭 건드려 풀리면 되는 거잖아요? 답답할 땐 부처님께 가서 절이라도 코에서 단내가 날 때까지 해보세요. 절을 하면서 '자성이 이것이구나.' 하는 희유함을 맛볼 때, 풀리지 말라고 해도 풀리게 되어 있어요.

그러니까 소욕지족所欲知足하고 사세요. 적은 것에 만족하고 살고, 대신 꿈은 크게 가지세요. 그게 원력이에요. 그런 생각을 가지고 「견보탑품」엔 항상 부처님의 받아들임이죠. 어렵고 힘들더라도 누구든지 나서서 "제가 하겠습니다."라고 하세요. 어렵고 힘들더라도 해야 합니다. 부처님 전생록에 부처님을 만났을 때, 부처님이 진흙탕을 지나갈 것 같으니까 자기의 머리를 풀어서 밟고 가시게 해요. 머리를 풀어도 부처님께 진흙이 묻을 것 같으니까 온몸을 던져서 제 몸을 밟고 지나가시게 했어요. 이게 불자의 도리라는 겁니다.

『법화경』에도 "제법종본래 상자적멸상 불자행도이 내세득작불 諸法從本來 常自寂滅相 佛子行道已 來世得作佛"이란 사구게가 있어요. 그러니까 불자의 도리를 다하다 보면, 부처 될래 부처 될래 애쓸 필요 없이 자연히 부처 되는 거예요. 내 자식이 크면 당연히 나를 부양하고 그 자식이 죽으면 집안의 조상이 되는 것처럼, 내가 부처님의 자식으로 살다 보면 부처 되는 것은 당연한 거죠. 새삼스럽게 부처 될래 부처 될래 애쓸 필요가 없다는 거죠. 이미 부처는 되는 거예요. 다른 욕심을 부릴 것이 아니라 도리의 욕심을 부리고, 내가 진실로 부처님 제자로서 살며 부처님 집에 쑥 들어가면 그 마음이 일생성불하게 되어 있다는 거예요.

그런 생각을 가지고 불자의 도리를 다하면서 『법화경』을 광선유포하고 서사차경하고 수지 독송하시면 지혜와 복력은 점차 증진되어 행복한 삶을 살 수 있을 것이라 생각합니다.

10강

믿음으로 어려움을 극복하고 희망을 노래하자

|

제바달다품提婆達多品

|

어렵고 힘들고 고단한 이 사바세상을 사는 우리를 '고해중생苦海衆生', '화택중생火宅衆生'이라고 합니다. 고통이 연속적으로 일어나는 세계이고, 마음이 불타는 집과 같다는 소리거든요.

그렇지만 불가에는 '수처작주 입처개진隨處作主 立處皆眞'이라는 말도 있어요. 어떤 어려움이나 고통이 있더라도 어느 자리에 가서든 내가 주인공 노릇을 제대로 하라는 뜻이에요. 내가 주인공이 되어야 한다는 거죠. 그래서 부처님은 다 부처라고 했어요. 그러니까 부처면 부처인줄 알아야 하는데, 부처님이라고 하면 엄청 대단한 부처님이지만 나라고 하면 바로 중생이라고 하는 것이 사람의 마음이에요. 또 집 안에서도 내가 주인공 노릇을 하고, 집 밖에 나가서도 내가 어떤 때와 장소에 가더라도 주인공 노릇을 한다는 것은 내가 이끌어간다는 소리예요. 이끌어가는 데는 늘 고통이 따르게 되어 있어요. 하지만 그것이 내가 주인으로서 살아가는 도리이기 때문에, 스스로 주인공이 되려고 하는 마음으로 살아야 해요.

이 세상에 고통 없는 사람이 어디 있어요? 다 고통스러워요. 고통은 있지만 구경에는 성불하겠다, 고통세상에 다시는 오지 않겠다는 생각을 가지고 육도중생 하지 않겠다는 서원을 세우는 것이 바로 부처의 지견을 가지고 부처가 되는 길입니다. 그런 생각을 가지고 「제바달다품」에 대해서 이야기해 보겠습니다.

제바달다는 과거 전생에 석가모니 부처님의 스승이었어요. 어떻게 스승이 되었을까요? 석가모니 부처님은 이 세상에 올 때마다 왕자로 태어났어요. 왕자로 태어났지만 왕의 자리로 끝나는 즐거움보다 늘 완전한 도, 완성된 인간을 택했어요. 그래서 부처를 이루리라는 서원을 세웠어요. 우리는 살면서 소원이 몇 번씩 바뀌잖아요? 가난하게 살 때는 전세만 가도 좋겠다는 원이 있고, 전세 가면 내 집만 샀으면 좋겠다는 원이 있죠. 내 남편이 술을 안 마셨으면 좋겠다, 고통에서 벗어났으면 좋겠다 등등 우리 삶은 끝없는 원을 추구해요. 그렇게 하다 보니까 늘 나라는 존재는 참아내고 극복해야 하는 일들이 많잖아요.

그런데 부처님은 그 중생놀음에서 끝나는 것이 아니라, 온전한 도를 위해서라면 국왕의 지위도 버리고, 그 사람의 시봉을 들었어요. '대승법만 가르쳐준다면 나는 그 사람에게 모든 것을 던지리라.' 하고 원을 세웠을 때, 제바달다라는 분이 "내가 『묘법연화경』을 갖고 있으니까 누구든지 배우려고 하면 나는 이 대승법을 가르처주리라."라고 했어요. 부처님이 그 말씀을 듣고 왕의 자리도 던지고 제바달다의 제자가 되어서 시봉을 했어요. 밥하고 빨래하는 것은 말할 것도 없고, 누워 있으면 침상 옆에서 부채질 해주면서 그 대승의 법 하나 얻기를 평생 갈구하여 얻어냈다는 거죠. 그래서 제바달다라는 분이 나의 스승이라고 밝힌 거예요. 그러니까 왕의 자리도 던져 버릴 만큼, 정말 이 『법화경』을 수지 독송해서 내 믿음만 된다면 평생의 중생놀음에서 벗어나는 한 획을 긋는 자리가 될 거예요. 또 그 다음에 아주 높은 권좌에 있는 사람으로 태어날 수 있는 복력을 짓는 거예요. 믿고 발심해라.

그 다음에 제발 상을 거둬라. 제일 나쁜 게 아상이에요. 나다, 나다, 항상 혼자 있을 때 자기 얼굴 보면서 '이만 하면 잘생겼다.' 그러잖아요. 그런데 남들 앞에 가서 보면 '나보다 더 잘생긴 사람도 있네.' 그러면서도 속으로는 항상 자기가 잘생겼죠. 이게 인생살이라는 거예요. 그런데 나라는 것을 그렇게 버리지 못하고 늘 거머쥐고 있는 것이 결국은 아상이라는 거죠. 상이 있는 것은 언젠가는 멸해요. 그러니까 무상대도無上大道라고 했잖아요. 상을 가지지 않는 것이 큰 도인이라는 거예요.

우리가 상에 걸리고 착에 걸려서 늘 괴로워하고 힘들어하는 거예요. 줬으면 주는 데 걸리고, 받았으면 받은 데 걸리고, 못 받았으면 못 받은 데서 괴로워하는 거예요. 열심히 남편 생일, 자식 생일, 부모님 생일 다 챙겨줬는데 내 생일에는 아무도 안 챙겨줬어요. 그러면 억울해서 울고불고 보따리 싸고 집 나간다는 말이 나오죠. 줄 때 그냥 준 마음이 아니에요. 이렇게 주고 나면 나도 챙겨주겠지 했는데 아무것도 안 돌아오니까 서운해하고 힘들어하고 고통스러워하는 거죠.

『부모은중경』에 보면 이런 말씀이 나와요. 부처님이 아난존자와 길을 가다가 백골 무더기를 발견해요. 인도나 티베트에서는 조장鳥葬을 많이 해요. 사람이 죽으면 시체를 해체해서 독수리 밥이 되게하는 거죠. 시간이 지나고 나면 백골은 바위 밑으로 떨어진단 말이에요. 부처님이 그 옆을 지나가시다가 갑자기 그 백골을 보고 절을하시는 거예요. 아난존자가 그 모습을 보고, 부처님은 일체종지를 깨달으신 분이고 세상의 어버이신데 왜 저 하찮은 백골 무더기를 보고 절을 하는지 궁금했어요. 부처님이 아난존자에게 말했어요. "아난아, 너는 나의 상속제자지만 아직 나의 깊은 뜻을 다 알지 못하는구나. 저 백골 무더기가 전생의 내 조부모였을 수도 있고 부모였을 수도 있는데, 어찌 내가 그냥 지나가겠느냐." 연기법으로 봤을 때 끝없이 육도중생 했으니까 조부모도 될 수 있고 부모도 될 수 있고, 나와 인연 있는 백골일 수 있다는 거예요. 부처님의 진실된 마음이에요.

부처님이 다시 아난에게 물어요. "아난아, 이 백골 중에서 남자 뼈와 여자 뼈를 가려내 보아라." "살아있을 때는 남자와 여자를 구별할 수 있지만, 뼈를 가지고 어떻게 남녀를 나눌 수 있겠습니까?" 부처님이 말씀하셨어요. "남자의 뼈는 절에 가서 경문도 많이 듣고, 도도 많이 닦고, 공부를 많이 해서 뼈가 희고 무겁다. 반면 여자의 뼈는 아기를 한 번 낳을 때마다 스물네 되의 피를 흘리고, 거기다 흰 피(젖)를 먹여서 키우다 보니까 뼈가 검고 가볍다. 그래서 여자인 줄 아느니라."

여자는 착이 많다는 거죠. 여자를 질투의 화신이라고 표현하잖아요. 남들 보는 앞에서는 밥도 조금 먹어야 예쁜 것 같고, 벌레도 막 때려잡으면 안 될 것 같죠. 이렇게 감추기 좋아하고 혼자 갖기를 좋아하는 것이 여자의 마음이라는 거죠.

그런데 옛날에 우리 어머니들은 어떠셨어요? 화전 일구고 콩밭 메고 김매면서 힘들게 살면서도 그래도 자식들 어떻게든 키우려고 고생하셨죠. 그때만 해도 아버지들은 양반이라고 그러는지 일 별로 안 하시고, 그렇다고 글공부 많이 하는 것도 아닌데 양반 흉내를 냈거든요. 그러다 보니까 먹고 살고 키워내고 하는 모든 것이 고스란히 엄마의 몫이었잖아요. 없는 살림에 옷이 없으면 밤새도록 물레 돌리면서 내 자식들 헐벗지 않게 하려고 애쓰셨어요. 우리 부모님 세대는 전쟁을 겪으면서 많은 사람들이 전쟁에 나가서 돌아오지 못하고, 많은 어머니들이 자식만 껴안고 홀로 된 분들도 많았어요. 이렇게 끝없이 고생하고 힘들어도 자기는 찬 물로 배를 채워 가면서 자식들 챙겨 먹였단 말이에요. 그게 어머니의 살신이에요. 그리고 내 가족을 위해 장독 위에 정안수 떠놓고 기도했어요. 그렇게 자식을 키웠어요. 그런 어머니들 밑에서 우리가 컸다고요.

그런데 그 어머니에 대한 감사함을 몰라요. 내가 어느 정도 먹고 살 만해지니까 어머니가 여기저기 골병이 들어서 아픈데도 전화도 자주 안 드리고 자주 찾아가지 않는 게 요즘의 자식들이에요. 우리가 그렇게 하면 우리 자식들은 보고 배운 게 없어서 더 열심히 부모를 버려주겠죠. 그러니까 정말 마음으로 하세요. 어머니가 아무것도 없지만 자식만큼은 설움 받지 않게 키우고, 가장이 가장의 도리를 못해도 가정을 지키며 고생고생했어요. 그렇게 고생하신 어머니가 편찮으셔도 모시거나 병원비 드리는 것도 머뭇거리죠. 이거 정말 잘못된 거예요. 내가 부처님을 지극히 모실 마음이 있으면 먼저 고생하신 부모님을 지극하게 모실 줄 알아야 해요.

옛날에 어느 집에서 부부가 밤잠 못 자고 고생하면서 아들을 서울대학교에 보냈어요. 그때만 해도 시골은 전부 지게 짊어지고 힘들게 농사를 지었어요. 아버지가 아들이 너무 보고 싶어서 무명 적삼 입은 채로 서울대학교를 찾아갔대요. 교문 앞에서 아들을 기다리다가 친구들 서너 명과 같이 나는 아들을 보고 아들 이름을 불렀어요. 그런데 아들이 한 번 쓱 쳐다보고는 그냥 가더래요. 친구들이 누구냐고 물으니까 하는 말이 우리 집 머슴이라고 대답하더래요. 그 소리를 듣고 아버지는 그 길로 바로 집으로 돌아와서 부인한테 "할멈, 나를 따라갈래, 어떻게 할래?"라고 물었어요. 부인이 "서울대학교까지 간 잘난 내 자식 놔두고 왜 내가 영감 따라갑니까?" 하더래요. 그러니까 아버지 혼자서 보따리를 싸서 산중에 공부하러 들어갔대요. 그래서 부처님의 가르침 속에서 일평생을 보냈어요. 그러던 어느 날 멀리서 집을 보니까 서울대학교 나온 아들은 집에서 백수 노릇 하고 있고, 부인이었던 분은 동냥을 해서 그놈을 밥을 먹이고 있더라는 거죠.

나무 날 곳은 잎만 보아도 안다고, 인간이 될지 안 될지는 싹수만 봐도 알아요. 주례사를 할 때 검은 머리 파뿌리 되도록 흰머리 되도록 잘 살아라 하는데, 가만히 보면 요즘은 다들 머리에 노란 물을 들였더라고요. 싹수 노란 게 노란 물이잖아요. 그리고 옛날부터 곱슬머리는 소가지 못됐다고 상대도 하지 말라고 그랬는데, 요즘은 가만히 있는 머리도 지지고 볶아서 소가지 못된 사람으로 보이게 하고 살아요. 그 아버지는 자식의 그런 모습을 보고 '아, 저놈이 싹수가 노랗구나. 내가 저놈을 위해서 공부시킬 필요 없다.'라는 것을 느꼈다는 거죠. 그런 사람은 아무리 공부 시켜 봐도 도리 못하는 인생이라는 거예요. 부모를 부모로 볼 줄 모르고 조상을 조상으로 볼 줄 모르고 부처님을 부처님으로 정말 받아들일 줄 모르는 사람은, 싹수가 노랗죠.

그렇게 고생고생하신 부모님을 자주 챙기고 자주 들여다보세요. 그렇게 나를 위해 정성을 들이던 부모님을 배신하면 하늘도 배신하는 거고 땅도 배신하는 거고, 내 배우자나 자식도 배신할 수 있다는 거예요. 나라는 존재는 믿음이 단단하지 못하면 힘들면 뭐든지 내버리고 갈 수 있다는 거죠.

내가 줬다는 생각을 가지고 살다 보니 착이 생기는 거예요. '내가 너를 공부 시키는 데 얼마 들었는데……'라고 생각하고, 그 자식이 나중에 결혼하고 살면 '내가 너를 그만큼 먹고 살도록 해줄 동안 얼마나 돈이 많이 들었는데……'라고 생각하니까 자식이 제대로 대접 안 해주면 그때부터 괘씸해서 죽죠. 말도 안 하고, 자식을 보려고도 안 하는 거죠. 왜냐하면 내가 너를 위해서 해줬다는 생각 때문에 돌려받아야겠다는 마음이 있는 거예요. 그건 거래잖아요. 그래서 이 마음을 없애가면서 살라는 소리가 줘도 준 바 없이 주라는 말이에요. 부처님도 무주상보시無住相布施가 제일이라고 하셨어요.

받고자 하면 그때부터 괴로움이 일어나기 시작한다는 거죠. 자식을 키워 놓았더라도 키워 놓았다는 생각이 없어야 해요. 나중에 요양원에 데려다 놓아도 "내가 너희를 어떻게 키웠는데, 나를 여기다 데리고 왔냐?" 하는 서운함이 없죠. 그런데 그렇게 시절 따라 인연 따라 가는 거라고 생각하고 받아들일 그 마음이 있다면 자식에 대해서도 어떻게 키웠는데 하는 그 생각이 없어져야 해요.

이 「제바달다품」에 여덟 살 먹은 용궁녀가 문수보살의 이야기 끝에 부처님 앞에 나서서 성불을 해요. 남자의 몸으로 바뀐 듯이 하더니 바로 성불을 해서 보살이 되고, 부처가 되는 그런 어떤 희유함을 보여주는 거예요. 여자라고 해서 성불하지 못하는 게 아니라, 우리 마음속에 성불의 씨앗을 어떻게 키우고 가꾸느냐에 달렸다는 거예요. 우리 마음속에 있는 나다 나다 하는 아상을 버리고, 해준 바 없이 해주고, 어디 가서도 주인 노릇 잘하라는 거죠. 스스로 부처님의 가르침 속에서 주인공 노릇만 잘하다 보면 궁극에 가서는 부처되는 것은 당연한 거예요.

스스로 쥐어짜고 소견을 잘못 써서 자식들을 힘들게 하고, 놓지 못하는 착 때문에 죽어서까지 자식이 풀리지 않는 원흉을 만든다는 거죠. 내 자식, 내 자식 하면서 죽으면 죽고 나서 자식도 안 풀려요. 한 맺히도록 살아서는 절대 자식이 잘 될 수 없어요. 그래서 지금부터 그냥 키워주고 가르쳐주고 모든 걸 해주고 출가를 시키든지 결혼을 시키든지 했을 때, 알아서 살게 놔두고 미련도 후회도 갖지 않는 연습이 필요할 때라는 거죠. 마음의 원결이 맺힘으로써 나이가 들고 늙고 병들어 죽고 난 뒤에도 가지 못하고 착이 붙으면 자식이 더 안 되게 하는 거란 말이에요. 맺힌 원혼이 되게 살지 말자는 거예요. 자식이 잘 되어도 놓아줄 줄 알고 못 되어도 놓아줄 줄 알고, 부부간에도 마찬가지예요. 아예 맺히지 않게 살면 될 것 아니냐. 그것이 나 없는 나의 삶이라는 거죠. 내 마음에 걸림이 없고 내 이상에 착이 없어야만 해요.

단 부처님만큼은 그래서는 안 돼요. 듣고는 입이 떨어지고 가슴에까지 전달이 돼서 꼭꼭 안고 살아야 해요. 그렇게 살아야 믿음이 발현해요. 불자들은 들은 것이 많아도 말 한마디 못하잖아요. 교회 다니는 사람들은 하루 종일 이야기하라고 해도 하더란 말이에요. 그런데 그 사람들도 가슴이 없어요. 정말로 부처님을 가슴으로 믿고, 귀로는 많은 부처님의 가르침을 듣고, 입으로는 내 잘못을 부처님 앞에 참회하세요. 참회하다 보면 가슴이 뜨거워지는 그 말씀에 '진짜 부처님이 좋구나.' 하는 생각이 들 때, 믿음이 완전히 싹트는 겁니다. 우리 마음속에 불성이라는 씨앗이 있지만 갖고만 있으면 싹이 안 나요. 기름진 땅을 만나서 씨앗을 심고 가꿔야죠. 그러면 꽃이 피고, 꽃 피면 열매 맺고, 열매 맺다 보면 증과證果 법희선열法喜禪悅이에요. 마음속에만 담아두면 안 된다는 거예요.

우리나라 사람들이 제일 못하는 것이 표현하는 거예요. 옛날에는 남자들이 사랑한다는 말 잘 못했어요. 70년대인가 80년대에 '아내에게 바치는 노래'가 나왔어요. 그 이후로 사랑해 소리가 나왔죠. 사랑한다고 하면 그런줄 알면 될텐데 "말로만?" 하면서 되짚잖아요. 해주면 감사한 것이 아니라, 더 큰 것을 바라기 때문에 끝없는 애정의 갈증을 느끼고 산다는 거예요. 작은 것을 해줘도 '감사합니다. 우리 남편이 이렇게 바뀌었구나.' 하면 되는데, 하나 해주고 나면 두 개 세 개 해주길 바라요. 말은 안 해도 내 남편에게 기대하는 것이 벌써 열 가지가 넘어요. 그걸 다 알아주기를 바라죠. 남편이 부처도 아닌데 어떻게 그걸 다 알겠어요. 말 안 해도 눈치채주길 바라지만 그러기에는 너무 바쁘잖아요.

우리나라 여자들은 아픈 사람 아니면 바쁜 사람밖에 없어요. 내 스스로 받아들일 줄 알고, 정말 내 어머니가 살던 것처럼 살되, 한 맺히게는 살지 마세요. 맺힌 것 없이 내가 보살피고 산다면, 진실로 용녀가 성불하듯이, 여자의 몸이지만 성불할 수 있다는 거죠. 『법화경』에 모두가 부처님을 믿고 의지하고 따르면 다 성불할 수 있다고 했어요. 이것을 믿어야 해요. 어느 경전을 봐도 여자는 성불할 수 없다고 했지만, 『법화경』에서는 성불한다고 했어요. 다음 생까지 갈 필요 없이 일생성불할 수 있으니까, 이것을 믿고 일생을 바쳐서 부처님 앞에 기도하고 신행생활하고 제대로 복과 지혜를 닦아 나가갈 수 있는 용기를 주는 거예요.

진정한 불자로 거듭날 수 있는 용기를 주는 것이 이「제바달다 품」이라고 봅니다. 중생지견을 벗어던지고 그 중생심을 벗어던진 자리에, 여자라는 것을 벗어던진 자리에 진정한 불제자로서 다시 들어오면 그 속에서 성불할 수 있다니 얼마나 큰 이야기입니까? 눈·코·입이 번쩍 뜨이는 말씀이에요.

괴로움보다 즐거움이 많도록 살려면 내 스스로 마음에서 늘 즐거움을 일으키고 살아야 하는 거예요. 괴로움을 쫓아가니까 늘 괴로움만 일어나는 거예요. 그러니까 긍정하고 사느냐 부정하고 사느냐, 사는 것은 딱 두 가진데, 부정하고 사는 사람은 늘 남 원망하다 죽어요. 긍정하고 사는 사람들은 늘 남 칭찬하고 스스로 발전해서 칭찬받는 사람이 되는 거예요. 어떤 것을 택할지는 본인들이 알아서 하는 거죠. 선택에 대한 책임은 본인이 지는 거니까 강제로 떠맡길 이유가 하나도 없다는 거예요.

그 다음에 내 가정부터 서로 신뢰하고 화합하고 화평하게 살아갈 수 있도록 만들어 보세요. 내 몸뚱이 꾸미는 데 신경 쓸 게 아니라 가족들이 좋아할 만한 것에 더 신경 쓰세요. 얼굴에 이것저것 찍어 바르는 것도 자기만족이잖아요. 요즘 세상에 예쁜 사람들이 얼마나 많아요. 나까지 거기 끼일 필요는 없잖아요. 생긴 대로 살면 되는 거예요. 외모지상주의에 빠져서 젊은 여성의 80퍼센트가 인조미인이라더군요. 그러니까 부모님이 1차 만들어주고, 그 다음에 병원이 2차로 만들어주고, 2차가 마음에 안 들면 3차 가죠. 그래도 아니면 4차 가겠죠. 얼마 전 텔레비전을 봤는데, 어떤 사람이 성형을 너무 많이 해서 코가 없어요. 감염이 되어서 코가 없어졌더라고요. 부모님이 물려준 대로 살면 되는데 왜 그러고 삽니까?

그런데 제 아무리 잘 만들어도 부처님만큼 잘난 사람 아무도 없잖아요. 32상 80종호라고 하잖아요. 세상에 그런 분이 없어요. 아무리 성형외과 의사들이 잘 다듬어도 32상을 좋게 만들거나 80종호를 만들지는 못해요. 우리가 늘 부처님 앞에 와서 수행하고 기도하고 법문 듣고 노력하다 보면, 부처님의 32상 80종호를 닮아가요. 수술 안 해도 되니까 돈 번 거잖아요. 늘 입가에는 연한 미소가 있고, 눈은 지혜로워서 반짝거리고, 머리는 모든 것을 보듬을 줄 알고, 지견이 아주 커집니다. 32상 80종호를 닮다 보면 성형외과 의사가 만드는 얼굴과 비교가 되겠습니까? 진실로 원만덕상이 되고 복과 지혜가 넘쳐나는 상이 될 텐데, 구태여 '코를 고칠까, 눈을 고칠까?' 한단 말이에요.

정말 기도하고 참회하면, "아금문견득수지我今聞見得受持 백천만겁난조우百千萬劫難遭遇"라. 부처님 법은 보고 듣고 지니기 어려운데 이제야 비로소 내가 보고 듣고 지니고 배워 보니 부처님의 참된 진리 저도 빨리 이루어지게 하여주사이다. 이런 간절함을 가지고 기도하고 「제바달다품」의 용녀가 성불하는 것에 희망과 용기를 가지고, 어렵고 힘들고 괴롭더라도 내일의 희망과 찬탄을 노래할 수 있는 불자가 되시길 바랍니다.

우리가 『법화경』 28품을 다 하고 나면 스스로 포교사가 되고 스스로 사경하고 독송하고 『법화경』과 하나가 되어서, 정말 불자다운 불자가 되시기를 간절히 바랍니다.

법/화/상/담

Q. 남편과 늘 사소한 일로 다투게 됩니다. 대화를 하다 보면 큰소리가 나고 싸움까지 갈 때도 있는데, 그럴 때 어떻게 대처하면 좋을까요?

A 보살님이 남편보다 힘이 약하죠? 힘의 논리로 따지면 남편이 이기니까 보살님은 아무 소리 안 해야 하는데, 입이 자꾸 떨

어지죠? 한 마디 하면 두 마디 나가죠. 그러면 보살님 스스로 그 남편의 화냄을 계속 따라간 거예요. 그러니까 남편이 주인공이죠. 항상 남편이 시비를 걸면 보살님은 그 시비 끝에 맞장구 쳐주잖아요. 그러니까 남편이 주인공이고, 나는 조연이죠.

늘 조연만 하다 보니까 나중에 한 방 맞을까 싶어서 속으로 열 마디, 백 마디 하면서 독을 품잖아요. 그러면 남편은 더 우악스럽게 이야기하고, 강력하게 이야기하고, 원자폭탄을 터트려요. 그러면 보살님은 "그래. 죽어라, 죽어라, 죽어라." 하며 창 끝으로 폭폭 찌르죠. 창 끝이 더 아프고 약이 올라요. 남편의 싸우고자 하는 말이나 행동이나 모든 것이 내 마음에 들지 않기 때문에 보살님이 불만을 가지는 거예요. 그런데 남편이 뭐라고 싫은 소리를 하더라도 맞장구치지 말고 "내가 당신 위해서 된장찌개 맛있게 끓여 놨으니까 밥 먹읍시다." 해보세요. 그러면 내 마음에 맺힌 게 없어져요. 남편이 화를 내려다가도 '오늘 무슨 일인가?' 싶을 것 아니에요. 그럼 내가 이기는 거예요. 내가 주인공으로 사는 거잖아요.

내가 나에게 연극하지 못하면 늘 괴로워하고 힘들어하고 눈에는 독기가 흘러요. 부처님 앞에 오면 선한 눈이 되지만, 싸울 때 보면 사람들 눈에 독이 가득해요. 그러니까 내 스스로 주인공 노릇을 하라는 것은, 인생은 연극이고, 내가 나에게 연극하는 것이 최고의 연극이에요. 모든 사람이 나의 연극에 들어와서 춤을 추게 만들 때 진짜 인생을 잘 살았다고 할 수 있는 거죠. 그러면 오늘부터 싸울 일 없어요. 뒤통수 한 대 때리고 싶어도 꾹 참고 웃으며 칭찬해주면 결국 내가 이긴 거예요.

자꾸 내 스스로 나에게 연극을 하면 맺힌 마음이 없어지기 때문에, 우울증이나 공포증이나 대인기피증 같은 고통이 없어져요. 얼마나 행복하게 살 수 있는 길입니까? 그렇게 믿고 내가 내 스스로 연극하고 주인공으로 사시기 바랍니다.

11강

내 삶의 주인공으로 살자

—

안락행품安樂行品

—

오늘은 제14 「안락행품安樂行品」을 가지고 함께 하고자
합니다. 먼저 「안락행품」을 읽어 봅시다.

부처님 법상에 편안히 앉아 묻는 대로 대답하며 비구나 비구니나,
우바새나 우바이나, 국왕이거나 왕자거나, 신하들과 백성에게 미
묘한 이치를 화평한 얼굴로 말하라. 만일 질문하는 사람이 있으
면 이치에 맞게 대답하되 인연과 비유로써 분별하여 연설하라. 이
와 같은 방편으로 모두 다 발심하게 하며 점점 나아가서 부처님의
도에 들게 하라. 게으른 마음들은 모두 제거하여 없애버리고 온갖
근심과 걱정들을 다 여의고 자비롭게 법을 설하라.

법을 설한다는 것, 부처님의 경전을 가지고 이야기한다는 것 자체가 때에 따라서 굉장히 조심스러워요. 또 제가 나름대로 『법화경』을 해석해서 21세기를 살아가는 우리가 어떻게 하면 『법화경』을 우리 생활 속에 깊숙이 가져와서 부처님 가르침대로 살아갈 것인가를 늘 이야기하다 보니까, 때에 따라서는 과장도 되고, 때에 따라서는 깊이 있게 자기의 생활과 밀접한 느낌도 들 거예요.

그런데 이 「안락행품」은 어떻게 하면 편안하고 즐겁게 우리가 부처님의 법을 받아들여서 실생활 속으로 가져와서 생활하는 것이냐, 무엇부터 시작하는 것이냐를 가지고 이야기합니다. 여기에서는 몸의 안락을 이야기하셨고, 그 다음에 마음의 안락을 말씀하셨어요. 그 다음에 생각의 안락을, 그 다음에 입의 안락을 말씀하셨어요. 육처육식六處六識을 가진 내면과 바깥 경계에 일어나는 모든 것을 가지고, 부처님이 어떻게 대하고, 어떻게 하면 편안하고 안락하게 광선유포가 되고, 『법화경』의 말씀을 충분히 함께 논하고, 함께 법에 들어서 부처님의 말씀을 잘 받아들일까 하는 이런 이야기예요.

특히 「안락행품」에서 몸을 길들이는 것인데, 내 몸뚱아리는 굉장히 쉽게 길들여진단 말이에요. 편안함을 추구할 때는 꼼짝거리는 것도 싫을 정도로 편안히 누워 있는 것만 좋아해요. 서 있으면 앉고 싶고, 앉으면 눕고 싶고, 누우면 자고 싶고, 잠자면 꿈꾸고 싶고, 꿈 속에서는 님 보기를 좋아한다 이런 거예요. 그래서 몸이라는 것 자체가 자기의 편함을 추구하다 보니까, 옛날에는 십리든 이십 리든 걸어서 다녔지만, 지금은 편안하게 자동차를 타고 빠르게 이동하잖아요. 그러니까 지구상의 문명이 발전해 왔다는 것이 알고 보면 인간의 편의주의, 안락주의 덕분이에요. 편안함을 추구하다 보니 걸어 다니던 사람들이 타고 다니게 되고, 또 타고 다니다 보니까 시간 단축을 바라죠. 그 때문에 사고도 또 많이 나요. 이런 문명의 이익이 있는 가운데서도 문명의 악이라고 하는 것이 자꾸 이렇게 접하게 된다는 것이죠. 좋은 것이 있으면 나쁜 것이 있고, 긴 것이 있으면 짧은 것이 있고, 높은 것이 있으면 낮은 것이 있어요.

그런데 몸으로 느끼는 편안함을 추구하다 보니까 문명의 발달은 가져왔지만, 그 속에서 이기적인 생각과 나만의 편의주의가 오히려 이 세상을 더 각박하게 만들어가지 않았나 싶어요. 옛말에 마차를 끄는 사람은 장수하는데, 마차를 타고 가는 사람은 단명한다고 했어요. 차를 좋아해서 조금만 움직여도 자동차를 이용하고, 먼 길이든 가까운 길이든 늘 탈 것을 이용하고 있지만, 그 가운데서도 병폐스러운 일은 있죠. 아침까지만 해도 다녀오마 인사하고 나간 사람이 교통사고가 나서 생명을 잃기도 해요. 우리가 문명의 이익을 너무 추구하다 보니까 이런 나쁜 갈래의 문제들도 발생하는 거예요.

몸의 안락함을 지나치게 추구하는 것도 잘못이에요. 적당히 걷는 것도 운동이 되고, 또 적당히 움직이는 과정 가운데 내가 활성화가 된다고 해요. 그런데 그것을 안 하려고 하니까 사람들이 단순해진다는 거예요. 몸의 이익을 이야기할 때는 우리가 너무 안락주의로만 치달아도 그것이 안락한 삶이 아니라 나에게 오히려 해나 독이 될 수도 있다는 거죠.

우리는 어디를 가든 마음의 편안함을 추구해요. 그래서 절에 오잖아요. 친구나 동료들과 같이 이야기를 해봐도, 속 시원하게 풀리지 않아요. 결국은 부처님께 의지하고 부처님의 자식으로 살면서 불안을 없애고 안락함을 찾아가는 거란 말이에요.

우리는 어디로 갈까 고민하고, 방황하고, 불안하고, 미래에 대한 확신이 서지 않는 세상을 살아가고 있어요. 내 미래에 대한 막연한 불안과 내 삶에 대한 불안이 있죠. 정초 때면 뭘 기원해요? 가족의 건강을 기원하잖아요. 언제 어디서든 가족이 건강했으면 좋겠다는 생각을 해요. 건강을 늘 입버릇처럼 강조하지만 건강한 사람은 그 소중함을 잘 몰라요. 그리고 돈은 많이 벌고 싶은데 고된 일은 하기 싫어하잖아요. 돈은 많이 가지고 싶어 해요. 일은 안 하면서 돈은 벌려고 하니까 나쁜 짓이라도 해서 가지려는 사람들이 많아지게 되어 있어요.

우리나라에서는 3D라고 해서 어렵고 힘든 일은 안 하려고 하죠. 스스로 노력해서 돈을 벌 수 있는 일이 많은데도 불구하고 안 하려고 해요. 수처작주, 즉 주인공 노릇을 하면서 살아가지 못하는 거죠. 전부 객이 되다 보니까 불평불만이 나오는 거예요. 항상 사람들이 남의 단점이나 약점에 대해서는 굉장히 빨리 인지해요. 그러면서 흉을 보고 둘 셋만 모여도 빠지는 한 사람에게 있는 대로 화살을 쏴 대죠. 빠진 사람은 빠지면 내 흉볼 것 같으니까 또 죽어라 달려든단 말이에요. 그렇게 눈치 보며 힘들고 불안하게 살아가는 거예요. 그러면서 절에 와서는 내가 과연 무엇을 받을 것인가? 한 시간 뒤의 미래도 모르면서 그래도 살아있다고 조금이라도 힘이 들거나 잘못된 소리를 들으면 이게 비상이 되고 가지가지 생각을 가진단 말이에요.

내 불안감을 보살님이나 부처님 앞에 맡겨 놓고, 그 자식으로 들어와서 살면 편안할 수밖에 없어요. 내 몸뚱아리의 안락함은 적당한 안락함을 추구해야 되는 거지, 내 몸을 너무 위해 줘도 병밖에 생기지 않는 거예요. 마음이 불안하고 조바심내고 어디로 갈까 고민하고 방황하고 힘들어하는 이유가 내 미래에 대한 예측이 전혀 안 되는 세상을 살고 있기 때문이에요. 그래서 그 마음속을 들여다보면 늘 좌불안석이라는 거예요. 그러면서 그 마음의 의지처를 건강이라고 그냥 맹목적으로 건강했으면 좋겠다고 하지만, 그보다도 예측할 수 없는 미래에 대한 불안이나 공포 때문에 더 힘들어하는 거예요. 부처님의 자식이 되고 관세음보살의 자식이 되어서, 내 목숨 다 바쳐 부처님께 귀의하고 내 모든 것을 맡겨두고 산다면 오히려 편안해질 수 있다는 거죠.

예측할 수 없는 미래가 불안하고, 꿈자리만 조금 시끄러워도 안절부절한단 말이에요. 생자는 필멸이라, 태어난 자는 다 죽게 되어 있으니까, 죽음에 대한 공포심이 제일 크죠. 그 다음에 먹고 사는 것에 대한 근심과 걱정이 많더라는 거예요. 아픈 것은 둘째 치고, 내가 오늘은 좀 먹고 살았는데, 언제 상황이 바뀌어 잘못되면 어떻게 할까 하는 불안감이 많아요. 그래서 이것을 단속하고 불안해하다 보니까 잠자리만 조금 시끄러워도 "오늘 나가거든 길 조심, 차 조심, 몸 조심 해라."라고 이야기한단 말이에요. 그런데 조심하라는 그 말이 알고 보면 더 불안하게 만드는 거예요. 그래서 안 날 사고도 나게 할 수도 있어요. 오늘 내 꿈자리가 시끄러웠더라도 부처님 앞에 가서 그것을 경계하고, 모든 죄악을 막아 달라고 간절히 기도하고, 모든 것을 부처님께 맡겨 놓고 하루 일과를 보내면 내 마음이나 가족들의 마음도 편안할 수 있는데, 아침부터 호들갑을 떨며 "길도 조심하고, 말도 조심하고, 행동도 조심해라. 꿈자리가 뒤숭숭하다."라고 이야기하면 마음이 불안하겠죠. 이것이 예토 중생의 삶이에요.

또 입의 안락은 어떤 것일까요? 우리가 신身·구口·의意 삼업 중에서 입에 대한 것이 세 번째로 들어가 있어요. 어떻게 하면 입의 안락함을 가지고 살 수 있을까라는 거예요. 어디서든 두려운 마음이나 경계심이 없이 내 스스로 부처님의 가르침대로 살고, 내 습관과 버릇을 고친 자리에 부처님의 가르침의 습관과 버릇을 들여서 사는 것이 입의 편안함이라고 할 수 있어요.

우리가 살아가는 데 있어서 제일 겁을 내고 두려워해야 하는 존재가 입이에요. 입이 날아오는 화살보다 더 무서울 수 있고, 무기로 나를 치는 것보다 입이 나를 칠 때 제일 무서워요. 부처님의 진리의 말씀을 내가 스스로 전할 수 있어야 하고, 내 말도 부드러운 말이 되어서 미묘한 향보다 더 진한 생각들을 가지도록 하는 말을 해야 해요. 그런데 아무 생각 없이 말을 하고, 악담이나 이간질하는 말들이 수없이 쏟아지죠. 내 주위를 돌아보면 가까운 사람들과 말 때문에 서운해지지 않았던 사람은 없을 거예요. 심지어 말 때문에 살인까지 부를 수 있어요. 말이라는 것이 그렇게 두려운 줄 알고 함부로 하지 말아야 하는데, 그 말 때문에 원수가 되고 사단이 나서 난리가 나는 꼴을 한두 번 봅니까?

안락이라는 것은 글자 그대로 편안하고 즐거움이라는 건데, 왜 부처님은 「안락행품」을 구태여 여기서 설하셨을까요? 서품에서 「안락행품」까지 보면 전부 부처님의 팔만사천 알음알이를 이만큼이다 하고 보여주시는 거예요. 그래서 모든 잘못된 업식을 버린 자리에 부처님의 가르침인 몸의 안락을 가져오려면 내가 조금 불편하더라도 내 주위를 살피는 것이 제일의 안락함이에요. 또 마음의 안락함은 불안·공포·경계심을 던져 버린 자리에 부처님을 믿고 의지해서 모든 것을 믿고 맡겨 놓고 사는 삶이 오히려 더 편안한 삶이 되는 거예요. 입의 안락함을 추구한다면 부처님의 진리의 말씀을 생각하고, 내 주위를 돌아보면서 상처 주는 말을 하지 않아야 해요.

「안락행품」에 이런 이야기가 나와요. 아주 힘이 센 왕이 있는데, 그 왕이 소국의 왕을 시켜서 어떤 나라를 공격해 그 나라를 빼앗았어요. 그러면 그 상으로 그 나라의 성주 자리도 줄 수 있고, 많은 권속을 거느리고 땅을 가지고 살도록 해줄 수도 있겠죠. 하지만 나의 상속 제자라는 생각은 전혀 하지 않아요. 정말로 저놈은 내 자식이 되겠구나 했을 때 재산을 그 사람에게 물려준다는 거죠. 부처님은 여러 가지 경전을 많이 설법하셨지만, 이 『법화경』에 와서는 나의 자식, 나의 제자로서 모든 것을 상속해주는 그런 위대함을 보여주는 거예요. 그래서 이 「안락행품」까지가 특히 부처님이 가지가지로 비유하셔서 가지가지 변화로써 보여주셨어요.

수억겁 전에 대통지승여래 부처님 같은 분이 계셨다는 것도 어제 일처럼, 오늘 일처럼 부처님은 알고 그렇게 말씀하시는 것으로 수억겁 전에 이미 성불하셨다는 것을 누누이 밝히신 거죠. 그러면서 『법화경』에 와서는 확연하게 나를 믿고 따르고 의지하는 자, 즉 나의 자식들은 언젠가는 성불의 도를 이룬다고 하셨어요. 믿지 못하니까 이룰 것이 없고, 믿음이 약하니까 가피가 없는 거예요. 진실로 믿고 의지하면, 내 자식으로 들어와 사는데 내가 너희들에게 아까울 것이 무엇이 있겠느냐는 거죠. 그래서 나의 상속 제자로서 다 주겠다고 하신 거예요.

그러면 과연 내가 부처님의 자식으로서 어디를 가든 수처작주할 수 있느냐? 알고 보면 주인공으로 살아가기가 엄청 어렵다는 거죠. 절에 오더라도 정말 주인공다운 생각을 가지고 부처님의 처소를 내 처소라는 생각을 가지고 일해 봤냐 이거예요. 또 과연 직장에서 내가 주인공 노릇을 해봤느냐? 늘 객으로 살고 있으니까 눈에 불평불만만 보이게 되어 있는 거죠. 내가 주인이면 힘들고 어려운 일들이 있더라도 불평불만보다 내 스스로 먼저 하게 되어 있어요. 내가 주인이니까 먼저 하는 거예요. 위험한 것이 보이면 먼저 위험하지 않게끔 만드는 것도 내가 주인 노릇 하는 거예요.

직장에서 내가 주인이라는 생각이 들면 재료나 비품 하나라도 절약하고 아껴 쓰고 전기도 아끼겠죠. 남의 눈치 보지 않고 살아갈 수 있는데도 객으로만 머물러 있으니까 물이 흘러 넘쳐도 내버려두고, 전기가 그냥 막 돌아가도 내버려두는 거예요. 객으로서 살면서 받기만 좋아하다 보니까 발전이 없어요. 내가 주인 노릇을 한다면 더러운 곳이 있으면 내가 조금 덜 쉬더라도 청소해 놓고, 또 내가 만지는 기계 닦고 조이고 기름 치겠죠. 내가 이렇게 주인 노릇 하는데 어려우면 어려울수록 일 못 하는 객노릇 하는 사람들부터 잘라내겠죠. 진짜 주인으로 사는 사람을 잘라내는 경우는 없어요. 어디를 가든지 내가 정말 주인공으로서 살고 있는지를 제대로 봐야 해요. 가정에서도 역시 마찬가지예요. 이렇게 정말 내가 맡은 바대로 내가 살아가는 바대로 주인공 노릇을 하고, 하나를 보더라도 내가 주인이면 어떻게 했을까 하는 생각조차 없이 그냥 하는 거예요.

어떤 사람이 우리 절에 왔어요. 이 사람은 남들보다 조금 부족해요. 그래서 사람들이 바보다, 등신이다 이야기한단 말이에요. 그런데 이 사람이 직장생활을 하는 데 있어서 자기 힘닿는 대로 열심히 하니까 오히려 불평불만을 내고 객으로 사는 사람들보다 일을 더 잘해요. 그러니 그 사람한테 월급도 더 주고 쓰려고 한단 말이에요. 누가 진정 바보일까요? 항상 주인 노릇 하는 사람은 어디 가도 주인 노릇 하고 살지만, 객으로 사는 사람은 불평불만이 가득해요.

우리나라는 사회적 비용이 그렇게 많이 들어간다고 하잖아요. 국가적인 건설을 하려고 해도 우선 막아 놓고 본다는 거죠. 서로가 머리 맞대고 더 좋은 방법이 있는지 생각해 보고 방법대로 나가면 되는데, 무조건 안 된다는 생각이에요. 어떤 것이 발전을 가져오는 것인지도 생각해 보지 않고 무조건 배척하고 보는 거예요. 이 사회적 비용이 실제 건설하는 데 드는 비용보다 더 많이 들어간대요. 내 목소리 내는 민주화도 좋지만 반대를 위한 반대는 하지 말아야죠. 대화하기 위한 대화가 아니라, 뭔가 결실을 가질 수 있는 대화가 되어야 한다는 거죠. 생산 없는 노동을 자꾸 하니까 이익 창출이 없어서 공장 망하는 게 아니냐는 거죠. 여럿이 모였으면 발전적인 생각을 가지고 서로 의논해야 해요.

『법화경』「안락행품」에 "친근할 곳을 친근해라. 친근하지 못할 사람 친근하지 말라."라고 했어요. 그리고 "외도들이나 모든 사람들이 와서 법에 대해 묻거든, 바라는 바 없이 그저 그것만 이야기해 주고 말라."라고도 했어요. 마음이 편하고 싶거든 거기에 빌붙어서 '그렇지요', '저렇지요' 소리 하고 살지 말고 당당하라는 거죠. 우리는 불자잖아요. 그러면 법의 아들과 딸이에요. 그런데 왜 눈치 보면서 여기 붙고 저기 붙고 그렇게 살려고 합니까? 당당하게 살면 빌붙을 일 없다는 거죠.

가정에서도 마찬가지예요. 남편들이 하루 종일 일은 하고 왔지만 그냥 이것도 치워라 저것도 치워라 명령만 하잖아요. 명령만 하다가 쫓겨나는 거사님들 많이 봤어요. 내 위주로만 편리한 대로 돌아가려고 생각하다 보니까 싸움이 나고 사단이 난다는 거죠. 애들이 좀 놀아 달라고 해도 잠자고 뉴스 보고 신문 보느라 바쁘죠. 아버지는 그러는 사람이에요. "일주일 내내 일했는데 주말엔 쉬어야지." 하는데 그 말도 말은 맞아요. 사회생활이 각박하게 돌아가다 보니 휴식이 필요해요. 태어나고 늙고 죽는 게 사람의 이치인데 왜 거기다가 쓸데없는 사족을 자꾸 붙여서 괴로움을 당하게 만드느냐. 올 때 내가 어디서 왔는지 모르고, 살 때는 정신없이 살다가 죽을 때는 가는지도 모르고 가다 보니까 늘 육도중생 하는 거예요.

그래서 힐링하는 삶이란 믿고 맡기고 의지하고, 좀 자유롭게 사는 것이 아닌가 싶어요. 내가 모든 것을 다 책임지려고 하니까 내 머리가 터져 나가고, 생각이 너무 많다 보니까 정작 실천하는 것이 하나도 없어요. 실천이 안 되다 보니까 가난하게 살고, 가난하다 보니까 남 탓 하게 되고, 남 탓 하다 보니까 일은 하기 싫고 나쁜 짓이라도 해서 돈을 갖고 싶어 하죠. 이러니까 세상이 험악하고 메마를 대로 메말라 가요. 돈가방을 들고 길을 갈 때도 어떤 놈이 빼앗아 갈지 모르니까 이리저리 눈치 보면서 간단 말이에요. 우리가 살아가는 지금 현실이 너무 기가 찰 노릇이에요.

말세의 중생에게는 이 말 저 말 해보아야 소용없으니까 안락하게 그냥 편안하게 있고 선정에 자주 드세요. 스스로를 들여다보고 부처님께 준해서 알려고 애쓰는 그 마음이 여래의 선이지 다른 것이 선이 아니에요. 말세의 중생들에게 지나치게 간섭하지 말아라. 고무풍선에 바람을 넣고 한쪽을 누르면 이리저리 튀어 나가려고 하다가 확 누르면 결국 터져 버리듯이, 인간살이도 그와 같아요. 제 정신 차리고 사람답게, 불자답게 살려고 하는 사람들을 모아 놓고 함께 할 수 있는 것만 해도 일당백이요, 일당천이 되는 거예요. 수없이 많은 사람 모아서 택도 아닌 소리 들어가면서 이야기한다고 되는 게 아니에요. 다 부질없는 노릇이에요.

내 말에 속지 말라는 소리가 뭐냐 하면, 말은 공이라는 거죠. 내 자성은 법이라는 것에 돌아가면 언어는 전혀 필요 없어요. 구태여 그래도 이야기를 듣고라도 깨달음을 얻고 나름대로 공부해 보자고 생각하니까, 이렇게 광선유포하는 겁니다. 내 삶을 되돌아보고 내 속에 정말 내가 주인공으로 살고 있는지, 어디에서든 내가 주인공 노릇을 하는지 깊이 있게 성찰하고 나를 깊이 있게 들여다보세요. 각각 다 부처의 삶인데, 그 부처를 잡고 내가 이야기할 것이 뭐가 있겠냐는 거죠. 부처의 진수를 아는 사람은 부처에 대해 논하지 않아도 부처인 줄 안다는 말이에요. 택도 아닌 소리를 자꾸 하니까 이런 말이라도 하다 보니까 우리가 함께 갈 수밖에 없는 동업대중이 되는 것밖에 없잖아요. 세상살이가 호락호락 하지 않잖아요.

내 것이 최고라고 빛을 내고 거기에 내 스스로 감각을 가지고 나만의 기술을 가지고 독창적으로 살아간다면 최고가 될 수 있고 많은 사람에게 이익을 주면서 살 수 있는 거예요. 그 이익을 공유하는 것도 내 삶이 될 수 있게 하는 것이 내가 주인공 노릇 하고 사는 삶이에요. 항상 생각하고 되돌아보고, 부처님을 찬탄하고 존경하고 공양하고, 스스로가 그 속에서 내가 부처님을 얼마만큼 닮았는지를 비춰 보고 내 스스로 생각을 거기에 맞춰 사는 것이 불자다운 도리를 하고 산다고 볼 수 있어요.

「안락행품」에서는 내가 어디 가든 주인공 노릇을 하고 마음의 안정을 찾고, 몸의 편안함·생각의 편안함·입의 편안함을 찾는 것은, 부처님을 찬탄하고 공경하고 부처님께 의지하는 그 마음이 제일 안락한 생활이 아닌가 생각해요. 그래서 스스로 부처님의 자식으로 들어와서 산다면 바로 참불자로 거듭날 수 있다고 생각합니다.

12강

나의 본성을 알고 준비한 자만이 성공에 이른다

종지용출품從地涌出品

「서품」부터 시작해서 「안락행품」까지는 계속해서 부처님의 발자취, 그러니까 부처님이 행해 오시던 모든 그 행위 이력들을 살펴서, 어떻게 하면 부처님의 가르침대로 생활 속에서 믿음을 꽃피우고 행복한 삶으로 이끌어갈 것인가를 이야기했어요.

「종지용출품從地涌出品」에서는 하방세계에서 미진수의 보살들이 석가모니 부처님 앞으로 솟아올라 오는 거예요. 항하의 모래알처럼 많은 보살님들이 부처님 앞에 도열했다고 표현하고 있어요. 미륵보살은 어떻게 이렇게 많은 보살님들이 한꺼번에 나오는 것인지 의심을 가졌다는 거죠. 부처님은 석가 문중에서 태어나 출가해서 40여 년 간 설법을 하셨는데, 어떻게 저렇게 많은 보살들을 교화하시고 그 보살님들이 부처님을 따르는 것일까 하는 생각에 미륵보살이 의심한 거죠.

이제까지는 중생들의 근기에 맞춰서 그때그때 연기법緣起法이나 사성제四聖諦나 인연과因緣果로 설법하셨는데, 이 「종지용출품」에서는 서서히 본연의 자성을 완전히 드러내기 시작하는 거예요. 부처님이 이 세상에 육신을 가져오셔서 사문유관四門遊觀하고 인생의 덧없음을 깨달았어요. 왕자로 태어났지만 내가 왕이 된다고 해도 생로병사를 벗어날 수 없고, 내가 아무리 지금 행복하다 할지라도 이것이 다가 아니라는 생각에 출가를 하셨죠. 보리수 아래에서 완전한 깨달음을 얻으시고 최초 5비구에게 설법하신 것을 시작으로 오늘 이렇게 『법화경』을 설법하실 때까지만 미륵보살은 생각한 거예요. 지견 자체가 사람의 모습과 부처님의 모습에 속아서 진짜 부처를 미륵보살도 아직 보지 못했어요.

그래서 이것을 드러내서 밝히기 시작하는 것이 「종지용출품」부터 시작이 되는 거예요. 그래서 이것을 정종분正宗分이라 하는데, 이때부터 「여래수량품」이 미진수의 세계를 거쳐서 이미 수억겁 전에 나는 이미 부처였음을 밝히는 거예요. 나를 믿고 따르고 의지하고 발심해서 아뇩다라삼먁삼보리阿耨多羅三藐三菩提를 이루는 모습들을 부처님이 완연하게 드러내서 말씀하시는 거예요. 종교는 비밀스러운 거예요. 신약성서다 구약성서다 하는 종교에 대한 것은 엄폐를 하고 지금도 밝히지 않죠. 일체를 완전히 드러내어 말씀한 것은 부처님밖에 없어요.

33관음을 모셔 놓은 우리 도량에서 한 가지의 원력으로 함께 고생했어요. 부처님을 믿고 의지하고 따르는 신도와 주지 소임을 살고 있는 스님의 원력이 같았기 때문에 이렇게 해올 수 있었다는 거죠. 「안락행품」처럼 이 속에 머물 수 있고 관세음보살과 함께하며 수행할 수 있다는 것만 해도 큰 복덕이라고 볼 수 있다는 거죠. 제가 중국이다 인도다 불교의 성지라고 하는 곳은 다 가봤지만 이렇게 33응신을 목불로 모셔서 조성한 곳은 보지 못했어요. 그만큼 신도님들과 제가 한마음으로 그 뜻을 이루고자 했고, 관세음보살에 대한 흠모하는 마음이 없었으면 하지 못했을 거예요.

미륵보살이 의심했던 것이, 현세에 있었던 일로만 의심을 하셨다는 거죠. 그런데 부처님이 이제 현세의 일에서 영원을 나타내는 겁니다.

그때 세존께서 이 게송을 말씀하시고 나서 미륵보살에게 말씀하였습니다. "내가 이제 이 대중 가운데서 그대들에게 말하리라. 아일다여, 이 한량없고 그지없는 아승지 대보살마하살들이 땅에서 솟아 올라온 이들을 그대가 예전에 보지 못했다고 하는구나. 그러나 그들은 내가 이 사바세계에서 최상의 깨달음을 얻은 후부터 이 보살들을 교화하고 지도하여 그들의 마음을 조복하고 도에 대한 마음을 내게 하였느니라. 이 보살들이 다 이 사바세계의 아래 이 세계의 허공에 머물러 있었느니라."

부처님이 제도하고 부처님의 도로써 이끌었던 수많은 보살들이 갑자기 앞에 나타나니까 부처님이 언제 이만큼 제도를 하셨을까 의심을 한 거예요.

이것을 21세기를 사는 우리의 삶으로 가져옵시다. 어려서부터 꿈을 가지고 끊임없이 노력한 사람은 성공하게 되어 있어요. 적어도 자기 분야에서는 일인자가 될 수 있다는 거죠. 부처님의 가르침을 따라서 의지하고 깨지지 않는 금강석과 같이 투철한 믿음 위에서 나라는 존재를 깨달아가고 결국은 부처님의 지견에서 갔을 때는 부처님을 찬탄할 수 있는 거예요. 진실로 믿고 의지하는 내 믿음이 금강석과 같이 변함없다면, 부처님을 찬탄하고 공양하고 공경하고 예배하고 참회하고 기도해서 그 기도와 참선이 둘이 아닌 깨달음의 경지를 맛볼 수 있다는 거죠.

스스로 발심하지 못하고 긴가민가하고 살다가 늘 거기에 빠지는 거예요. '이만큼만 하면 됐지.' 자화자찬을 하고 '이렇게 하면 됐지, 얼마나.'라는 생각을 가지면서 부처님의 가피는 온전히 받기를 바란다는 거죠. 지금 우리의 현실이 그런 겁니다. 그 옛날 산골짝 높은 곳에 지어져 있던 불당에 힘들게 올라가서 진실로 발원하고 기도하는 그 정성이 우리 마음에 삼분의 일이라도 가지고 있냐는 거예요. 그게 없다는 거예요. 그게 없으면서도 대충 삼배하고 그냥 한 번 돌아보고 가면 끝나요. 왜 관세음보살님이 책을 들고 계시는지 왜 관세음보살님이 버드나무 가지를 들고 계시는지 한 번도 생각해 보지 않고, 관광하듯이 돌아보고만 가니까 실제로 가피가 있을 수 없다는 거죠. 영험이 없다 하지 마세요. 불보살은 분명히 영험이 있는데, 내 스스로 믿음에 문제가 있어서 가피를 입지 못하는 것뿐이에요.

내 삶도 그와 같아서 내가 오로지 한 길로 이것으로 성공해야지,

이것으로 내가 만중생에게 정말 이익되게 해야지 하는 생각을 가지고 한 우물 파봤어요? 근데 끝까지 한 우물을 파면은 어떻게 되요? 결국 물이 나오게 되어 있어요. 이것 조금 하다가 내버려두고 다 아는 것처럼 생각하고, 저거 조금 해보다가 다 알았다고 생각하고, 그렇게 여러 가지 기술을 갖고 있는 사람이 빌어먹게 되는 거예요. 한 가지도 제대로 세우지 못하게 되는 거란 말이에요. 그러니까 내 한 길로 끝까지 원력을 세워서 믿음도 그와 같은 사람이 변함이 없어요.

예를 들어 스님이 나한테 좀 서운하게 했거나 말 한마디라도 귀에 거슬렸더라도 '내가 오늘 말을 잘못 들었구나. 내가 참회해야지.' 하고 오히려 내가 스스로 참회해야 하는데, 들은 것이 심장까지 들어가서 나쁜 것은 머릿속에 뱅글뱅글 돌면서 '나한테 왜 그런 소리를 했을까?' 늘 그 생각만 하다가 스님을 보게 되면 눈초리가 불만이 가득해요. 내 귀를 내가 정화하지 못해서 그래요. 좋은 이야기든 나쁜 이야기든 들으면 스스로 생각해 보고 '내가 스님한테 저런 소리를 들을 만큼 뭔가 잘못한 게 있구나.' 해야 해요. 상구보리 하화중생上求菩提 下化衆生이라 했고 삼보를 믿고 의지하고 예경하고 절에 와서 부처님 공부도 해야 하는데, 귀에 조금 거슬렸다고 안 와요.

요즘 불자들의 생각이라는 게 천절 만절 다니면 복 주는 걸로 생각을 해요. 그거 아니거든요. 한 절이라도 정말 지극정성으로 지심귀명례至心歸命禮하세요. 그 다음에 정말로 무릎이 닳도록 기도해서 내 자성과 마주치고 부처님과 마주쳐서 환희심을 느껴 보세요. 그런데 조금 하다가 해봐도 안 되던데 하더란 말이에요. 진실된 믿음이 없다는 소리거든요. 그리고 내 마음 잘 쓰면 부처지, 딴 거 있습니까? 과연 진실된 믿음을 가지고 부처님께 의지해서 부처님의 자식으로 살아가는 사람들이 몇 명이나 되느냐.

결국 이것이 밖으로 나가니까 내 생활 역시 주인공 노릇 못 하는 거예요. 똑같은 일을 하고 똑같은 직장 생활을 하고 똑같은 직위를 가졌어도, 한 사람은 적극적으로 최선을 다하고 어려운 난관에 부딪혔을 때도 어떻게든 해결하려고 노력하는데, 어떤 사람은 이것도 안 된다 저것도 안 된다 불만스러운 이야기만 자꾸 해서 옆 사람까지 기운 빠지게 하는 사람이 많아요. 이게 주체성을 가지고 본성에 눈을 못 뜨니까 그런 거예요. 내 성품을 스스로 들여다보고, 내가 어떤 길을 가야 할지 판단해야 해요. 내가 손에 기술이 들었는지, 머리에 재주가 들었는지, 발에 재주가 들었는지 내 모든 것을 관하고, 잘할 수 있는 한 가지만 가져가면 그것이 바로 도인이 되는 길이에요.

부처님도 한 가지만 했잖아요. 한 가지 일이라도 진짜 지극한 정성과 기도하는 마음과 주인공으로 살고 앉으나 서나 그 생각에 골똘해서 크게 성공한 사람들이 빌 게이츠 같은 사람이죠. 우리나라에도 그런 사람이 많잖아요. 안 된다고 할 때 나는 할 수 있다고 생각했던 굴지의 기업 회장들은 다 그런 생각을 가졌단 말이에요. 그래서 수많은 사람들에게 이익을 주었어요. 부처님이 현세의 일로 영원함을 밝히듯이, 우리도 끝끝내는 영원함을 밝힐 수 있는 사람의 자리로 올라갈 수 있다는 거예요. 그 분야에서 내가 부처라는 말이에요. 집에 부모가 있고 부부가 있고 자식이 있고 조부모가 있어도, 조부모 이름을 부르면서 보채고 남편 이름 부르면서 보채고 아내 이름 부르면서 보채고 그런 거예요. 그래서 우바이 우바새 거사 장자 전부 다 각각의 부처예요.

그러면 이『법화경』을 가지고 이야기할 때, 받아들이는 사람마다 다 다르게 받아들인다는 거죠. 나는 이 뜻으로 이야기했지만, 받아들이는 사람은 이렇게도 받아들이고 저렇게도 받아들이고 자기 생각대로 받아들여요. '저 가운데도 나만 말이 있을 거야.', '저것은 아닌데.' 하는 생각을 가진 사람은 받아들이지 못한단 말이에요.

왜 저렇게 말씀을 하는데도 일일이 이렇게 하나씩 하나씩 규합해서 이야기하느냐 할 수도 있겠지만, 우리 삶의 근기라는 것이 조그만 데서 시작을 해요. 큰 게 아니에요. 말 한마디가 불씨가 되어 천차만별로 벌어져서 원수가 되기도 하고 친해져서 결혼을 하기도 하는 거예요. 그런데 말 한 마디 생각 한 번 행동 하나에 그만큼 책임져야 할 일을 내가 하고 있는데도, 과연 내가 부처다운 행동을 하고 있느냐? 어떻게 하면 이걸 바꿔줄 수 있을까?

문수보살은 사바 현장에 남아서 중생을 제도하고『법화경』으로 인도하고 중생에게 유포 하겠다고 서원을 세웠어요. 교담미는 수기를 받고 난 뒤에 "저는 이 세상은 못하겠습니다. 타방 세상에 가서『법화경』을 가지고 광선유포 하겠습니다."라고 했어요. 그 이유를 물으니까 "이 세상의 중생은 교만하고 자만심 있고 어리석고 나쁜 것이 너무 많아서 여기서는 도저히 설할 자신이 없습니다. 그래서 타방 세계에서 설하겠습니다." 그랬어요. 순자도 인간의 근본 종자가 악하다고 했죠. 자기의 이익을 위해서 남을 끌어내리고 그 위에 올라가는 걸 좋아하는 게 중생심이기 때문에 근본 종자를 어떻게 바꾸겠어요? 오죽하면 교담미가 차라리 타방세계에 가서 설법하고 말지, 사바세계 중생에게는 설법하기 싫다고 했겠냐는 거죠.

그러면 2,500년 전에도 사람들이 포악하고 사악하고 교만스럽고 우둔하고 어리석으면서도 잘난 줄 알고 살았는데, 오늘날에 와서는 어떻겠어요. 생각해 보면 중생심으로 살았던 그 유전인자는 2,500년 전에 비해서 지금 더 숭악해지지 않았겠어요. 그런데 다행히도 불법의 종자는 끊어지지 않아서 지금까지 전해졌단 말이에요.

우리가 여기에서 더 발전해서 참불자로 살아가는 길이 어떤 것이냐? 가만히 들여다보면 자기가 하는 일에 정말 원력을 가지고 진실되게 해 나가고, 스스로 절에 가세요. 잘한 일이 있으면 "부처님, 오늘 이러이러한 일이 있었는데, 제가 부처님의 제자로서 항상 부처님을 가슴에 품고 다니기 때문에 이런 유혹에도 넘어가지 않았습니다. 부처님, 저 좀 칭찬해주세요." 하는 거예요. 잘못한 일이 있으면 "부처님 가르침 속에서 살고 부처님 아들로서 살면서도 아직도 우둔합니다. 전생의 습관과 음력을 버리지 못하고 오늘도 부처님의 가르침에서 벗어난 행동을 하고 살았습니다. 되돌아보니 나쁜 길이었습니다. 부처님, 참회합니다. 중생들이 다 성불하기 전에는 결코 이고득락離苦得樂하지 않겠다고 서원 세우신 관세음보살님, 면목이 없습니다. 스스로 생각해 봐도 내 가정에도 충실하지 못했고, 사회적으로도 충실하지 못했습니다. 직장에도 내 몸을 먼저 생각했습니다." 하는 거예요.

그런데 사람이 한계에 부딪쳤다고 생각하면 누구든지 버리게 되어 있어요. 천하 없이 좋은 것도 내가 귀찮아지고 힘들어지면 미련 없이 버리는 게 인간사예요. 내가 간절하게 이루고 싶은 것 또한 "부처님, 제가 이 일만큼은 이 세상 살면서 온전하게 이뤄서 수많은 중생에게 이익을 주고, 이것으로 인해서 내 가족들에게 행복함을 전해주는 사람이 되고 싶습니다." 하는 간절함이거든요. 우리가 불자라면 이것이 광선유포하는 거예요. 제발 믿고 의지하고 발심해서 함께 성불합시다.

그런데 내 부처 네 부처 다르니까, 내 부처마다 각각의 부처를 잘 닦으세요. 그러니까 음력을 닦아라, 버릇과 습관을 고치라는 소리에요. 아침저녁 잘도 닦는데 새롭게 닦을 게 뭐 있겠어요. 육신의 때는 씻을 줄 알면서, 왜 마음에 때는 벗을 줄 모르냐는 거예요. 이기심으로 똘똘 뭉쳐서 눈만 뜨면 거짓말하고 그러잖아요. 이것부터 바꿉시다. 진여실상眞如實相이라, 진실된 삶을 살자는 소리예요. 절마다도 스님들 하는 이야기가 그것이고, 경전에도 전부 그런 소리예요. 종파를 막론하고 모두 바르게 살자는 소리예요. 바르게 살고 바르게 깨닫고 바르게 이타행을 해서 진짜 내 것으로 만들어서 살기 좋은 세상 되도록 하고, 너와 내가 정말로 상생하는 사회 만들어 보자는 거죠. 결국 사바예토가 불국정토가 되도록 노력하자는 거지, 다른 뜻이 있는 게 아니에요.

먼저 인간이 되고 난 뒤에, 불자의 도리를 하다 보면 스스로가 부처님의 가르침 속에서 사는 것이 얼마나 행복한 것인지를 알 수 있어요. 부처님이 도를 닦고 정도를 걷고 덕행 베풀기가 어렵고 죽을 만큼 괴로웠으면 안 하셨을 거예요. 그런데 공부를 하다 보면, 어려워도 하나를 깨달았을 때의 즐거움이 얼마나 커요? 내가 몰랐던 것을 알아 가고 깨달아 가는 것이 즐거워서 힘들지만 공부하잖아요. 마찬가지로 부처님의 가르침대로 살아가는 것이 처음에는 힘들어요. 오욕락에 놀아났던 내 근본 종자가 하루아침에 앉혀두니 30분도 안 돼서 다리에 쥐가 나고 온몸이 아파오죠. 그렇지만 그 어려움을 극복하다 보면 어려움 가운데 환희심이 나타나기 시작해요. 오욕락의 즐거움은 즐거움도 아니고, 이게 진짜 즐거움이기 때문에 그 길로 인도하려고 하는 거예요.

어려운 가운데서도 오늘도 가족을 위하고 사회를 위해 온 힘을 다해서 열심히 일하고 나면 하루가 뿌듯해요. 그런데 하루 종일 아침부터 빈둥거리며 먹을 것 안 먹을 것 먹으며 다니다가 집에 들어온다면 그 마음도 그렇게 뿌듯할까요? 놀 때는 즐거웠을지 몰라도 해가 지기 시작하면 마음이 스산해져요. 왜냐하면 다 똑같은 불성을 갖고 있기 때문에 그 자성은 쓸쓸하게 되어 있다는 거죠. 나라는 존재는 늘 외로워하고 힘들어요. 사람마다 다 똑같아요. 진실된 나를 찾기 위해 애를 쓰고, 나라는 존재는 뭘까 하는 생각을 가지지 않는 사람도 늘 공허하고 외로워요. 왜냐하면 불성을 갖고 있기 때문이에요. 이것을 뿌려서 키우면 되는데, 뿌릴 데가 없다는 거죠.

옥토를 갈고 엎어서 씨앗 뿌리고 그 씨앗이 클 때까지, 즉 복력이 증장될 때까지 기다려주고 기도하고 성찰하려고 애쓰고 원을 세우기 위해서 잡초를 메가면서 땀 흘려 열매가 맺히고 익을 때까지 꾸준히 노력해 본 사람이 과연 얼마나 될까요? 믿음은 그렇게 가져가야 해요. 오늘 뿌린 씨앗이 내일 바로 싹 트고 커서 열매 맺고 먹을 수는 없는 거잖아요.

수억겁 전부터 몸뚱아리만 바꿔 입고 살아왔기 때문에 그 습관과 버릇이 그대로 다 있는 거예요. 그 습관과 버릇을 한꺼번에 고칠 수 없으니까 법문을 듣거나 절을 하면서라도 고치고, 부처님에게 매달리고 의지하면서 고쳐야 해요. 그 다음에 지금 삶보다 나은 삶, 미래의 보장된 삶을 부처님에게 의지해서 받아내려고 노력해야 해요. 구경에는 내가 부처님 자식이니까 내가 부처되는 것은 당연한 것이죠. 왜 미로도 아닌데 자꾸 어렵게 뱅뱅 돌아갑니까? 곧은 길이 있는데 인생살이를 왜 미로같이 살아요? 인생살이만큼은 바르게 살자. 생각만큼 바르게 가자. 그리고 투명하게 살자. 부처님도 이렇게 다 열어 보이시는데, 왜 우리는 중생으로 살면서도 열어 보이지 못하냐 이거예요. 부처님이란 일체종지를 다 열어 보이셨어요. 이게 부처고 이게 깨달음이고 이것이 구경에 가야 할 길이라고 이야기하는데도, 그 생각을 조금도 하지 못한다는 말이에요.

늘 음력대로 살아가는 거예요. 조금 좋은 소리 하면 좋아하고, 귀에 거슬리는 소리하면 말투부터 달라지죠. 좋다고 하는 놈이 사기 치는 줄은 모르고 감언이설에 넘어가 집 팔고 논 팔고 다 팔아 주죠. 남의 눈에 피눈물 나게 하며 살면 결국에는 부처님의 영원한 불종은 없어지고 마왕의 자식으로 끝없이 수렁에 빠져 살아가는 거예요. 우리는 이렇게라도 부처님을 만났고 절에 가서 기도하고 복과 지혜가 증장되는 거예요.

내 마음이 편안할 때는 다 끌어안을 수 있어요. 반대로 허파가 뒤집어지면 옆에 있는 것조차 밀쳐 버리고 싶어져요. 그러니까 내 마음을 어떻게 쓰느냐에 달렸어요. 늘 이런 것을 생각하고 실천하고, 또 마음을 다지고 본성을 자꾸 들여다봐서 결국은 내 본성에 충실해서 모든 사람에게 이익되게 하고 이익주는 것을 즐거워할 때 바로 자리이타한 삶이에요. 남도 이익되고 나도 이익되고 구경에는 온 나라가 불국정토가 되고 정말 살기 좋은 세상이 되지 않겠어요.

요즘은 둘도 합해지지 않아요. 정치가 그렇고, 경제가 그렇고, 사회가 그렇고, 내 편 네 편 따져가며 이야기해요. 세상이 전부 이기주의로만 흘러가니까 정이라고는 손톱만큼도 없는 세상이 되어 가고 있어요. 메마른 세상에 불자들만이라도 대지를 적실 수 있는 넉넉함이 있어서, 그 씨앗들을 다 품고 꽃 피울 수 있기를 바랍니다.

부처님이 현세에서 염원을 드러냈듯이, 이 현실에서 본성을 잘 찾아서 끝끝내 성공하는 삶이 되고, 그 성공한 삶을 부처님 앞에 와서 행복하게 노래할 수 있었으면 좋겠습니다.

진실한 삶이 영원을 노래할 수 있다

여래수량품如來壽量品

이제까지는 적문迹門이라고 해서, 부처님의 발자취였어요. 어떤 이야기를 하든지 서막이 있잖아요? 그러면 서막이라는 것은 이것저것 연출을 많이 해요. 각자 맡은 바대로 자기 일에 최선을 다할 때, 진가가 나타나고 발전을 해요. 적문이라는 것은 늘 이렇게 어떤 행사를 치르기 위한 여러 가지 소품이나 가지가지 사람이든 사람 아니든 부처님이 설법하실 때 많은 대중이 있어요.

부처님이 진짜 제대로 자기의 말씀으로 하시는 본문이 바로 정종분正宗分이라는 「여래수량품如來壽量品」이에요. 이 부분이 『법화경』에서 정수라고 볼 수 있어요. 어떻게 보면 이것을 말씀하시기 위해서 그 많은 경전들을 설하시고, 그 많은 비유를 하시고, 인과법·사성제·육바라밀을 말씀하셨어요. 심지어 방편으로 삶과 죽음에 관한 것도 설법하시다가, 구경에 와서 「여래수량품」으로 모든 것을 밝히는 겁니다.

어떤 종교든지 비밀이 많아요. 교주나 교리를 설법할 때, 어떻게 하면 더 좋게 미화를 하고 더 영험하고 희유하게 할까 하는 생각을 하죠. 그래서 비밀스럽고 영험하고 신통할수록, 마술사들이 마술의 비밀을 가르쳐주지 않는 것처럼, 우리가 눈속임을 당하고 있는 거예요. 그런데 그걸 보고 감탄한단 말이에요. 이렇게 속여 가면서 남에게 즐거움을 주려는 것도 있지만, 내가 속이고 투명하지 못함으로써 늘 마음에 짐을 지고 사는 거죠. 투명하지 못한 행동으로 인해서 늘 고개 숙인 여자가 되고, 고개 숙인 남자가 되는 거예요. 자기가 투명하지 못한 것은 영혼이 알잖아요.

어떤 종교든 다 비밀스러운데, 부처님은 비밀이 없으신 분이에요. 그래서 여래는 진실한 뜻이다, 마음이다 하는 거예요. 그래서 우리가 부처님을 믿는다는 것은 수억겁 생에 그래도 복은 조금 지어 놓은 거죠. 그렇지 않으면 부처님 법을 만나지 못했겠죠. 이렇게 진실한 뜻을 받아들이고 이해하고, 귀로 듣고 눈으로 보고 가슴으로 느껴지는 신앙을, 부처님 아니고는 할 수 없어요. 그래서 부처님 법은 3,000년이 다 된 오늘날까지 이렇게 살아 있는 거예요.

부처님은 이제까지 방편으로 때에 따라서 중생의 근기에 맞춰서 이야기하시다가 「여래수량품」에 와서는 진짜 말씀을 하신 거예요. 미륵보살이 묻고 부처님이 거기에 답을 하시죠. "너희는 내가 카필라 왕국에서 정반왕의 아들로 태어나서 도를 깨달은 것으로 한계로써 나를 여래로 대한다. 하지만 나는 이미 미진수 겁 전에 이미 성불한 부처였느니라." 그러니까 완전한 것을 드러내는 거예요. 그 완전함을 드러내면서 부처님이 말씀하셨어요. "너희의 근기가 그것밖에 안 되기 때문에, 내가 태어나서 6년 동안 고행하고 보리수 아래서 증득해서 일체종지를 깨닫고 이루었다는 것만을 생각하고, 그것만 받아들이는 짧은 소견으로 인해서 미혹에 빠져 보지 못할 뿐이다. 그런데 내가 오늘에서야 이것을 바로 밝혀주마. 너희들이 지금까지 생각하고 봐왔던 것이 여래가 아니다. 이미 미진수 겁 전에 나는 이미 부처였느니라. 그래서 부처로서 과거에 타방세계의 중생들도 구제하고 사바세계에 와서 중생들을 구제한 지가 오래였다."

그래서 수많은 분신 부처님들이 부처님이 영산회상에서 설법하실 때 나투시는 거예요. 동서남북 땅에서도 보살들이 올라오고 수많은 대중이 운집하고 분신 부처님들까지도 영산회상에서 모여서 『법화경』을 설하셨다고 보는 겁니다.

서품에서부터 쭈욱 흘러오는 『법화경』의 형식을 보면 『법화경』을 연설하기 위해서 수많은 장엄을 하기 시작했다는 거죠. 그래서 분신 부처님도 나타나고, 수많은 보살들이 나타나고, 천신들이 나타나고, 용신이나 사천왕이나 33천의 모든 신중들이 다 나타나서 옹호해줘요. 그 다음에 부처님의 상수제자들이 다 옹호하고, 심지어 타방에 있는 부처님들까지 다 오셔서 영산회상에서 『법화경』을 설하실 때 그렇게 장엄한 무대를 연출하셨다는 거죠. 그리고 난 뒤에 본문에 와서 왜 이렇게 하는지 모든 것을 밝히는 이야기가 「여래수량품」이에요.

「여래수량품」은 우리의 삶을 진실하게 살라는 거예요. 진실하지 못하니까 부부 사이에도 불협화음이 일어나는 거예요. 투명하지 못한 데서 불협화음이 일어나는 거예요. 또 내가 사회에 대해서 투명하지 못하니까 불만이 생기는 거죠. 이번 달에 정말 아끼고 힘들게 살았는데, 전기요금이 왕창 나온다면 허망하잖아요. 어딘가 나 모르게 빠져나가는 구멍이 있었는데, 나는 그걸 몰랐죠. 전기 아낀다고 콘센트마다 다 빼고 난리를 쳤는데, 남편이나 아이들이 나 몰래 밤새도록 에어컨을 틀어 놓고 잤다면 나는 모르는 거잖아요. 결국은 자기의 편안함을 위해서 엄마를 속이고 아내를 속이는 거예요. 가족들이 좀 쓰면 어떠냐 하지만 전기요금이 너무 많이 나오니 서운함이 들잖아요.

또 사회에서 일을 하면 월급이 들어오죠. 돈이 더 들어오면 묻지도 따지지도 않고 좋잖아요. 그런데 묻지도 따지지도 않고 더 들어온 돈을 내가 썼다가 나중에 몇 배로 물어내야 하는 불상사도 있어요. 정말 묻지도 따지지도 않는 것이 아니라 정말 물을 것은 묻고 따질 것은 따져야 한다는 거예요. 그래서 피곤하지만 가정에서부터 시작되어야 하는 거예요. 그러니까 부처님이 여래의 진실한 뜻을 확연하게 밝히셨듯이, 우리의 삶 속에서 가만히 들여다보고 무조건 받는 것이 아니라, 물을 것은 묻고 따질 것은 따져서 정말 투명하게 산다면 내 가정은 물론이고 사회가 점점 밝아질 거예요.

우리 역시 어린 시절이 있었잖아요. 부모님 속인 적 많죠? 학용품 산다 참고서 산다 하며 한푼이라도 더 받아내서 친구들이랑 군것질 했잖아요. 그러면서 얻은 것은 뭐냐? 친구의 환심을 샀죠. 부모님에게 이런저런 핑계로 돈 더 받아가서 친구의 환심은 샀단 말이에요. 친구라는 것은 내가 힘들고 어렵고 고통스러울 때 불러내면 털레털레 슬리퍼 끌고 나오잖아요. 그러면 밥 사 먹이고 차 사 먹이고 내 이야기 한번 들어 달라고 통 사정을 하죠. 그런데 얻어먹은 놈은 그냥 가버리고 내 돈만 나갔잖아요. 친구를 기대고 의지하고 내 답답함을 하소연해 봐야 나가는 건 결국 내 호주머니의 돈뿐이에요.

그 돈 가지고 절에 가서 부처님 앞에 불전 놓고 부처님과 내 마음을 정면으로 만나 보세요. 그러면 그 가운데서 뭔가가 일어나요. 처음에는 악을 쓰게 되어 있어요. 기도하는 게 악 쓰는 거예요. "내가 무엇을 그리 잘못했습니까? 나는 자식 위하고, 가정 위하고, 남편 위한 것뿐입니다. 집 좀 넓히고, 좋은 차 타고 싶었던 죄밖에 없는데, 뭘 그리 잘못했습니까?" 하고 달려들 수도 있어요.

그러다가 화가 위로 올라가면 불이 타고 나면 재만 남듯이, 자기 혼자 실컷 화내고 나면 마음에 재만 남아요. 마음의 동요가 착 가라앉아서 자기 자신들을 들여다보는 거죠. '내가 참 이런 것도 있었구나. 아, 내가 이런 것에 너무 착이 많았었구나. 아, 내 남편이 나한테 잔소리꾼이라고 한 게 이유가 있었구나. 나도 공부 못했으면서 아이한테만 죽어라고 공부하라고만 했구나. 그동안 너무 물질의 노예가 돼서 살았구나. 정신적인 힐링이 전혀 없었구나.' 참회를 하게 됩니다. 그러면 저절로 눈물이 나요. '부처님은 그렇게 지혜와 복덕을 구족하고 정말로 과거 전생 수억겁 전부터 일체종지를 깨달아 내 마음을 누구보다도 잘 아십니다. 내가 이렇게 복이 없고 지혜가 없는 것을 부처님은 이미 아셨는데, 나만 나를 몰라서 이렇게 고통을 받았습니다.' 하고 참회가 저절로 되는 거예요.

그러면서 스스로 '내가 이런 것은 안 해야지.'라는 다짐이 오게 되어 있어요, 남편이나 아이한테 잔소리하던 것도 덜하게 됩니다. 그들을 진실로 인격체로 생각하고 한 독립된 인간으로 대해서 그들의 진실된 생각을 존중해준 적 있습니까? "시끄럽다. 너는 들어가서 공부나 해라." 그렇게 살았단 말이에요. 그러니까 결국은 남편이나 아이들을 나에게 예속된 사람으로 생각해온 거예요. 남편은 남편 자리 있기를 바랐지만 남편도 가고 싶은 데도 있을 것이고, 힘들 때 다른 데 가서 스트레스 풀려고 하는 건 당연한 거잖아요.

너무 물질만 쫓아가고 그것이 전부인 줄 알고 살아왔기 때문에 부처님도 등지고 종교도 등지고 이것이 종교인양 공을 들이고 정성을 들이는 거예요. 내 마음대로 안 된다고 실망하고 힘들어하고 고통스러워하다가 상처를 받으면 결국 우울증이 오죠. 괴로워하고 힘들어하다가 자식도 눈에 안 보이고 남편도 눈에 안 보이게 되는 거예요. 힐링은 믿음으로써 하는 거예요. 부처님은 일체종지를 밝혀서 이미 수억겁 전에 부처였어요. 부처님을 알고 부처님께 귀의해서 진실로 내가 행복해지는 길이 힐링이에요.

지극한 믿음은 이루어지게 되어 있어요. 부처님은 복력과 지혜를 구족하고 중생들을 모두 성불로 이끌기 위해서 오셨는데도 우리는 그것을 등지고 살아요. 우리가 이렇게 정신적인 힐링이 없이 물질이나 삶에만 쫓겨서 살면 만사만생으로 살게 되는 거예요. 만 번 태어나고 만 번 또 죽는 거죠. 그런데 정말 『법화경』에 의지하고 부처님의 가르침에 의지해서 정말 모든 걸 드러내 놓는 것이 부처예요. "나는 이미 성불했고, 과거세의 모든 중생들을 제도했고 현재의 모든 중생들을 제도하고 미래에 오는 중생들도 제도할 만큼 많은 법이 아직 남아있다."라고 했어요. 그러면 여기에 부처님이 증명을 하실까요, 안 하실까요? 다만 눈에만 안 보일 뿐이에요. 아직은 우리가 미련한 중생이라서 눈에 보이지 않는 거예요. 그런데 마음의 눈을 떠서 진실로 본다면 내 옆에 부처님이 상주하고 계십니다.

『법화경』을 광선유포하고 수지 독송하고 배우면 만사만생하던 삶이 만사일생 하는 삶으로 바뀌는 거예요. 이게 과정이에요. 그런데 우리는 그런 것에 대한 생각보다는 오후에 뭐 해야 하더라, 끝나면 어디를 갈까, 오만 생각을 하느라 바빠요. 여름이면 더위를 피해서 피서 가죠? 그런데 더운 데 앉아 있어도 진실로 내가 즐거우면 시원해요. 뜨거운 태양이 작열해도, 내가 진실로 그 자리가 즐겁고 좋으면 그 자리는 시원한 자리예요. 햇빛을 피해서 나무 밑으로 가고 강가로 가고 바닷가로 가도 짜증나는 일 많잖아요. 소갈머리를 고치지 못했는데 어딜 가도 똑같은 거예요. 집안에서 새던 바가지 밖에 나간다고 안 새겠어요?

뭐 하고 나면 괜찮을 것 같다 그러잖아요. 이것만 하고 나면 괜찮을 것 같다, 이것만 가지면 내가 살 것 같겠다 하죠. 그런데 그것 갖고 나면 다른 것이 또 갖고 싶어져요. 못 가져서 또 애가 쓰이죠. 명품 좋아하시죠? 명품 가방에 신발에 거기에 정신이 팔려 버리니까 훔쳐서라도 가져야 되고, 어떻게 해서든 가져야 하는 병이 되어 버린 거예요. 이런 생각에 치우친 것은 다 전도몽상, 즉 꿈을 꾸는 것과 같아서 우리 마음속에 있는 것은 충족되지 않는다는 거예요. 우리가 좋다고 차곡차곡 옷이다 신발이다 가방이다 명품을 모아둬도 내가 죽고 나면 3일도 안 돼서 다 치워버려요. 평생을 애착을 부리고 내 살림 내 것이라는 생각을 갖고 살았지만 내가 없으면 다 끝이에요. 소욕지족小欲知足이라고 했어요. 적어도 내가 쓰는 것 아끼고 닦고 쓸고 한두 벌 가지고 살다가 내 흔적을 남기지 않는 거예요.

어떻게 하는 것이 남기지 않는 것이냐? 길을 가다가 흙 한 줌 주우면 내 몸이 죽고 난 다음에 한 줌의 흙인 줄 알고, 선연한 공기가 들어오면 죽고 나면 그 한 부분이 내 몸인 줄 알고, 햇빛이 뜨겁게 작열하면 그 기운도 역시 내 기운인 줄 알고, 풍덩 뛰어들 물이 있으면 그 물 역시 내 몸인 줄 알아야 해요. 몸뚱아리를 보면 꼭 지·수·화·풍의 사대를 면하지 못해요. 물, 불, 바람, 흙의 기운이 이 몸뚱아리 유지하고 있는 거란 말이에요. 그런데 거기에다가 비단 금칠을 하고 화려하게 꾸민다면 생긴 얼굴 더 죽이는 거죠. 내 스스로 생각하는 모든 것에서 조금 나와 보세요. 너무 연연하지 말고 착 부리지 마세요.

부처님이 불자들을 위해서 이야기하는 대목을 잠깐 인용해 보겠습니다.

이처럼 내가 성불한 지가 매우 오래되어 수명이 한량없는 아승지 겁 동안 항상 머물러 있고 멸하지 않느니라. 선남자들이여, 내가 본디 보살의 도를 행하여 이룩한 수명은 아직도 다하지 아니하여 위에서 말한 수명의 여러 배수가 되느니라.

그러니까 수만억 겁 전에 이미 부처가 되셨는데 아직도 중생을 제도하기 위해서 영산회상에 상주하고 계시고, 오늘 우리가 불법을 논하는 이 자리에 부처님이 상주하고 계신다는 소리예요. 이것을 지극히 믿고만 들어가라는 거죠. 내 옆에서 항상 부처님이 나를 증명해 보이고 나의 일거수일투족을 부처님은 알고 계신다는 확고한 믿음을 가지세요. 그러면 복혜가 왕양하신 부처님은 내 자식이 애쓰고 고생하고 남에게 못된 짓 안 하고 살려고 노력하는 것을 보고 가만히 계시겠어요? 믿음이 제일이라는 거죠. 우리 마음속에 있는 이런 지극한 믿음이 결국 우리 삶의 질을 윤택하게 하는 원천이 되는 거예요.

우리 마음속에 마왕의 자식으로서 악한 생각, 못된 생각, 이간질 하는 생각들을 버리세요. 자기가 이간질하는 걸 알면 절대 이간질 안 해요. 그런데 이간질하는 줄 모르고 이간질을 하니, 그게 병이에요. "내 말 한번 들어봐라." 하면서 결국 이야기하는 게 남의 흉이 더란 말이에요. "그런 소리는 하는 것 아니다." 하면 방귀 뀐 놈이 성질낸다고 자기를 합리화시키기 위해서 오히려 더 화를 내요. 자기가 이간질을 하면서도 이간질 하는 줄을 모르고, 도둑질을 하면서도 도둑질 하는지를 몰라요. 이렇게 살지 마세요. 이렇게 사는 것을 고치고자 하는 것이, 우리가 부처님께 의지하고 『법화경』에 의지하는 거예요.

어떤 사람들은 『법화경』을 공부하면 마장이 많다고 해요. 마장은 자기 마음이 마장이지, 부처님 법이 왜 마장을 일으키겠어요. 그렇게 생각하지 마십시오. 『법화경』은 부처님의 진수요, 심장입니다. 사람은 심장이 있어야 움직이잖아요? 컴퓨터나 자동차로 말한다면 엔진이에요. 동력을 전달해서 차가 움직이게끔 하는 거예요. 그 역할을 하는 것이 『법화경』이라는 거예요. 『법화경』을 올바로 믿고 오롯하게 부처님을 믿고 들어가면 마장은 저절로 떨어져 버립니다.

우리가 목욕탕에 때를 밀러 가잖아요. 집에서도 씻을 수 있는데 구태여 대중탕에 가는 것은 때를 벗기기 위해서잖아요. 때라는 것이 알고 보면 어제까지 내 살갗을 유지했던 세포인데, 오늘은 때가 되어 나오니까 더럽죠. 우리가 밥을 먹고 내 피와 살이 되도록 해놓고, 어제까지 내 피부를 구성하던 세포가 오늘 새로운 살갗이 돋아나오고 떨어져 나가는 것을 더럽다고 해요. 그러니까 더럽다-깨끗하다, 좋다-싫다 하는 것이 다 상이에요.

제가 머리를 깎고 살아가는 이 즐거움이 상락아정이기 때문에 이 말을 할 수가 있는 거죠. 내가 믿어 보니까 이렇더라. 『법화경』은 수지 독송하는 것만 해도 큰 복이 되지만 사경하는 복은 더 대단해요. 한 자 한 자가 부처님의 진수, 심장을 연결하고 만들어가요. 요즘 아이들이 갖고 노는 레고를 하나하나 조립해서 집도 만들고 마을도 만들잖아요. 그와 같이 부처님의 정수를 하나하나 제 손으로 써서 구경에는 『법화경』을 이룬 그 말씀에 의해서 내가 해탈해가는 큰 공덕을 짓는 거예요. 나의 죄업은 소멸이 되고, 내 잘못을 알기 시작하죠. 내 잘못을 아는 것이 어려운데, 경전을 수지 독송하고 공부하고 부처님을 찬탄·공경·예배하다 보니까 그 속에서 내가 발전하는 거예요. 글을 모르던 아이가 어느 날 글을 읽으면 문리가 터진다고 하잖아요. 그렇게 문리가 터져 나와요.

부처님 공부도 그와 같아요. 자꾸 듣고 접하고 부처님께 의지하다 보면 어제까지 부처님 부처님 하다가 부처님 아버지가 되는 거예요. 부처님 아버지라는 표현이 생소하죠? 그런데 제 24강을 다 공부하고 나면 부처님 앞에 가서 "아버지, 좀 살려주세요." 소리가 저절로 나오게 되어 있어요. 왜냐? 사생자부 시아본사 석가모니불 四生慈父 是我本師 釋迦牟尼佛이라. 부처님은 사생의 나의 아버지라고 했어요. 만날 그 의미는 생각하지 않고 입으로만 외우니까 아버지인 줄 몰라요. 믿음이 없으면 아버지인지 어머니인지도 모르지만 믿고 의지하면 저절로 아버지 소리가 나와요.

남의 집에 관심 없다가도 관심 가질 때는 또 가지잖아요. 저 집에 숟가락이 몇 개라는 것으로도 험담을 하죠. 그러니까 우리 삶 속에 이렇게 가질 것과 가지지 못할 것, 놓을 것과 놓지 못하는 것을 구분 짓는 눈이 필요한 거예요. 지혜가 필요한 거예요. 그래서 그 지혜를 정말로 한량없는 부처님께 의지하세요. 선이다 뭐다 물론 다 좋지만, 믿음이 우선되지 않고는 불교가 살 수 없는 겁니다. 믿음이 없으면 소원 성취도 없습니다. 믿음이 바로 서고 진실로 내가 부처님을 찾을 때는 믿음에 의해서 부처님의 소원 성취가 이루어지지만, 믿지 않는 자는 고아처럼 자기 혼자 돌아다니면서 눈치로 세상살이를 습득하는 거예요. 그것이 한계예요. 부모를 만나서 공부하고, 친구를 만나서 내 견문을 넓히고, 내 자라온 환경들이 점점 발전되어 이렇게 영글어지는 그 과정이 고아에게는 없기 때문이에요.

우리는 부처님의 자식이니까 부처님의 자식으로서 스스로 쑥 들어와서 믿음을 제일로 하면 그 복력이 증장된다는 거예요. 여래는 이렇게 확연히 다 밝히신 겁니다.

법/화/상/담

Q. 남편이 냉장고 문을 열어 보고 재료를 많이 사놓으면 "왜 이리 많이 샀나? 두 식구 사는데 과하지 않냐?" 하고 잔소리가 심합니다. 전에는 한 번도 그런 적이 없었는데, 요 근래 들어서 잔소리가 너무 심해져서 화가 납니다.

A 일단 평소에 청소를 잘 해야 됩니다. 내가 잔소리 안 듣도록 싹 치워 놓으면 되잖아요. 다 돈 주고 산 것들인데 냉장고 한쪽에서 썩어 가니까 돈 벌어다주는 입장에서는 당연히 아깝잖아요.

그런데 다르게 생각해 보면 남편이 요즘 시간이 많다는 소리예요. 전만큼 바쁘지 않고, 바깥일에 심취해서 살던 시기가 지난 거죠. 그때부터 남편들은 걱정이 생기기 시작합니다. '내가 앞으로 점점 돈을 못 벌어다줄 텐데, 이 사람이 이렇게 살림을 하면 안 되는데……' 하는 생각이 드는 거예요. 너와 내가 죽을 때까지 쓰고 먹고 살려면 절약하고 살아야 하는데, 부인은 그런 것도 생각하지 않고 정신 못 차리고 있느냐 이거예요.

화낼 이유가 하나도 없어요. '여보, 미안합니다. 내가 부처님 말씀을 들어 보니 부처님이 따로 없고 당신이 부처라고 했는데, 내가 부처님 말을 듣지 않았네요. 내가 내 자신에게 연극 못 하고 사는구나.' 하고 참회하셔야 해요. 화부터 먼저 내지 마세요. 냉장고를 보고 잔소리를 하는 남편의 진실된 속내를 들여다볼 줄 안다면 눈물이 나야 정상입니다. '참 미안합니다. 당신 벌이가 점점 줄어서 불안해하는 것을 내가 미처 몰랐구나. 당신 위해서 더 아끼고 나도 나가서 용돈이라도 벌어 올게.' 이게 정답이에요.

그런 생각을 갖고 "우리는 죽을 때까지 이렇게 함께 살다가 어느 날 딱 깨쳐서 부처 됩시다." 하고 이렇게 유종의 미를 잘 거둔다면 인생 잘 살았다 할 수 있는 거예요. 마지막에 황혼이혼이네 뭐네 하며 싸우면 잘 살았다고 할 사람 아무도 없어요. 오죽하면 자식들이 이혼을 권하겠어요? 이런 일을 막기 위해서는 믿음이 제일입니다. 부처님께 의지해서 이 위기를 극복하시기 바랍니다.

부처님을 믿는 마음에 따라 모든 것을 이룰 수 있다

—

분별공덕품 分別功德品

—

「여래수량품」은 부처님의 정수를 확연히 드러내고 모든 것을 밝히셔서 진실된 삶을 노래할 수 있다고 했습니다. 부처님의 습관과 버릇대로 늘 부처님을 닮으려고 노력하는 데서 우리의 삶도 내 음력이라는 잘못된 버릇과 습관은 떨어져 나가고 다시 부처님의 좋은 습관이 들면 일생에 성불할 수 있다고 하신 것이 바로 『법화경』입니다.

이어서 「분별공덕품」에 대해서 이야기해 보려고 합니다. 저는 「분별공덕품」을 '부처님을 믿는 마음 따라서 모든 것이 이루어진다.'라고 생각합니다. 부처님을 믿는 마음에 따라서 모든 것이 이루어진다는 것은 나라는 주체가 들어가 있잖아요. 내 그릇이 크면 큰 만큼 이루어지고, 작으면 작은 만큼 이루어져요. 잘나고 못난 내 품성에 따라서 이루어지는 것도 또한 천차만별이에요. 그러니까 다른 사람 잘 산다고 배 아파할 것 하나도 없다는 거죠. 내 그릇이 작아서 배 아프면 화장실 다녀오면 그만이에요. 그리고 그 배 아픈 것을 부처님 앞에 몽땅 가져가서 '부처님, 오늘도 제가 이렇게 소갈머리 주변머리가 없어서, 옹졸하게 살다 보니까 아직 불제자로 들지도 못하고, 내 필요에 따라서 왔다갔다합니다. 그래도 제가 부처님을 찾았습니다.' 하는 생각을 가지고 가다 보면 품성이 커지는 거예요. 생각이 커지고 받아들임이 커지니까 남들 부러울 것 하나도 없어요.

나도 키운 그릇대로 담기는 거예요. 나는 작은 종지이면서 그릇이 작아 넘치는 줄도 모르고 그릇만 탓하고 있어요. 그 그릇이라는 것이 결국 성품이거든요. 그러니 내 성품을 봐서 지견을 넓히고 지혜를 넓히고, 부처님께 받아서 복력을 넓혀서 다른 사람들에게 더 많은 것을 줄 수 있어야 해요. 그러려면 내 품성을 넓히는 것이 우선이에요. 그런데 어떻게 해야 할까요? 『법화경』에 "나를 믿고 따르고 의지하고 나에게 와서 모든 것을 이야기하는 자, 나는 그자를 위해서 다 들어주리라. 왜냐하면 내 자식이기 때문이다. 단지 너희가 받아먹지 않을 뿐이다."라고 하셨어요.

부처님이 의사에 대해 『법화경』에 밝히신 게 있어요. 재산이 엄청 많은 부자가 있었어요. 그에게 수십 명의 자식이 있었는데, 아버지가 멀리 출타한 사이에 그 자식들이 독한 약을 잘못 먹고 전부 정신을 못 차리고 미쳐버렸어요. 유명한 의사이기도 한 아버지가 빨리 제정신을 차리라고 해독약을 줬어요. 그런데 약의 독한 기운이

퍼지니까 약을 준 아버지도 못 믿고 약을 안 먹어요. 미치니까 눈에 보이는 게 없는 거죠. 아픈 자식들을 그냥 둘 수 없어서 일단 먹든지 말든지 곁에 약을 놔뒀어요. 그리고 방편으로 아버지가 다른 나라에 장사하러 갔다가 죽었다는 소식을 전했어요. 아버지가 돌아가시면서까지 꼭 약을 먹어야 낫는다는 말을 남겼다고 전했대요. 어떤 자식들은 "아버지가 없는 세상 살면 뭐하겠냐? 그냥 먹고 죽어야겠다." 하고 먹었어요. 또 어떤 자식들은 "아버지가 돌아가시면서까지 권한 약이 설마 독약이겠어? 이건 진짜야." 하고 약을 먹었어요.

자식도 두 종류가 있는 거예요. 손가락도 길고 짧은 것이 있듯이 자식들의 성향도 다 다르죠. 그러니까 따라 죽겠다고 먹은 자식도 믿음이고, 아버지를 믿고 먹는 자식도 믿음이에요. 그러면 어떤 것이 긍정적이고 행복한 믿음이냐? 이 차이에요.

잘난 놈이 있으면 못난 놈도 있듯이, 못난 것보다는 잘난 것을 선택하려 하잖아요. 그래서 요즘은 마구 뜯어 고치잖아요. 대출까지 해서 뜯어 고친다고 하더라고요. 그런데 내 머릿속에 있는 지혜와 복력과 내가 수억겁 생 살아왔던 음력에 지나와서 원력을 세우고 복력을 키워서 많은 사람들에게 복을 베풀려고 하면 잘 들어지는데, 수없이 뜯어 고쳐도 좋은 데 취직하거나 시집 잘 가려고 하는 것뿐이니 잘 안 이루어져요. 어디까지 고치고 만들었느냐. 내 얼굴인데도 내 얼굴을 못 믿어요.

이렇게 해서 긍정적인 사고를 갖고 있는 쪽으로 믿음이 승화한다는 거예요. 그러니까 결국은 내가 이 약을 먹고 아버지 따라 죽겠다는 자식은 절망적인 믿음이에요. 아버지가 돌아가시면서까지 이 약을 권하셨으니 이 약은 나를 살리기 위한 것이다 하는 것은 희망을 갖고 있다는 거예요. 희망을 갖고 먹은 자식이나 죽으려고 먹은 자식이나 다 나았어요. 나도 죽어야지 하는 것보다는 이것을 먹고 낫는다는 확신을 가지는 것이 더 발전할 수 있어요. 그때 아버지가 다시 나타났어요. 이게 부처님의 방편이에요.

'카필라 왕국에서 나와서 가까운 곳에 터를 잡고 앉아서 도를 닦아서 일체종지를 깨달아 일생에 부처되었다.'가 아니라, '나는 이미 수억겁 전에 이미 부처가 되었다.'라는 것을 이렇게 드러내 보이신 거예요. '나는 이미 일체종지를 깨달아 과거세에 모든 중생들을 제도했고, 현세에 고통 받고 괴로워하는 중생들을 구제하기 위해서 이렇게 방편으로 보였을 뿐이다.' 이거예요. 이렇게 믿든 저렇게 믿든 부처님의 방편이 잘못된 것이라고 이야기할 수 있습니까? 이렇게 가지가지 중생의 박복하고 근기 없고 미약하고 철없음을 어떻게 하면 고쳐주고 부처님의 자성을 완전히 밝혀서 자신도 부처라는 것을 알려줄 것인가? 수억겁 전에 나는 이미 부처였다는 것을 이렇게 역력하게 드러내 놓은 거예요. 이게 「여래수량품」이에요.

우리가 경전을 독송하고 찬탄하고 공양하는 것이 수억겁 전에 이미 보살 되었던 수많은 보살들에게 공양 올리고 예배하고 먹을 것과 침구를 공양한 것이 같아요. 『법화경』을 한 번 듣고 '아, 그렇구나.' 하는 그 공덕이 같다는 거예요. 백천만겁난조우百千萬劫難遭遇라. 만나 보기 어려운 부처님의 법을 지금 공부하고 있는 거예요. 항하의 모래알 같이 많은 보살들을 공양하고 공경하고 찬탄하고 예배하는 것보다 이 경전 한 구절의 복력이 더 큽니다.

그런데 복을 줘도 복을 모르는 것이 제일 문제예요. 왜 그럴까요? 아까 장자의 이야기처럼 다들 미쳐 버린 것 같아요. 불자라면 믿어야 해요. 믿음이 제일이에요. 믿음으로써 내 그릇에 다 담고도 남지만, 자기 그릇이 작은 것은 탓하지 않고 골고루 내린 비 탓을 해요. 하늘에서 비가 내릴 때는 똑같이 주잖아요.

하기는 요즘은 한쪽만 몰아줘서, 한쪽은 가뭄과 더위에 허덕이고 다른 쪽은 물난리가 나기도 해요. 몇 년 전 쓰촨성 지진이나 쓰나미는 우리가 자연을 함부로 훼손했기 때문에 일어나는 응보잖아요. 인과응보예요. 우리가 짓고 우리가 받는 것이에요. 기후가 변덕이 심해지는 것이 우리가 동업대중同業大衆으로 살아가니까 모두 함께 저질러 놓은 그 결과물이지, 어디서 뚝 떨어진 게 아니란 말이죠. 그래서 우리가 녹색길이니 그린시대니 이야기하면서 세계적으로 탄소배출권을 사들이고 그러잖아요.

불교에서는 이미 부처님이 몸소 이것을 실천하셨어요. 걸식을 할 때 적게 주든 많이 주든 일곱 집을 다녔어요. 걸식한 음식을 가지고 처소로 돌아와 앉아서 공양을 하셨죠. 그 후 발을 씻으시고, 가사 장삼을 수하고 선정에 드셨어요. 이것은 절대 환경을 오염시키지 않았다는 거예요. 기후 변화도 문제지만 21세기에 제일 심각한 문제가 대기오염으로 인해서 수많은 사람들이 보이지 않게 죽는 거예요. 옛날에는 없었는데 요즘 갑상선 환자가 그렇게 많대요. 이게 다 대기오염 때문에 오는 거예요. 갑상선이라는 게 우리 몸에서 필터 역할을 하거든요. 공기가 오염되어 몸의 병으로 나타나기 시작한 거죠.

부처님을 믿고 의지하고 발심하고 찬탄 공경하고 기도하는 사람들은 정신이 건강해요. 마음이 건강하니까 육신의 병도 잘 안 와요. 힐링이 따로 필요 없다는 소리예요. 열심히 기도하고 내 잘못을 참회하고, 부처님 앞에 가서 수지 독송하고 부처님을 찬탄하고 공경하고, 그 가운데서 부처님에게 의지해서 부처님의 지혜와 복을 받으면 마르지 않는 샘물처럼 복과 지혜가 넘쳐 나요. 그런데 그러질 않으니까 샘물이 말라버린 거예요. 최상승 『법화경』을 듣기 위해서 왔으니까 아라한과를 증득했건 보살이란 소리를 들었건 성문이라는 소리를 들었건 간에, 일단 다 버리고 와서 이 경전을 갖고 이야기하자는 거예요.

그리고 『법화경』을 설하실 때 비구 비구니들이 자리를 떠나버렸어요. 그때 부처님이 "필요 없는 가지와 줄기는 다 떠났으니까 이제는 내가 『법화경』을 설하리라." 하고 『법화경』을 설하셨어요. 떠난 사람은 뭐냐? 나도 이만큼 아는데, 나도 부처인데 하는 아상을 버리라는 거예요. 지금도 이런 사람들이 너무 많죠. 절에 좀 다니고 나면 자기가 절의 대장인 줄 알고 오만 소리를 다 하는데, 이것은 잘못된 거예요. 항상 하심하고 겸손하고 내 스스로 부처님을 죽을 때까지 찬탄해도 모자랄 텐데, 알아 봐야 얼마나 알겠어요? 내가 불·법·승 삼보에 귀의했다면 스스로 하심하고 지심정례 해야죠.

내가 정말 죽더라도 부처님과 부처님의 법과 승단을 지키겠다고 하는 게 지심정례예요. 입으로는 날마다 지심정례 한다고 하면서 왜 이러느냐는 겁니다. '내가 부처다.'라고 하기 전에 내가 진짜 부처가 될 만큼 진실로 여래를 믿었어요? 발심이라는 것이 믿는 마음이에요. 믿음 없이 머리로 백날 해봐야 아무 소용없어요. 진실한 마음으로 믿고 지혜를 열고 복력이 늘어나서 부처님의 자비를 찬탄해 보세요. 우리가 부모님을 잃은 지 오래되었어요. 지금이라도 부모님을 찾았으니까 진실로 믿고 귀의하고 거기에서 복력을 받으면 천하에 못할 일이 없어요.

내가 진실로 부처님을 믿고 내 자손들도 믿도록 해야 해요. 그런데 자기만 가면서 그러죠. "내 혼자 가서 열심히 기도할게." 불자들의 제일 큰 폐단이 이거예요. 내 자식도 같이 가고, 내 손자도 같이 가야죠. 여래의 진실한 뜻을 만나기가 어려운데, 나만 해서 되겠어요? 포교는 집안에서부터 이루어져야 하는 거예요. '할머니가 저렇게 기도를 하는구나.', '어머니가 저렇게 기도를 하는구나.' 그걸 보고 자란 자손들도 당연히 기도하겠죠. 그런데 절에 가면 전부 보살님들만 앉아 있단 말이에요. 함께 믿어야 해요. 부처님의 정수를 만나 보지 못하고 나 혼자만 하고 있는 것도 너무나 괴로운데, 내 남편 포교 못 하고 내 자식도 포교 못 한다면 이게 어떻게 믿음이에요? 그리고 믿음의 뿌리가 온전하고 정말로 장대하게 펴나갈 수 있겠어요? 부처님이 오신 지 2,500년이 넘었지만 아직도 부처님은 중생들을 제도하려 내 옆에서 나를 응원해주시는 줄 모르고, 스스로가 내 가정이면서도 포기하고 있는 것과 같아요. 제발 이러지 마세요.

나 혼자 믿고 나 혼자 기도하던 시대가 아니에요. 이제는 함께 믿고 함께 부처님께 모든 것을 맡기고 의지해서 같이 이고득락하는 삶을 살아야 합니다. 자기 혼자 했다고 다 했다고 할 수 없어요. 각자의 음력은 각자가 가지고 온 거지, 누가 들고 온 것이 아니잖아요. 수억겁 생을 살아오면서 내가 짓고 내가 받아온 건데, 내 스스로 풀어내지 않고 누구에게 의탁해서 풀겠어요? 물론 이미 몸뚱이 없는 조상들은 자손에 의지해서 해원을 하고 풀어내기도 하지만, 살아있는 나는 내가 주위도 다 밝히고 천도도 하고 수없는 세월 동안 쌓아온 모든 음력이 녹게 하려면 함께 하는 게 낫잖아요. 백지장도 맞들면 낫잖아요. 그런데 왜 기도는 혼자 하려고 하세요? 이런 것을 우리가 제대로 알아야 해요.

『법화경』에서는 "너희들의 이루고자 하는 모든 것을 내가 다 들어주마."라고 하셨어요. 성불하기 전에 우리가 괴롭고 고통스럽고 어디로 갈까 방황하는 것도 고쳐주고 들어주고, 믿는 만큼 해주겠다는데도 왜 안 믿느냐? 그것부터 해주겠다. 이것이 『법화경』의 가르침이에요. 그래서 일심으로 믿음만 가지고 들으면 되는 거예요. 『법화경』은 마장이 없습니다. 진실한 믿음만 있으면 모든 것이 이루어지는 거예요. 열심히 사경하고 수지 독송하고 찬탄하고, 부처님께 의지해서 지극히 기도하면 못 이룰 것이 없어요. 이런 과정을 통해 전생에 지어놓은 업장이 녹아내리는 그런 원력이기 때문에 정말 대단한 복력을 지을 수 있어요.

항상 부처님은 우리 곁에 있어요. 우리 곁에서 힘을 주고 믿음을 주고 우리의 복력과 지혜를 증장시켜서 내 자식들을 모두 부처님처럼 만들려는 거예요. 그것이 부처님의 생각이에요.

「분별공덕품」에서 미륵보살이 영원한 생명을 찬탄하는 대목을 읽어 봅시다.

이때 미륵보살이 자리에서 일어나 오른 어깨를 드러내어 진실을
표하며 합장하고 부처님을 향하여 게송을 말씀하였습니다.

부처님을 희유한 법을 설하시니
예전에는 듣지 못하던 일입니다.
세존은 큰 위력이 있으시고
수명도 헤아릴 수 없습니다.

무수한 부처님의 제자들이
세존께서 설하신
법의 이익을 얻은 사람들에 대한 말씀을 듣고
기쁨이 온몸에 가득하였습니다.

그러니까 미륵보살이 부처님의 위신력이 한량없고, 열반하신다
는 것도 방편이라는 걸 이제야 안 거예요. 왜냐하면 복 없고 지혜
없는 자들이 부처님이 늘 계신다고 하면, 그때부터 게으름이 나서
더 이상 부처 볼 생각도 안 하고 자기 음력대로 오욕락을 누리고 살
려고 하니까, 그것을 없애기 위해 떠나는 것을 보여주신 거죠. 하지
만 이 『법화경』에 와서 부처님이 영원하다고 하신 거예요. 그래서
부처님은 과거세 부처님·현재세 부처님·미래세 부처님이 아직도
수기했던 그 모든 수명이 수만대로 미치고도 남는 이후에 미륵세

계가 온다고 하셨어요. 아직도 부처님의 무한한 세계 속을 우리는 영원히 함께하고 있다는 거예요.

이것을 함께 노래할 수 있을 때, 우리는 영원을 살 수 있어요. 또 믿고 의지한 만큼 내 복력이 증장이 되고 지혜가 증장이 되어서 이루고자 하는 일들이 이루어지지 않는 것이 없다는 거예요. 이게 『법화경』에는 믿음이 제일이라는 것을 밝히신 거죠. 나는 이렇게 영원을 이야기할 수 있다는 것을 확연하게 밝히신 것이 「여래수량품」이고, 「분별공덕품」은 이렇게 부처님이 영원을 노래함으로 인해서 우리의 삶도 거기에 맞춰서 시야가 넓어졌다는 거죠.

카필라 왕국에서 나와서 가까운 데서 도 이룬 게 아니에요. 이미 부처님은 수억겁 전에 부처님을 이루셨어요. 이 세상 저 세상 끝없이 제도하시다가 사바세계와 인연이 있어서 카필라 왕국 정반왕의 아들로 태어나는 모습까지 보이신 거예요. 우리와 같은 모습으로 왔기 때문에 우리가 인정하는 거죠. 이와 같이 믿고 따르고 의지하게 하기 위해서 일체 중생의 모습을 보이면서 중생 속에 들어와서 중생에게 지혜를 주려고 하신 분이 부처님이에요. 어두운 곳에서 스스로 불을 밝히면 그게 바로 부처의 자리예요. 어두운 곳에서 성냥불을 그어서 밝아진 모습으로 진리를 이야기하고, 부처님의 영원을 노래하고, 스스로 이와 같은 믿음 속에 들어와서 일심으로 부처님에게 향한다면, 우리 마음속에 있는 모든 것은 이루어지지 않을 것이 없다는 거죠.

내가 믿지 않고 귀의처로써 확신을 갖지 않고 의심하면 우리의 소원은 성취되기 어려워요. 우리 속담에 비는 데는 무쇠도 녹는다고 했잖아요. 그와 같은 마음을 한번 내어 보는 것이 신심이고 원력이에요. 그런 신심을 내서 기도하고, 부처님께 의지하고 경전에 의지해서 사경하고 수지 독송을 하고, 절을 하고, 참선하면서, 이 속에 쑥 들어와서 살면 모든 것이 이루어집니다. 행주좌와 어묵동정에 내 마음속에 일심으로 부처님이 살아 있는 거예요. 한 귀로 듣고 흘리지 말고 계속 머릿속에 뱅뱅 돌다가 입으로도 나오고 가슴에까지 전달되면 '아, 부처님이 이렇게 좋구나.' 하고 느낌이 와요.

느낄 때 뭐든 되는 거잖아요. 결혼도 느낌이 있어야 하는 거죠. 사는 게 재미가 있을 땐 있고 없을 땐 없고, 때에 따라서는 속상하고 때에 따라서는 괴로운데 느낌이 없으면 사흘이나 살겠어요? 그 느낌으로 부처님과 한번 마주쳐 보라는 거예요. 부처님과 눈이 마주쳐서 나뿐만 아니라 내 가족도 믿고 선근을 쌓는 불자가 될 때, 우리 마음속에는 늘 행복이 넘치게 된다는 거죠. 그러면 점점 그릇이 넓어져요. 그릇이 넓어지니까 수용할 것도 많아요. 진실로 믿고 의지해서 정말 믿음의 종교인 불교가 되었으면 하는 바람이에요.

우리가 믿고 의지하는 공덕이 이만큼 크다는 것을 보여준 부분이 「분별공덕품」입니다.

法/화/상/담

Q. 아들이 군대 제대하고 대학교에 복학해야 하는데, 복학할 생각을 안 하고 아르바이트를 하고 있어요. 아르바이트를 안 해도 충분히 경제적으로 도움을 줄 수 있는데 공부할 생각을 안 합니다. 어떻게 해야 할까요?

A. 이 세상에는 공부 잘하는 사람보다 못하는 사람이 더 많죠? 그래서 오죽하면 일등만 알아주는 더러운 세상이라 했겠습니까? 공부도 중요하지만 내 몸으로 부딪쳐 보고 배우는 것도 중요합니다. 병아리가 스스로 알을 깨고 나오듯이 몸으로 부딪치고 마음으로 부딪쳐서 세상을 알고 싶어 하는데 오히려 칭찬해 주셔야죠. 박수쳐주지는 못할망정 공부 안 한다고 걱정하니까 문제가 되는 거잖아요.

그럼 누구의 안위예요? 자식을 위한 안위인가요, 내 자신을 위한 안위인가요? 내 자신의 안위가 없어졌기 때문에 괴로워하는 거잖아요? 자식은 절대 괴로워하지 않아요. 살다 보면 적성에 맞고, 이 일에 공부를 해야겠다 싶으면 언제든 스스로 공부합니다. 그런데도 부모는 안달복달 해서 마음을 지옥불 속에 뒀다가 찬물 속에 뒀다가 하죠. 냉탕 온탕 오가면 때는 잘 나올지 몰라도 마음의 상처는 안 지워져요. 내 마음의 때는 자식을 두고 쌓여만 가요. 착이 생겼기 때문이에요.

'내 자식이 스스로 마음을 키우고 그릇을 넓히는 과정이구나.

부처님, 감사합니다. 나는 그런 것도 모르고 어떡할까 고민하고 힘들어했습니다. 부처님, 오늘부터 그것을 참회하겠습니다.'라는 생각을 가지세요. 아드님이 정말 멋집니다.

겸손하고 순종하며 따르면 믿음이 완성된다

수희공덕품隨喜功德品

이 작은 나라에서도 한쪽은 국지성 호우 때문에 피해가 많이 나고, 또 다른 쪽은 가뭄 때문에 고통 받으며 살아요. 뜨거우면 뜨거운 대로 힘들고, 비가 많이 오면 비가 많이 와서 힘들죠. 적당한 게 좋다는 것이 부처님의 가르침인 중도中道거든요. 이 중도를 지키며 산다는 게, 무게중심을 잡고 살아간다는 게 굉장히 어려운 일인 것 같아요.

저는 「수희공덕품隨喜功德品」을 따르고 순종할 때 믿음이 완성된다는 취지로 보았습니다. 우선 수희隨喜란 따르면서 기뻐하는 공덕이라는 뜻이에요. 좋은 일을 시킬 때는 따르고 기뻐하죠. 하지만 조금만 싫은 걸 시켜도 인상부터 바뀌잖아요. 좋은 것은 기쁜 마음으로 따르고 싶은데, 따르기 싫은 것을 따르라 했을 때 지옥이 따로 없잖아요. 불자들은 부처님을 잘 따라야 해요. 부처님을 믿고 의지해서「수희공덕품」처럼 기쁜 마음으로 즐겁게 따를 때 가피라는 결과를 맛볼 수 있어요. 따르지 않으려고 하니 문제가 되는 거죠.

초하루 법회다, 보름 법회다, 관음재일 법회다 하면 절에 와서 열심히 따르고 같이 법문도 듣고 부처님께 기도도 하고 참회도 하고 발원도 하면 되는데, 그것 하기 싫어서 무늬만 불자예요. 부처님오신날 등 하나 켜는 불자가 있고, 동지 불자가 있고, 백중 불자가 있고, 일년에 한두 번이 고작이죠. 내가 믿고 의지하고 따르고 순종할 때 가피라는 것도 받고 부처님의 품속에서 충만함을 느끼고 살아갈 수 있는데, 일년에 한두 번 가서야 뭐를 주고 싶어도 주겠느냐 이거죠. 음력대로 살아가는 거죠. 음력대로 사니까 믿고 의지하고 따르고 기뻐하는 공덕 없이 내 멋대로 사는 거란 말이에요.

내 멋대로 사는 것은 오욕락이에요. 즐거움을 쫓아가는 거죠. 즐거우면 가고 즐겁지 않으면 안 가요. 잔칫집에는 잘 가지만 초상집에는 가기 싫죠? 생자즉필멸生者則必滅이라, 사람은 다 죽게 되어 있어요. 그것이 성주괴공成住壞空의 이치인데도 그것은 싫죠. 나쁜 것은 싫고 좋은 것은 다 내 것이고, 이렇게 살다 보니 자기 음력대로 추구하는데, 그게 뜻대로 됩디까? 즐거움을 취하고자 하지만 결국은 괴로움에 빠져서 허덕거려요. 결국은 내가 가지려고 하는 마음이 충족되지 않으니까 화가 나고 원망심이 나와요. "당신 같은 인간을 만나서 내 한평생 이렇게 산다. 당신이 나한테 해준 게 뭐 있어?" 다 나오잖아요. 그러면서 스스로 자학을 하는 거예요.

어릴 때는 누구나 백마 탄 왕자를 꿈꾸죠. 나이가 들어서도 나한

테는 백마 탄 왕자가 있을 것이다 속으로 착각들 하고 살아요. 늘
현실은 따라주지 않고 이상은 아직도 저 위에서 헤매고 있으니까
그 격차에서 오는 괴리감 때문에 괴로워하다 우울증이 오고 원망
심이 생기고, 스스로 거기에 빠져서 못 살겠다는 소리가 나오는 거
예요. 즐거움과 욕망을 쫓아서 성취되길 바라는 게 사람 마음이에
요. 그래서 그런 내가 오욕락의 마음을 들여다보고 하나씩 하나씩
잡아들이는 것이 부처님의 가르침이에요.

　사람의 기운은 양의 기운이고 귀신의 기운은 음의 기운이에요.
낮의 기운은 양이고 밤의 기운은 음이죠. 역사는 밤에 이루어진다
고 하잖아요. 전부 귀신 짓을 하는 거예요. 도전하는 마음이나 진취
적인 생각을 갖고 밝은 미래를 봐야 하는데, 늘 어둡고 음침한 생
각들을 해요. 그게 들키지 않은 것 같아도 내 모습에서 이미 들키
게 돼 있어요. '이 사람은 오늘 근심이 있구나.', '저 사람은 무슨 즐
거운 일이 있나?' 얼굴만 봐도 생각하는 게 나타나는 거예요. 『법화
경』을 공부하면 그런 걸 알아차릴 수 있어요. 법화행자로서 열심히
수행하면 내가 부모님에게 몸을 받았지만 이 받은 몸과 정신을 가
지고도 눈으로도 알고 귀로 들어 알고 입으로도 맛을 보고 알고 몸
으로 느낌을 아는 거예요. 우리의 삶 자체가 함축되어서 모든 것을
드러낸 것이 『법화경』이에요.

　우리의 삶을 어떻게 살 것인가, 그 내면을 통찰력 있게 밝혀낸 것
이 법화행자로서 사는 삶이라고 볼 수 있어요. 『법화경』은 2,500년
전에 영산회상에서 부처님이 설법하신 말씀이지만, 오늘도 이렇게
들여다보면 너무 현실적이에요. 하나하나의 중생심을 일일이 들춰

냈다고 봐도 돼요. 그래서 이것에 대한 집착심이나 욕망이나 즐거움 등을 가리키면서 고집멸도苦集滅道를 상세하게 『법화경』에 설해 놓은 거예요. 우리가 믿고 의지하고 따르지 않으니까 그 가피를 당연히 입을 수 없는 거예요.

「수희공덕품」은 믿고 의지하는 공덕이 엄청나다는 이야기를 하고 있어요. 지금 이렇게 『법화경』을 함께 이야기할 수 있다는 것만 해도 벌써 굉장한 공덕이 생긴 거예요. 그래서 다음 세상에서는 인간세상이 아니라 제석천이나 전륜성왕으로 태어나요. 전륜성왕이나 범천이나 제석천왕이 될 수 있는 길을 열어준 거예요. 이 「수희공덕품」 하나로 중생의 기운을 가지고 살아가는 일이 다시는 없을 수 있다는 거예요. 그렇게 믿고 의지하고 기쁜 마음을 내세요.

부처님이 미륵보살에게 한평생 중생들을 위해서 보시하고 승단에 들어서 스님들도 시봉한 공덕이 얼마나 되는지 물으니까 미륵보살이 "헤아릴 수 없는 공덕이 있습니다."라고 했어요. 그런데 『법화경』「수희공덕품」을 듣고 전해서 오십 번째 듣고 환희심을 내고 다음 사람에게 전하는 공덕이 더 크다고 했어요. 일평생 돈으로 물건으로 모든 것을 다 보시한 공덕보다 오십 번째 듣고 광선유포하고 기쁜 마음으로 다른 사람에게 전한 그 공덕이 더 크다는 거죠. 그래서 다음 생에는 범천이나 제석천이나 전륜성왕이 되어서 상락아정하는 거예요. 그만큼 좋은 일이 일어날 수 있다는 거예요. 일생 동안 이 경전을 제대로 전하고, 스스로 『법화경』을 사경하거나 수지 독송하거나, 많은 사람에게 보시를 한다면 그 공덕은 엄청난 거예요.

부처님이 수많은 경전을 말씀하셨지만, 『법화경』에 와서는 이것 밖에 없다고 단정을 지은 대목이 많이 나와요. 밤의 기운은 음의 기운이라면 낮의 기운은 양의 기운이고, 여자의 기운은 음의 기운이라면 남자의 기운은 양의 기운이죠. 사람의 기운은 양의 기운이라면 귀신의 기운은 음의 기운이라 하죠. 이 귀신을 가지고 여타 종교에서는 엉뚱한 소리를 해요. 귀신이 어디에 있는지 가만히 생각해 보세요. 꿈에 돌아가신 할머니를 봤다면 오늘 조심해야 한다고 당부하잖아요. 살아생전에 복력 있고 잘살던 할머니가 보이면 재수가 있다고 생각하겠죠. 반대로 못살고 어렵고 괴팍하던 할머니가 꿈에 보였다면 하루 종일 진짜 조심할 거예요.

그런데 귀신의 기운이라는 것도 내가 가지고 있고, 부처의 기운도 내가 가지고 있는 거예요. 내 마음에 나쁜 마음은 귀신의 기운이죠. 나쁜 마음은 드러내 놓을 수 없잖아요. 악한 마음이나 남이 안 되길 바라는 마음이나 질투하는 마음은 드러내 놓을 수 없으니까 속으로 욕하잖아요. 나쁜 기운으로 알아차리지 못하는 이야기를 할 때도 내면에 있는 악한 기운을 발설하지 못하니까 그게 음의 기운, 즉 귀신의 기운이에요. 사람으로 살면서 착한 일과 나쁜 일을 구분하고 스스로 좋은 일을 하려고 하고 이웃을 한번이라도 들여다보려고 생각하고 껴안으려고 애쓰는 마음이 사람 마음이에요. 잘되는 쪽을 자꾸 생각하잖아요.

악한 마음이 들 때는 자식을 깨울 때도 그냥 일어나라고 해도 되는데 "저놈은 아직도 안 일어나고 뭐 하냐? 누구를 닮아서 만날 늦잠이냐?" 하고 퍼부으며 아침부터 소름이 끼치도록 만들잖아요.

자식이 일어나면 가만히 있어요? "시끄럽다. 좀!" 하고 짜증을 내면서 일어나겠죠. 그러니까 내가 음의 기운을 겉으로 드러내니까 자식도 귀신의 기운으로 되받아치는 거예요.

사악한 기운이나 악한 기운이 몸을 지배하면 몸이 아파요. 음한 기운은 사람을 차갑게 만들어요. 간담이 서늘해지고 차가운 기운이 내 몸에 자꾸 돌게 하니까 몸이 아프게 되는 거예요. 잘못된 생각이나 저주하는 생각이나 악한 마음 때문에 자꾸 내 몸이 아픈 거예요. 불평불만이 많고 고민이 많은 사람일수록 집안에 들어가면 아프고 집 밖에 나오면 바쁘고 이런 거예요.

음한 기운이 많을수록 철학관이나 무당집에 가서 물어 보는 경우가 많아요. 귀신과 귀신은 통하니까 그런 곳에 가서 의지하는 거죠. 그러면서 '그 말이 맞겠지.' 하고 중독이 되는 거예요. 그런데 나한테 좋은 말 하는 사람이 다 좋던가요? 제비가 좋은 말 해주면 그것도 좋아요? 꽃뱀이 좋은 말을 해줘도 좋은가요? 좋은 말이 다 좋은 것이 아닐 때도 있어요. 좋은 말이 때에 따라서는 독이 되기도 해요. 제비나 꽃뱀의 감언이설에 넘어가서 집도 재산도 다 바치는 사람도 있잖아요. 결국은 사단을 내는 일이에요. 잘못된 내 마음에서부터 음력의 기운, 즉 귀신의 기운을 많이 썼을 때 나타나는 현상들이에요.

용하다는 데 가서 자꾸 물어 보고 중독이 되니까 안 가고는 궁금해서 안 되잖아요. 부처님은 그런 말에 현혹되지 말라고 하셨어요. 좋아 보이고 나에게 잘 맞춰주고 귀신같이 봐주니까 자꾸 가는 거죠. 그런데 그 기운이 부처님과 같은 양의 기운을 가지고 그 사람에 대한 행·불행을 감별해주는 건 아니에요. 음한 기운이 동했을 때 그런 데 가게 돼 있다는 거죠. 그 기운이 계속 축적이 되면 아픈 사람은 더 아파지는 거죠. 마음이 몸을 작용시키는 거예요. 자꾸 숨기길 좋아하고 혼자 있기를 좋아하고, 심해지면 정신병이라고 하잖아요. 내가 음한 귀신의 기운에 빠져 살았다는 거예요.

득실을 따져 봐서 잃은 것보다 얻은 게 많으면 가지 말라고 해도 또 가겠죠. 마음에 의지한 바가 더 많으면 또 가요. 그런데 스스로 '아차. 이게 아니구나. 내 마음을 바꿔야 하는구나. 내 내면에 갇혀 있는 나쁜 기운이구나.' 하고 들춰내면 그 길로 바로 밝은 기운이 되어 버려요. 적어도 사람의 기운으로 살면 도리를 하게 되는 거죠. 부모로서 도리도 하고, 자식으로서 도리도 하고, 사회 구성원으로서도 도리를 하게 돼요. 근데 그렇게 지켜지기가 쉽지 않아요. 그래서 왔다갔다해요. 적어도 이 기운 저 기운 왔다갔다하는 건 그래도 사람의 기운이 많게 사는 거예요.

우리가 법화행자로서 『법화경』을 함께 논하고 「수희공덕품」을 따르려고 생각하고, 부처님의 가르침에 기뻐하고 부처님 자식으로 살겠다는 서원을 세우고, 참회하고 발원했으면 그것은 부처로 사는 거예요. 귀신도 내 마음이요 사람도 내 마음이요 부처도 내 마음이에요. 내가 어떤 마음을 쓰고 사느냐에 달렸어요. 극락도 지옥도 내가 만드는 거예요. 부모님으로부터 받은 육신의 몸으로 내 알음알이대로 살아가는 거지, 거기에 누가 뭐라 해도 안 듣잖아요. 음력이 많이 작용하는데 이것을 조금이라도 바꿔 보세요. 내 습관과 버릇을 부처님의 습관과 버릇으로 들였을 때, 그때부터 부처님의 유전인자가 내 몸에 흐르게 돼 있어요. 그렇지 못하니까 계속 중생의 음력대로 돌아가서 때로는 성인으로, 때로는 짐승으로, 때로는 신사로, 때로는 치한으로, 때로는 성직자로 변하고, 때로는 울고 때로는 웃는 거예요.

내 마음의 가지가지는 알고 보면 내가 지은 거예요. 벌집을 살펴보면 들고나는 구멍이 한 구멍이에요. 그러면 그 속에 집을 짓는데, 오만 망상의 집을 짓건 선량한 집을 짓건 휘황찬란한 집을 짓건 내 생각 속에 있어요. 그것을 드러내 놓고 성인으로도 짐승으로도 둔갑하고, 이렇게 우리는 끝없이 이미 지구가 생성될 때부터 상주하고 존재한 거예요. 한 줌의 흙이 미래의 내 몸뚱아리인 줄 알고, 한 점 바람이 내 몸뚱아리인 줄 알고, 시원하게 흐르는 물이 내 몸뚱아리인 줄 알라고 했어요. 지·수·화·풍 사대로 이루어진 이 몸뚱아리는 벗어던지고, 본래의 내가 귀신의 행동을 하는지 사람의 행동을 하는지 성인의 행동을 하는지 아니면 짐승으로 둔갑을 하는지를 관해 보라는 거예요.

내 마음을 잘 관해 보면 음의 기운 귀신의 기운이 많이 있을 때는 외부에 들어온 기운이 아니라 내 스스로 귀신짓을 해요. 배도 아팠다가, 머리도 아팠다가, 어깨도 결렸다가, 속도 불편했다가, 울었다가 웃었다가 하는 것이 귀신 노릇이잖아요. 이런 것을 스스로 알아차려서 사람의 도리를 하다가 부처님을 만나서 부처의 도리를 하면 이고득락할 수 있어요. 아픈 데도 없어지고, 날마다 즐겁고 좋은 일만 자꾸 생기는데, 괴롭고 힘든 일에 연연할 필요가 없죠. 이런 것을 알고 살면 부처님 복은 저절로 내게 옵니다. 부처님의 습관과 버릇이 내 버릇이 되니까 행주좌와 어묵동정의 모든 것이 부처님을 닮는 거예요. 부처님의 자식이니까 부처님 안 닮은 곳이 없는 거죠. 이렇게 생각하고 살아가면 우리 마음속에 딴 것이 없어요. 내가 귀신의 마음인지 사람의 마음인지 부처의 마음을 쓰는지를 알아차려서 부처님의 법에 기뻐하고 따르고 제대로 의지한다면 이루지 못할 일이 없고 두려울 것이 없는 거예요.

남이 내 돈만 좀 만져도 가져갈까 싶어 가슴이 콩닥콩닥하고, 몇 개 안 되는 보석은 장롱에 깊이 숨겨 놓고 살면서 자린고비처럼 인색하고 부처님께 가서 공양 올릴 줄도 몰라요. 절에 와서 '부처님, 제가 오늘은 보시금을 얼마 못 가져 왔습니다. 어쨌든 건강과 안락과 모든 행복이 부처님의 것입니다.'라고 생각하고 보시해야 하는데, 천 원 넣고서 천만 원 벌게 해주세요 하니 도둑놈도 그런 도둑놈이 없어요. 이렇게 살면 안 됩니다.

진실로 부처님을 위해 보세요. 관세음보살님은 무진의無盡意보살이 준 진주영락 보배를 부처님께 공양했는데, 그런 마음으로 부처님 공양해 보셨어요? 내 스스로 어떤 마음을 쓰고 사느냐, 그 다음에 주인 도리 할 줄 알아야 해요. 주인 도리 못하고 사니까 만날 객이 되어서 여기저기 삐죽거리고 기도 못 펴고 살아가는 거예요. 어디 가서도 주인 도리 하세요. 정성껏 기도하고 내 몸과 마음을 다 바쳐서 부처님을 위할 때 따르는 기쁨 속에서 부처님의 자식으로 사니까 가피를 받고 살아갈 수 있어요.

내가 귀신의 마음을 쓰는지 사람의 마음을 쓰는지 부처의 마음을 쓰는지 스스로 가늠하고, 내가 마음 보따리를 잘못 썼구나 하고 참회하면 저절로 나아요. 인간살이 별것 없어요. 내가 내 모든 것을 믿고 맡길 때 우리의 살이가 밝아지고 부처님 살이로 발전하는 것이지, 인위적으로 변화를 준다고 변화되는 것은 아니에요. 얼굴 고치고 화장하고 연지 곤지 찍어도 7억분의 1이라는 나 하나의 명품을 오히려 망칠 수도 있어요. 진짜 명품은 나 자신이에요. 명품에 속지 말고 의사에 속지 마세요. 내 부모님이 만들어준 그 얼굴이 제일인 줄 알고 사세요. 그럴 돈 있으면 부처님 전에 공양하고 찬탄하고 예경하는 것이 불자의 도리예요. 그러면 음력을 버린 자리가 부처의 자리로 바뀌는 거예요. 기뻐하고 따르면 반드시 그 공덕이 있다고 했어요.

법/화/상/담

Q. 특별히 마음에 상처 받은 것도 없는데, 요즘 들어 오후만 되면 가슴이 벌렁거리고 좀 우습다는 생각이 자꾸 듭니다.

불안하고 초조하고 긴장하고 외로워하고 힘들어하죠. 여성들이 49세가 넘으면 폐경이 시작된대요. 폐경이 오면서 불안이나 우울증이 올 수도 있어요. 또 오전은 양의 기운이고, 오후는 음의 기운이에요. 내 기운 자체가 음의 기운에 가까워질수록 말이 없어지고, 재밌는 것이 없어지고, 입맛도 떨어지고, 잠도 안 오죠. 그럴 때 부처님 앞에 절이라도 해보세요. 그러면 그런 증상이 사라지고 마음이 후련해져요. 내가 믿고 맡긴 후에는 아무 일도 일어나지 않는다는 생각이 들어요. 그만큼 내가 편안해질 수 있는 길이에요.

내가 지금 나이도 이만큼 먹었는데 해놓은 것은 없고, 노후 준비는 안 되어 있고, 자식을 봐도 답답하고, 앞으로 어떨까 불안해서 조바심이 생기고 가슴이 답답해지는 거예요. 답답할 때 한숨 푹푹 쉬죠? 한숨 쉬는 동안에 될 일이 없어요. 습관과 버릇이 먼저 우주의 그 기운은 알아차리고 있어요. 옛날에 어른들이 귀한 자식일수록 못난이라고 불렀어요. 귀신이 샘낼까봐 그런 거죠. 내 마음의 괴로움이 자꾸 중첩 되고 어려움이 자꾸 현실의 불안감으로 증폭될 때 내 본연 자성은 더 빨리 알아차린다는 거죠.

그것을 벗어던지는 방법이 아침마다 거울을 보고 웃어 보세요. 점심 때 밥 먹다가도 웃고, 저녁 때 오늘도 하루를 잘 보냈으니 감사합니다 하고 또 웃는 거예요. 그러면서 스스로 긍정적인 생각을 가지고 나에게도 발전할 수 있는 미래가 있다는 생각을 가지고 믿음에 의지해서 노력하면, 나이가 들어 여자로서의 인생은 끝났다가 아니라 제2의 인생을 살아가는 거예요. 또 다음 생이 있으니까 다음 몸을 받을 때는 더 나은 삶을 제대로 누리겠다고 기도하기 바쁜 나이예요. 오십만 넘으면 저승 보따리 챙기라고 했어요. 잘 챙겨 둬야 해요. 안 챙기니까 불안하고 문제가 되는 거예요.

일용할 양식에 내 믿음을 맡길 것이 아니라 내 진실된 믿음을 부처님 앞에 가서 의지하고 발심해서 다음 생에 더 바람을 받으세요. 또 남아있는 생도 더 즐거움을 가지고 노력하려는 마음이 음력이 원력이 되어 양력으로서 다시 시작되는 거예요. 그러면 분명 우리의 삶이 부처님의 가피대로 정말 잘 살아갈 수 있어요. 걱정 마시고 긍정적인 마인드로 바꿔 보십시오. 그러면 분명히 좋아지는 것이 있습니다. 음력에 속아서 사니까 그런 현상이 오는 거예요.

「수희공덕품」 게송을 읽어 드리겠습니다.

만약 일부러 승방에 가서
『법화경』 법문을 들을 때
잠깐만 듣고 기뻐하여도
그 복덕을 내가 말하리라.

다음 세상에 천상과 인간에 나서
좋은 코끼리와 말의 수레와
보배로 꾸민 연輦을 가지며
하늘 궁정에 오르게 되리라.

법문을 설하는 곳에서
사람을 권하여 듣게 한다면
이 인연으로 복덕으로
제석천·범천·전륜왕이 되리라.

하물며 일심으로 듣고

그 뜻을 해설해주고
설한 대로 수행하면
그 복덕은 한량이 없으리라.

바른 생활과 바른 믿음이 공덕을 낳는다

법사공덕품法師功德品

법사의 공덕이라는 것은 제 이야기를 하는 것 같아서 기분이 좋으면서도 한편으로는 마음이 무겁습니다. 이렇게 『법화경』을 함께 한다는 것은 육식六識의 공덕이 얼마나 큰지를 이야기해 보려고 합니다. 저는 이것을 바른 생활과 바른 믿음이 공덕을 낳는다고 생각해요.

그럼 어떤 생활이 바른 생활이냐? 바로 믿음이 바른 생활이란 말이죠. 마찬가지로 가정의 질서가 잡히려면 바른 생활이 질서가 잡히는 거예요. 나부터 아내의 자리에서 바른 생활을 하고, 자식이면 자식의 바른 도리를 하고, 남편이면 남편의 바른 생활을 하며 한 가정의 바른 생활이 되었을 때, 사회도 바른 생활이 되고 국가도 바른 생활이 되는 거죠. 바른 생활이 안 되니까 부조리가 생기고, 비리가 생기고, 말이 많아지고, 네가 잘 났네 내가 잘났네 소리하는 거예요.

바른 생활이라는 것 자체가 바른 믿음으로 가져오면 그것이 바른 믿음이 되고, 가정생활을 잘하면 그게 바른 생활이 되고, 직장생활을 잘하는 것이 바른 생활이 되는 거예요. 과연 내 자리에 얼마나 엄마로서 바른 생활을 하고, 아버지로서 바른 생활을 하고, 자식으로서 바른 생활을 하고, 사회 구성원으로 바른 생활을 하고, 전체가 바른 생활을 하느냐에 따라 그 가정이 밝아지고 그 직장, 그 사회가 밝아지는 거예요. 나는 오만 나쁜 생활을 다 하고 있는데 내 생활이 바른 생활이라고 이야기할 수 있겠어요? 요즘은 더러운 생활을 하면서도 자기는 바르다고 항변하는 사람이 많아요. 21세기는 자기 PR시대라 하니, 더러운 생활을 하면서도 그것을 자랑하려고 해요. 이게 잘못된 거예요.

바른 신행생활은 어떤 것이냐? 부처님을 믿고 의지하고 부처님의 법에 의지해서 정말 부처님의 자식으로서 진실된 믿음으로 노력했을 때, 그것이 바른 믿음이고 바른 생활이 되는 거예요.

「법사공덕품」 역시 그런 거예요. 법화행자란 『법화경』을 믿고 행하는 부처님의 자식이라는 소리예요. 그런데 거기에 정말 잘 봐야 할 것이 있어요. 법사 스님이 의복을 갖추고 가사를 수하고 하지만, 예를 들어 옷이 이렇고 저렇고 소리 하는 게 아니에요. 그 스님의 겉옷을 갖고 이야기하지 마세요. 정말 그 스님의 법의法衣가 정말 잘 갖춰졌는지를 보고 평가해야죠.

부처님은 시체를 쌌던 분소의糞掃衣를 그냥 툴툴 털어서 물에 빨아서 그거 하나 걸치셨어요. 지금도 티베트 스님들은 분소의처럼 하나의 천으로만 몸을 감쌌어요. 우리나라는 그래도 스님들이 가사도 입고 장삼도 입고 있는 옷에 기준을 두고 있죠. 사회가 물질주의로 흘러간다고 스님들도 거기에 편승해야 합니까? 스님의 옷을 볼 게 아니라 스님의 법의를 보세요. 그 스님이 어떤 생활을 하고 어떻게 살아가는지를 보세요. 우리가 스님들을 칭송할 때는 삼보로서 칭송하는 거지 옷이 아니잖아요. 옛날 원효 성자도 그래요. 누더기 옷을 걸치고 민중 속으로 뛰어들어서 불교를 함께 하고자 했을 때 불교가 꽃을 피웠습니다.

그런데 지금은 불교의 세대가 끊어졌어요. 절마다 전부 노보살님들만 앉아 계시잖아요. 왜 이어지지 못하고 있느냐? 여러 스님과 불자들이 각성해야 할 부분이에요. 스님들도 정말 불종의 싹을 계속 틔울 수 있도록 아이들이 초등학교에 들어가기 전부터 부처님과 접할 수 있는 기회를 만들어줘야 해요. 보살님들도 마찬가지예요. "내가 절에 가서 기도할 테니 넌 돈만 내놔라." 하지 말고, 자식 며느리 손을 잡고 절에 와서 함께 법문 들으세요. 절이라고 하면 전부 노보살님들만 가는 곳으로 생각해요. 종교가 이래서는 안 됩니다.

법식法式도 물론 중요하지만 정말 간절하게 염원하고 기도하고 부처님과 함께 하고자 하는 마음을 가지고 저 스님이 어떤지 그걸 보라는 거죠. 옷은 조금 흐트러질 수도 있지만, 법의는 흐트러지면 안 된다는 거죠. 「법사공덕품」이란 것은 잘못된 것을 잘못되었다고 분명히 짚고 이야기할 필요가 있다는 거예요. 스님들을 삼보로서 외경하고 불자로서의 도리를 다하며 당연히 만대유전될 수 있도록 불교를 홍포하는 것이 불자의 도리고 불자의 바른 생활이라고 할 수 있어요. 대 끊어진 뒤에 무엇을 하겠어요? '둘만 낳아 잘 기르자.', '둘도 많다 하나만 키우자.' 하다가 결국은 요즘 머리 깎을 스님이 없어요.

제대로 된 불교를 보고 마음을 제대로 관할 줄 아는 불자가 되어야 해요. 그 다음에 부처님의 법을 지키고 부처님의 법을 서사차경하고 해설하고 광선유포하면서 상생하는 불교를 만들자는 거예요. 절마다 법문 하시면서 대중들과 함께 하고자 노력하는 스님들께는 당연히 박수쳐 줘야죠.

박수는 치면 칠수록 건강해져요. 양의 기운이거든요. 양의 기운이 충족될수록 몸이 가벼워져요. 반면 음력이 자꾸 충족되면 몸이 무거워져서 아침에 물 먹은 솜처럼 일어나기도 힘들어요. 그런데 자꾸 이렇게 생기를 불어 넣어서 몸도 마음도 가벼워지면 그 가벼워진 자리에 부처님의 진리를 심는 거예요. 스스로 불자로 살아가고 바른 생활을 한다는 것이 결국 이고득락하는 거예요.

너도 나도 같이 성불하자는 것이 대승법이에요. 자리이타는 나도 이익되고 남도 이익되는 거잖아요. 그래야 함께 공존할 수 있는 거예요. 그와 같이 주변을 따뜻하게 보듬어주고 불쌍하고 힘든 사람들을 수용해주는 것 또한 방생이에요. 민물고기 몇 마리 사서 바다나 강에 방생하는 게 다가 아니에요. 생활 속에서 세제 조금 덜 쓰고, 음식물 쓰레기 조금 덜 버리고, 오염된 물질 덜 배출하는 자체가 다 방생이에요. 제일 큰 방생은 인간 방생이에요. 어렵고 힘든 사람을 거둬주고, 먹을 것이 없는 사람 먹여주고, 일하도록 만들어주는 거예요.

그런데 습이라는 게 참 무서운 거예요. 받던 사람은 받던 것에 습이 되어 안 주면 성질내잖아요. 그래서 사회복지를 너무 잘 해놓으면 사람들이 일하려 하지 않아서 문제예요. 일을 하고 살아야죠. 너무 안 움직이고 받아먹기만 좋아하면 건강부터 망쳐요. 옛날부터 가마를 타고 다니는 사람은 요절하고 가마꾼은 오래 산다잖아요. 그만큼 움직여야 됩니다.

많은 것이 좋다고 이야기하지만 많은 것이 좋지 않을 때도 있어요. 우리 같은 서민들은 부족한 것에 한이 많아서 잘 먹고 살았으면 좋겠다, 차 한 대 있었으면 좋겠다, 자식들이 달라고 할 때 펑펑 주고 살았으면 좋겠다 하죠? 필요할 때 쓰고 살았으면 좋겠는데, 그러지 못해서 힘들어하잖아요. 그래서 일확천금의 기대를 가지고 토요일이면 복권집 앞에 줄을 서요. 그런데 서민들이 그 기대를 한꺼번에 충족해 버리고 나니까 그것도 몹쓸 병이 생겨요. 어제까지 그렇게 죽고 못 살던 집사람이었는데 이혼서류에 도장 찍잖아요.

제일 건강하고 믿음 있고 마음에 상처 안 주고 제대로 살아갈 수 있는 가정이 일부일처제예요. 한 여자가 한 남자를 만나서 한평생 해로하면서 신맛·단맛·쓴맛 다 보고 사는 게 인간으로서 수행하기 좋은 거예요. 거기에 의지가 되지 않기 때문에 절에 가서 진짜 자성을 만나려고 애를 쓰고 부처님 앞에 절을 하면서 소원도 빌고 가피도 입으려고 하는 거죠. 인간답지 못하면서 돈 수억 갖고 있다고 잘 사는 거 아니에요. 돈 가지고 나쁜 짓 하고 다른 사람도 하시하면 사람 안 된 거죠. 소박하게 살더라도 근심만 없었으면 좋겠고, 걱정 없으면 좋겠고, 바라는 것 한 가지 이뤘으면 좋겠고, 알고 보면 너무 작고 소박한데 그것 이루는 데 한평생이 걸려요. 그걸 한번 해보겠다고 죽어라 노력하다가 늙고 병들고 죽음만 기다리는 거예요.

시장에서 산 만 원짜리 옷은 떨어지면 미련 없이 버리죠? 그런데 비싸게 산 명품은 흠집만 나도 난리가 나잖아요? 그런데 알고 보면 가짜예요. 이래도 속고 저래도 속고 인간사는 속고 사는 거예요. 그런데 부처님만은 절대 속이지 않아요. 진리의 당처는 속임이 없어요. 낱낱이 중생의 근기에 맞춰서 말씀해주셨고, 거기에 맞춰서 실천수행만 하면 큰 이익과 복이 절로 굴러 와요.

그런데 불자로서의 도리와 바른생활이라는 것이 말 한번 하기도 굉장히 어려워요. 칭찬하는 말은 아끼지 말고 쉽게 하세요. 열 가지 중에 한 가지만 잘해도 그걸 칭찬해주세요. 말 한마디라도 자꾸 좋은 점을 찾아서 칭찬해주면 정말로 우공이산 하듯이 산도 옮길 거예요. 남편이 힘들어하고 술 마시고 늦게 들어와요. 그러면 '내가 챙겨주는 게 부족했나, 너무 푹 퍼져 있었나?' 이런 것을 생각해 보세요. 남편으로서 섬겨주세요. 좋은 소리 많이 해주세요. 못을 하나 치더라도 "당신 없었으면 내가 어떻게 할까? 당신밖에 없어." 이런 식으로 칭찬해주면 자연히 우쭐거리게 되죠. 어쨌든 밖에 나가서 상사에게 눌리고 아래에서는 치고 올라오고, 중간에서 어쩔 줄 모르고 사는 사람들이 많아요. 가장에게 기를 불어넣어주세요.

그리고 사람마다 각자의 스타일이 있는 거예요. 남편 앞에서 내

장점을 부각시킬 줄 아는 그런 여성이 되어야 해요. 자식 앞에서는 신사임당 스타일이 되어도 좋겠죠. 절에 오면 진실로 귀의하고 참회하는 스타일이 필요해요. 부처님 앞에 자신의 잘못을 참회하고 각오를 되새기는 참불자의 스타일이어야 해요.

육신의 몸은 부모님으로부터 물려받았지만, 이 몸으로도 부처님의 『법화경』을 가지고 강설하고 기도를 많이 하면 귀에 스타일이 생겨요. 어떤 스타일이냐? 아귀지옥부터 유정천까지 이 귀로 듣지 못할 일이 없다고 했어요. 옆 사람이 내 욕하는 소리만 들리는 게 아니라, 정말 아귀세계의 소리부터 유정천 세계의 소리까지 내 눈으로 볼 수 있고 내 귀로 들을 수 있고 내 입으로 맛을 느낄 수 있고 내 코로 냄새를 맡을 수 있는 거예요. 내 육식六識을 이야기하는 거예요. 내 몸으로 그런 느낌을 받을 수 있어요.

도가 터져야만 도 터진 소리를 하는 게 아니라 이와 같이 『법화경』을 의지하고 귀의해서 부처님 가르침대로 하다 보면 육신통이 터지지 않아도 육식 육처가 모두 살아있어요. 그래서 아귀세계부터 유전청까지 소리를 듣고 보고 알 수 있고 느낄 수 있는 것이 「법사공덕품」이에요. 사실은 부처님을 믿고 의지하고 『법화경』을 수지 독송하면 센스가 생기는 거예요. 요즘 운전하시는 분들 네비게이션이 없으면 꼼짝도 못하는 세상이죠. 네비게이션이라는 것이 '어디서 왼쪽으로 가십시오, 오른쪽으로 가십시오.' 그러잖아요. 그와 같이 감지기가 작동을 해야 해요. 육식 육처가 다 감지기가 되어 아귀세계부터 유정천까지 전부 감지할 수 있는 그런 성스러운 몸이 되는 거죠. 내 습관과 버릇 때문에 그 감지기를 작동 못해서 스마트폰 꺼지듯이 내가 꺼져서야 되겠어요? 자꾸 훈습하고 노력하세요.

내 마음속에 있는 내 남편의 단점이 열 가지도 넘지만 한 가지의 장점은 분명히 있다고 생각하고 그 장점을 자꾸 찾다 보면 평강공주가 바보 온달을 장군 만들듯이 하는 거예요. 다 만들어진 장군이 오기를 바라지 말고, 내 옆에 있는 바보 온달을 장군 만들 생각 하고 살아 보세요. 내 남편이 강물에 노는 물고기고 내가 산천에서 흐르는 물이라면, 그냥 강까지 흘러가세요. 그 강에서 노는 물고기는 천 리를 가든 만 리를 가든 강물 속에 있는 거예요. 그럼 내 속에 있는 거죠. 내 남편이 바다에 노는 물고기라면 내가 흘러서 바다에 가주면 되는 거잖아요. 오대양 육대주를 다 돌아다녀도 내 품 안에 있는 거죠. 그런데 그 좁은 그릇에 억지로 맞추려고 하면 결국 그 부부가 잘 살 수 있겠어요? 못 살죠.

적어도 「법사공덕품」을 공부했다면 내 귀가 당신의 맞춤귀가 되고, 내 눈이 당신의 눈높이에 맞춘 눈이 되고, 내 입이 당신의 입맛에 맞춘 입이 되고, 내 몸의 느낌이 당신을 맞춘 느낌으로 만들어져서 당신을 일등 남편으로 만들어 보겠다 마음먹어 보세요. 늦었다 생각하지 말고 지금이라도 해보세요. 그래서 내 남편에게 용기도 주고 힘도 주고, 바보 온달을 길들여서 장군 만들어 보세요. 대신 '이것은 하고 저것은 하지 말아라.' 하면 절대 큰 사람 못 만들어요. 그런 사람치고 끝까지 부부로 사는 사람 몇 안 됩디다.

내 몸뚱아리를 너무 사랑하고 집착이 많은 사람은 '고장 난 벽시계는 멈춰 섰는데 저 세월은 왜 고장도 없나.'라는 유행가 가사와 같은 마음이죠. 그것보다는 영원을 노래할 수 있는 것이 바로 『법화경』입니다. 흘러가는 세월을 안타까워하고 가는 세월에 늙는 내 몸뚱아리 안타까워할 것은 하나도 없어요. 부처님의 법을 잘 듣고 실천하고 수행하는 불자로서 산다면 더 좋은 세상이 보장되어 있잖아요. 걱정만 하며 몸뚱아리가 제일인 양 몸에 좋다는 것 찾아 먹으며 건강하고 편안하게 살면 그게 안락함인 줄 알지만 아니에요. 밝은 마음을 가지고 얼마나 진취적인 생각을 가지고 살아가느냐가 중요합니다. 말 한마디를 해도 보장된 말을 하고, 생각 한번을 해도 보장된 생각을 하고, 이것이 끝이 아니라는 생각을 가지고 내 주위를 돌보면서 사는 것이 눈이 떨어지고 귀가 떨어지고 코가 떨어지고 입이 떨어지고 몸뚱아리가 떨어지는 거예요. 그게 없으니까 자꾸 문둥이 콧구멍에 마늘 빼먹던 소리 하고 있는 것죠. 자꾸 내 입장에서만 생각해서 수용할 생각만 하니까 내 마음대로 안 되면 애간장이 끓는 거예요. 이것은 결코 아니라는 소리예요.

육식 중에 의식이라는 것이 완전히 끊어지면 죽은 거죠. 우리의 의식 속에 있는 모든 습관과 버릇과 기억들이 말라식 속에 있는 제8 아뢰야식 속에 함장되어 있어요. 물에다 소금을 타면 소금이 녹아서 안 보이지만 그 속에 소금이 있는 것과 같아요. 그래서 함장된 그것이 다시 내 몸뚱아리가 죽고 내 모든 것이 끝날 때 법식이 되는 거예요. 소금물이 마르면 소금이 다시 남는 것처럼 법식이 되어 음력에 따라서 육도중생 하게 되는 거죠.

잘났으면 잘난 대로 못났으면 못난 대로 각자의 모습으로 살아가고 있지만, 이것이 끝이 아니라 그 다음 생 다음 생 끝없이 살아가는 게 우리예요. 거기서 스스로 맞는 습관과 버릇을 바꿔 가는 거예요. 바른 생활을 하고 바른 도리를 하고 바른 믿음을 가지고 부처님 앞에 와서 지심정례 하세요. 내가 부처님의 자식이니까 그렇게 하는 것이 당연한 도리겠지요. 그것이 바른 생활이에요. 그렇게 하면서 내 입으로는 늘 칭찬해주고, 주위에 사람들에게 항상 기쁨을 줄 수 있는 사람이 되어야 해요. 우리의 마음속에 있는 밝음을 항상 추슬러 내면 밝은 기운이 넘쳐날 거예요. 그렇게 살면 안 될 일도 되게 돼 있어요. 그런 생각을 가지고 「법사공덕품」을 읽어 봅시다.

만약 어떤 사람이 대중 가운데서 두려움 없는 마음으로 『법화경』을 해설한다면 그 공덕을 그대가 들어라. 이 사람이 훌륭한 눈에 팔백 공덕을 얻었으니, 이렇게 장엄하였으므로 그 눈이 매우 청정하리라. 부모가 낳아준 눈으로 삼천대천세계의 안팎에 있는 미루산과 수미산과 철위산을 모두 보고 그밖에 여러 산과 숲과 강과 시내와 아래로는 아귀지옥과 위로는 유정천을 보고 그 속에 있는 중생을 모두 다 보게 되나니, 천안통이 없어도 육안으로 보는 힘이 이러하다.

불법에 의지하고 「법사공덕품」에 의지한다는 것은 우리의 육식이 바로 모든 것이 통하는 문이 되는 거예요. 그래서 지혜가 늘고 증득이 되어서 구경에는 일생성불할 수 있는 불종의 씨앗을 점점 성숙시켜 가는 과정이라고 볼 수 있습니다.

Q. 친구가 스마트폰으로 하루 종일 문자를 보냅니다. 저도 나름대로 바빠서 일일이 대답해주기도 힘이 듭니다.

𝒜 그런 사람들이 자기 일은 제대로 못 하면서 남을 간섭하려는 사람들이 많아요. 너무 많이 챙겨서 오히려 불편하죠. 내가 불안하다는 소리잖아요. 나에 대한 지나친 관심이 오히려 불안하고 힘들 때는 그 친구에게 솔직하게 이야기하세요. 나도 생활이 있고 공부도 해야 하고 자식도 키워야 되는데 지나친 것은 하지 말자고 강력하게 끊어주는 게 맞아요. 그렇지 않으면 그것이 나쁜 고리가 되어 오히려 힘들어져요. 요즘 그런 사람들이 좀 많은 것 같아요.

지나친 관심은 무관심보다 못합니다. 서로 친구로서 관심을 표현했던 문제들이 어떤 상대에게는 나쁜 고리로 걸려 들어서 내가 오히려 힘들어질 수 있어요. 아니다 싶을 때는 빨리 표현해서 정리해주는 것이 맞아요. 그렇지 않으면 그것이 점점 눈덩이처럼 커져서 나중에는 힘들어서 그냥 쳐내게 되어 또 문제가 된다는 거죠.

친구 간에도 적당한 거리가 필요해요. 생각이나 기준에 따라 관심이 지나칠 때는 거절 의사를 확실하게 보여줘야 합니다. 그렇지 않으면 그 씨앗이 계속해서 굴러가서 엉뚱한 방향으로 흐르게 됩니다. 내 마음에 불종을 심고 열심히 가꾸다 보면 옆에 잡초도 생긴단 말이네요. 잡초는 빨리 제거해줘야 합니다. 항상 경계하지 않으면 방심하고 방일한 가운데서 엉뚱한 일이 생기게 됩니다. 그렇기 때문에 항상 친구 간에도 솔직하게 표현해서 제제할 것은 제제해주는 것이 오히려 더 큰 화근을 막는다고 볼 수 있습니다.

「법사공덕품」은 내 모든 육식이 다 열린 문이 되어서 정말로 아귀지옥부터 유정천까지 다 수용하지 못할 것이 없다는 겁니다. 내 육신을 가지고 아라한과를 증득하고 성불하지 못했더라도 부모로부터 물려받은 몸으로도 알 수 있는 것이 부처님의 법입니다. 스스로 각각의 육식을 열어서 정말 어디서부터 내가 부처님의 가르침대로 살 것인지 가만히 관해 보면 될 거예요.

평소에 부모한테 서운했던 것부터 내가 귀를 열어서 들어주고 입으로 말을 해주고, 내 남편이나 주위사람들과 서운했던 것이 있다면 내 육식을 완전히 열어서 모든 것을 한방에 해결하는 시원한 청량수 같은 불법이 「법사공덕품」입니다. 늘 내 육식을 가지고 이 모든 것을 열어가는 데에 항상 곤두서 있고 늘 힘을 내서 주위를 돌본다면 부처님의 가피와 가호처럼 수용하지 못할 마음이 없습니다.

도덕적 인간 중심의 사회가 되려면

상불경보살품常不輕菩薩品

인간 중심의 사회를 만들어 가려면 어떻게 해야 할까요? 상불경보살은 부처님의 전신이에요. 부처님이 되기 전 보살로 계실 때에 "당신은 앞으로 부처 될 것입니다. 당신은 정말로 부처 될 것입니다."라고 말하며 다녔어요. 이게 결국은 인간의 본성이 부처라는 소리예요. 본래 자성이 부처인데도 미혹 중생이라 그것을 보지 못하는 거예요. 내 본래 자성을 보기 위해 선을 해라, 기도를 해라, 간경을 해라, 사경을 해라 이런 소리를 하는 겁니다.

어떻게 하면 미혹함을 걷어내고 인천의 세계에서 인간이 부처인 본성을 알 수 있을까? 21세기를 사는 우리는 바깥에서 전해지는 모든 형상이나 소리나 냄새나 맛이나 보는 대로 듣는 대로 끄달려 살아가고 있어요. 우리의 삶을 가만히 들여다보면 남편이 좋은 소리를 하면 "그래도 저 인간이 철들었네. 나한테 저런 소리를 다 하네."라고 이야기하잖아요. 오는 대로 받아들여서 거기에 감정을 실어 다시 내보내는 거예요. 우리는 그렇게 살았어요. 바깥 경계에서 일어난 모든 경계심을 가지고 안眼·이耳·비鼻·설舌·신身·의意가 받아들인 대로 살아가고 있기 때문에 음력의 삶이에요. 예를 들어 나를 칭찬하는 소리를 들으면 괜히 어깨가 우쭐하고 기분이 좋아지죠. 밖에서 오는 경계예요. 부모나 형제나 부부나 자식이나 이런 것을 밖으로만 밖으로만 내다보면서 전부 그 행위를 하는 거예요.

그런데 이렇게 살아서는 결코 음력을 면할 수 없어요. 평생을 살고 다음 생을 살고 끝없이 살아도 중생을 면하기 어려워요. 어떻게 하면 내 본성이 부처인 줄 알고 살 수 있을까요? 중생들의 삶은 전도몽상顚倒夢想된 삶이다, 꿈을 꾸는 삶이다, 물거품과도 같다 등 여러 가지로 비유를 해요. 사실 말이 필요 없는 것인데도 자꾸 말을 하는 이유가 뭘까요? 부처님은 팔만사천 가지가지 방편으로 말씀하셨어요. 사실은 일체가 끊어진 자리라는 것인데, 그 끊어진 자리에서 들여다보면 아무것도 형용될 수 없어요. 오죽하면 동그라미 하나 그려 놓고 이것이 불성이라고 이야기했겠어요. 그렇게 어렵게 잡고 학문적으로나 선으로나 기도나 간경으로 갈 것이 아니라, 생활 속에서 직접적으로 부딪쳐 이야기해 보자는 소리죠.

내가 본 것이 사실은 착각일 수도 있는데 바깥에서 오는 경계를 보고 들은 대로 내가 본 것이 맞다고 우기잖아요. 때로는 내 눈도 의심할 줄 알아야 하는데, 내가 본 것이 틀렸을 수도 있다는 생각은 전혀 안 해요. 그래서 말이 만들어지고 와전이 되고 나중에는 큰소리가 나죠. 결국 지켜보니 그 말이 그 말이 아니고, 그렇게 되면 망신살이 뻗치잖아요. 그런데 자기가 잘못해서 그런 줄 모르고, 남들은 안 걸렸는데 나만 걸린 것은 재수가 없어서 걸린 거라고 생각해요.

내가 어쩌다 교통법규를 위반했어요. 그런데 하필이면 바로 앞에 교통경찰이 서 있어요. 처음에는 "한 번만 봐주세요. 몰라서 그랬어요." 하고 사정하다가 안 되면 성질을 내죠. 그래서 바깥에서 오는 경계로 일어난 내 행위는 미화시키고 잡힌 것만 잘못된 것이고 잡는 놈만 잘못이죠. 잔소리하는 남편이 잘못이지, 듣고 앉아 있는 나는 잘못이 없는 거죠. 말 안 듣는 자식이 잘못이지, 시키는 나는 잘못이 없어요. 자기는 전부 합리화 시켜요. 세상살이 이렇게 사니까 귀가 두 개라도 기막히고 콧구멍이 두 개라도 숨 막혀 죽을 세상을 살아가고 있는 거예요.

자기는 용서를 너무 잘해요. 아무리 잘못을 해도 '그럴 수도 있지.' 하고, 다른 사람이 잘못을 지적하면 바로 받아치죠. 이렇게 해서 오는 마음의 갈등 경계로 인해서 개인주의가 팽배되어 있어요. 도덕과 윤리가 무너진 자리에 개인주의만 팽배하다 보니까 온 세상이 시끄러워 못 살 정도죠. 패륜을 저지르는 사람들도 너무 많아요. 종교가 아무리 바른 길로 가고 그것이 아니라고 이야기해도 도덕과 윤리가 없어지니까 많이 힘들고 고통스러워져요.

생면부지의 남자와 여자가 만나서 결혼을 해요. 그러면 서로의 습관과 버릇을 알겠어요? 살다 보니 남편의 습관과 버릇, 아내의 습관과 버릇을 보고 폭삭 속았네 하잖아요. 그러면서 서로 자신의 습관과 버릇대로 길들이려고 해요. 남편은 일부러 술 한잔 먹고는 큰소리치고 발길질도 하면서 공포심을 조성하는 거예요. 거기에다 육두문자를 쓰면서 이야기를 하면 처음엔 당황해서 가만히 있지만 속으로는 '저게 미쳤나?' 하죠. 입을 떼면 금방이라도 주먹이 날아올 것 같으니까 아무 소리 못하고 내 속의 화살을 쏘아대는 거예요.

그래서 의업意業이 중요해요. 의업이라는 것은 생각이 있는 업이에요. '저 인간이 죽으려고 환장을 했나?' 하면서 속에서 일어나는 생각들은 화염방사기보다 더 해요. 입 밖으로 내지 않았을 뿐, 열 마디 하면 스무 마디로 대꾸했고, 스무 마디 하면 백 마디로 대꾸했고, 자는 얼굴 쳐다보며 한 번 더 욕했잖아요. 그러면서 아침에 해장국을 끓여주는 것은 고사하고 이 기회에 이 인간이 나쁜 버릇 확실하게 고치겠다고 이틀 사흘 밥도 안 해주죠. 더 심해지면 보따리 싸서 친정에 가고 친정 부모한테 일일이 고자질하죠. 사위가 찾아오니까 "아니, 자네는 없던 버릇이 생겼나?" 해요. 없던 게 생긴 것이 아니라 있던 거예요. 그러면서 쌓이는 거죠.

처음에는 미안하다며 데리러 가고 돌아오면 한동안 잘해주죠. 내 마누라가 제일이라며 청소해주고 설거지해줍니다. 그런 일이 반복되면서 자꾸 심해지는 거예요. 한번 용서를 하면 딱 끊어져야 하는데 절대 안 끊어져요. 집안에서 새는 바가지는 집 밖에 나가도 새죠. 한꺼번에 막아지지 않아요. 우리의 음력이 한꺼번에 끊어질 것 같으면 벌써 다 성불했을 거예요. 결국은 한 번이 두 번 되고 세 번 되고 횟수가 더해지고 세월이 가다 보니까 마음에 딱지가 생겨요. 남편이라면 꼴도 보기 싫어져요. 시댁 행사나 친구 모임에도 같이 가기 싫어지는 거예요. 그래도 또 따라가주긴 하는데 그 얼굴이 좋을 수가 없죠. 우거지상을 하고 어디를 가도 나와는 이미 별개예요. 마음에 앙금이 앉을 대로 앉아서 원한이 되는 거예요. 원이 맺히고 한이 맺혀서 내 마음을 풀어낼 길이 없다 보니까 어디를 가도 재미가 없어요. 오로지 이 인간을 어떻게 할까에 맺혀 버리니까 이게 착이 되는 거예요. 그렇게 해서 풀어낼 길이 없어지고 원결이 맺힌 거죠.

자식은 또 자식대로 내 말 잘 듣고 공부 잘하고 학교 갔다 와서 학원 잘 다니면 좋을 텐데, 학원에 가라고 했더니 엉뚱한 곳에서 친구들하고 놀고 있어요. 거기다 꼭 못된 놈들하고 모여 놀죠. 그러면 자식에 대한 착이 또 맺히는 거예요.

이 모든 게 나와 상관이 있어요. 바깥에서 일어난 경계에 내가 딸려 가는 거예요. 직장에서 일을 할 때도 열에 아홉 사람은 "그래, 당신 말이 맞다." 하는데, 꼭 한 놈은 나를 찍어대죠. 열 명이 다 잘해주는 데가 없어요. 꼭 한 놈은 내 인생에 태클을 걸어요. 그러면 미워서 저주하고, 자다가도 벌떡 일어나 괴로워해요.

어디를 가도 내가 밖으로 취하려고 하는 모든 경계에서 일어나는 것은 절대 내 편만 있을 수 없어요. 상불경보살처럼 '당신은 부처 될 겁니다. 당신은 부처 될 겁니다.' 하고 정말 부처 같은 마음을 내서 인간의 근본이 부처라는 것을 알고 그렇게 쫓아다니면서 인사한다면 그 마음에 무슨 맺힌 게 있겠어요? 그런데 우리는 전부 맺히게 살아요. 살아가는 자체가 안·의·비·설·신·의 육식이 밖으로만 경계되어 촉수가 곤두서 있으니까 건드리기만 하면 쑥 들어갔다 쑥 나오는 말미잘 같은 짓을 하는 거예요. 그걸 보고 세상 놀음에 광대 춤을 춘다고 합니다.

그렇게 미워하던 사람이 없어지면 속이 시원할 것 같죠? 그런데 시원하기는커녕 뭐가 하나 빠져나간 것처럼 또 헤매게 됩니다. 이렇게 맺히게 사니까 부부간에도 한이 지고 원이 맺히고, 자식에게도 한이 지고 원이 맺히고, 부모에게도 한이 지고 원이 맺히는 거예요. 내 살아생전에 부모님께 잘 해드리고 싶었는데 돈도 없고 고생만 하다 가신 것이 한이 되죠. 그러면 7월 백중에 천도 잘해주면 돼요. "부모님, 부디 좋은 데로 가세요. 삼품삼생三品三生하고 구품연대九品蓮臺 가서 태어나십시오." 하죠. 삼품삼생도 모르고 구품연대도 모르면서 그냥 이야기하는 거죠. 말로 하는 것은 누구나 다 해요. 가슴으로, 마음으로, 뜻으로 해야 해요.

우리가 뜻으로 지은 음력이 얼마나 많습니까? 이것이 화로 나타나고, 눈속임으로 나타나고, 거짓말로 나타나는 거예요. 내가 속이다 보니 속여지지 않으니까 화를 내기 시작하는 거죠. 알고 보면 전부 나를 포장하기 위해 살아가는 거예요. 그런데 부처님은 우리의 근기에 따라 말씀하셨어요. 그릇 그릇이 다 다르죠. 내 그릇도 다르고 부모 그릇, 자식 그릇도 달라요. 쉬운 말로 소갈머리들이 다 달라서 큰 소갈머리를 내는 사람, 적은 소갈머리를 내는 사람 그릇 그릇이 다 달라요. 내가 살아가는 데 있어서 자꾸 육식의 바깥에서 일어난 경계에 끄달려서 쫓아가다 보니까 나라는 존재는 잊어버리고 살아가는 거예요.

원이 맺히고 한이 맺히고 풀어낼 길이 전혀 없는데, 한이 되어 좋을 것이 하나도 없어요. 내가 한이 져서 죽으면 자식도 안 풀려요. 그걸 보고 원결이라고 해요. 내 살아생전에 돼야 하는데 하다 죽어서 죽은 줄도 모르고 '내 자식 잘돼야 하는데……' 소리를 하고 있다는 거죠. 그래서 죽은 영가가 좋은 데로 가지 못하고 원결에 맺혀 있기 때문에 자손에게 괴로운 일이 일어나는 거예요. 그것을 풀어낼 길이 없으니까 살았을 때 전부 풀라는 거죠. 스스로 내 그릇을 생각하고 내 소갈머리를 생각하고 부처님께 지극히 의지해 보세요. '부처님, 제발 저 좀 도와주세요.' 하는 마음으로 사경하고 독송하고 기도하면, 그 업산이 무거워도 봄이 오면 얼음이 저절로 녹듯이 녹아요. 죽을 때까지 저 버릇은 못 고치지 싶었는데 하루아침에 고쳐 버려요. 이게 부처님의 위신력을 빌어서 가피를 받은 거예요.

그럼 나는 어떻게 해야 할까요? 내가 바깥 경계에서 일어난 일 때문에 상처받고 괴로워할 것이 아니라 '내가 이렇게 끝없이 육도 중생 하면서 인연을 이렇게밖에 못 지어 놓았구나.' 하고 지난 생을 가만히 생각해 보면 지금 받는 것이 지난 생의 수없는 과보란 말이에요. 그런데 그것으로 누구를 원망하겠어요? 내 마음에 원결을 짓지 말아야죠. 내 마음에 원결이 맺히고 괴로움이 맺혀서 어디로 갈까 방황하는 자체가 나를 시궁창에 빠뜨리는 일이에요. 내가 거기에 쫓아가서 춤을 췄기 때문에 괴로움을 받는 거죠.

오늘부터는 밖에서 끄달려 오는 것은 물거품과 같고 허깨비와 같으니까 이것을 내 속에서 스스로 끄집어냅시다. 그게 결국 이제까지 살아왔던 것을 반대로 생각하고 사는 거예요. 그러면 상대가 나에게 나쁜 소리를 할 때 '내가 전생에 저렇게 가슴에 못 박는 소리를 했고, 현생에 와서도 못된 소리를 했겠구나.' 하고 들여다보면 되는 거예요. 그 속에서 일어나는 모든 일들을 내가 잘못 살아서 그렇다고 생각하세요.

지금부터 내가 부처님의 법을 만났으니까, 나를 열 번 속이고 스무 번 속이고 한평생 속여도 상불경보살처럼 "나는 너를 끝까지 믿는다."라고 할 수 있겠습니까? 세 번만 넘어가도 난리가 나죠. 내가 정말 상불경보살의 마음을 쓴다면 열 번이고 천 번이고 수없는 세월 동안 그러하더라도 '그럴 만한 이유가 있었겠지.' 하고 또 속아주는 거예요. 그 마음이 보살의 마음이에요. 그렇게 안 하니까 문제죠. 그러면서 우울증도 오고 여기저기 괴로워서 허덕거리는 건데, 마음속의 원결로 인한 괴로움이에요. 소갈머리 잘못 써서 아픈 것은 어디 가서 이야기할 수 없죠. 귀신의 역할이 그거예요. 음력이라는 것은 귀신의 기운이고 양력이라는 것은 원력이 되기 때문에, 내가 음력 속에서 살아가다 보니까 귀신과 한 공간에 있는 것과 같아요. 그렇다 보니 그냥 되는 대로 막행막식莫行莫食을 하고 살고, 옆에서 사람이 죽어나가도 내 일 아니다 하고 있는 거예요.

결국 개인주의가 팽배하면서 더 못해지고 인생살이가 고달파져요. 그렇게 살지 말고 보살처럼 살아 보세요. 아니면 내 스스로 내 안의 경계부터 다듬고 만들어 나가세요. 그러면 갇혀 있던 내 의식의 잘못된 생각이나 미혹된 마음이나 저주했던 마음이나 거짓말했던 마음을 다 돌려 세우는 거예요. 상대를 용서하는 마음도 나부터 먼저 내세요. 그 다음에 내 스스로 그 사람을 이해하고 용서하고 화해하면서 상불경보살처럼 살려고 노력해 보세요. 열 번 속이면 열한 번 속아주세요. 밤낮 없이 돌아기지 않는 머리 굴리며 어떻게 하면 저 인간을 짓눌릴까 생각하지 마세요.

머리도 좋아지고 마음도 좋아지고 가장 좋은 데 가서 상락아정常樂我淨의 즐거움을 만나라는 거예요. 소갈머리가 좁은 사람은 소갈머리부터 넓히고, 주변머리가 좁은 사람은 주변머리만 넓히는 거예요. 그렇게 내 마음의 밖으로 밖으로 경계심으로 가는 모든 것을 끊고, 내 안에서 일어나는 경계를 가지고 '이뭐꼬?' 하는 참선을 해요.

그런데 참선한다고 참선하는 게 아니고, 생활이 참선이 되어야 해요. '내가 저 사람 미워하는 마음을 오늘부터 끊어야지.', '내 고약한 술버릇을 끊어야지.' 쫓아가며 끊자, 끊자 하면 안 끊었다는 소리죠. 늦잠을 자는 사람이 '이제부터 일찍 일어나야지.' 하고 마음을 먹지만 다음날 이불 속에서 일어나야지, 일어나야지 한다면 아직 일어나지 않았다는 거예요. 그냥 벌떡 일어나야죠. 내가 나쁜 습관과 버릇이 있을 때, '나쁜 습관이 나오려고 하네. 이놈이 누고?' 그렇게 들여다보는 거예요. 또 남편에게 바가지를 긁어야 내속이 편하겠다는 생각이 나올 때 '이러면 안 되는데, 이 마음먹는 이놈은 누고?' 하고 근본 자리를 보는 거예요. 그렇게 하면서 내 나쁜 습관과 버릇부터 고쳐 놓고 보살 같은 생각을 가지면, 그때부터는 바로 미혹이 끊어져요. 미혹이라는 것은 쓸데없는 혹이에요. 내가 쓸데없는 혹을 붙여 놓고 혹이 안 떨어지나 하고 있는 거예요. 이와 같은 어리석은 짓을 하지 마세요.

「상불경보살품」에서는 인간의 본연 자성이 부처라는 것을 확연하게 밝혀 놓고 "당신이 부처입니다. 당신은 부처가 될 겁니다." 하고 이야기했던 그 대목을 이야기한 거예요.

「상불경보살품」을 잠깐 읽어 봅시다.

그때에 상불경보살은 지금의 나 자신이요, 그때에 사부대중으로 법에 집착하던 이들은 상불경보살이 말하기를 "그대들은 성불하리라." 하니 그 말을 들은 인연으로 무수한 부처님을 만나 지금 이 회중에 있는 500명의 보살 대중과 그밖에 사부대중의 우바새 우바이들이 지금 나의 앞에서 법문을 듣는 이들이니라. 내가 이전 세상에 여러 사람에게 권하여 가장 첫째가는 법인『법화경』법문을 듣게 하며 열어 보이고 사람들을 가르쳐 열반에 들게 하며 세세생생에 이런 경전을 항상 받들고 지니게 하리라.

부처님이 상불경보살로 계실 때 인간이 본래 부처라는 소리를 이미 부처님은 하고 다니셨다는 거죠. 우리도 부처라는 자성을 잊지 말고, 쓸데없는 미혹은 걷어내고 바깥 경계에서 일어난 모든 것은 떨쳐 버리고, 내 안의 경계를 성찰하고 관찰하는 것이 바로 부처님이 되어가는 길이라는 생각을 가지시기 바랍니다.

Q. 이번 주말에 결혼을 앞둔 딸과 함께 가려고 템플스테이를 신청해 놓았습니다. 딸한테 어떤 말을 해주면서 같이 가야 할지 부담이 됩니다.

A 가시면서 한 가지 이야기만 해주세요. "네가 스스로 공주 대접 받고 왕비 대접 받기를 바란다면 절대 결혼하지 마라. 네가 정말 부모에게나 남편에게 정성을 다할 마음이 있을 때 결혼해라. 두 가지 원만 세웠으면 좋겠다. 신랑을 위해 기도하고 최선을 다해서 뒷바라지하고 출세시켜 봐야지 하는 생각을 가져라. 그리고 나 같은 몸에도 자식을 준다면 만물의 영장답게 키워 봐야지 하는 생각을 가져라. 그러면 진짜 성공한 결혼생활을 할 것이다."라고 이야기해주세요.

남편 출세시키고 자식을 만물의 영장답게 키워야지 하면 내가 있어요, 없어요? 내가 없어요. 남편으로 태어나고 자식으로 태어나고 자신이 없는 삶을 살고 있으니까 가정이 늘 화평하고 행복하죠. 남편이 힘들어하면 나도 힘들고, 남편이 즐거우면 나도 즐겁고, 자식을 위해서 꾸준히 기도하는 어머니가 된다는 말이에요. 그 이상 더 좋은 게 뭐가 있겠습니까?

이 두 가지의 원력만 가지고 가면 나라는 존재가 없어요. 내가 없으니까 남편만 바라봐도 그냥 좋아요. 약간의 단점이 보여도 그냥 좋아요. 그리고 남편의 허물을 보면 고쳐주기 위해서 애를 쓰게 되죠. 내가 없는 거예요. 욕을 해도 좋고 싸워도 좋고 지져도 좋고 볶아도 좋고, 같이 있는 것만도 좋은데 거기에 뭐가 더 필요하겠어요.

단 명품 좋아하고 꾸미기 좋아하는 습관은 버려야 해요. 스스로 씀씀이를 줄여야 한다는 것을 가르치세요. 지금 쓰듯이 살면 기둥뿌리 빼먹어서 안 됩니다. 그런 것을 제대로 가르쳐주고 그 마음을 제대로 전달하세요. "너는 엄마처럼 살지 마라." 소리 하지 말고, "엄마는 소견이 부족해서 아버지 출세 못 시켰지만, 너는 정말로 네 남편 출세시켜 봐라."라고 이야기해주세요.

공부 잘하는 자식은 나라에 주고, 돈 많은 자식은 사돈네 주죠. 못나고 지지리도 안 풀리는 그 자식이 내 자식이잖아요. 자식 키워서 적어도 나라에 주든지 사돈한테 주든지 하고, 내 자식은 만들지 마세요. 요즘 세상에 그게 진짜예요. 나라의 자식이 제일 좋고, 사돈에게 줄 때는 배는 조금 아프겠지만 그런 생각 말고 주세요. 정말 지지리 못나고 힘들어하고 사람 구실 못하는 내 자식은 만들지 마세요. 내 자식 없이 사는 게 제일 편한 세상이에요.

상불경보살처럼 인간에 근본을 두고 나를 비워 가는 삶을 살면 우리는 영원한 삶을 살아간다고 할 수 있습니다.

18강

세상의 만남 중에 부처님 만남이 제일이다

여래신력품如來神力品

「여래신력품如來神力品」은 제21품인데, 글자 그대로 부처님의 위신력이 이 정도라고 말씀하신 거예요. 부처님의 여러 가지 신통력이나 위신력은 이미 말할 수가 없죠. 혀를 한 번 튕겼는데 범천까지 올라가고, 혀를 턱 내밀었는데 범천까지 가 닿았대요. 손가락을 튕겼는데 아귀세계부터 33천이라는 천상계까지 다 비쳤어요. 이것은 신묘허공을 이야기하는 겁니다.

우리의 마음자리를 가만히 들여다보면 몸은 여기에 있지만 '오늘 저녁에 제사가 있어서 장을 봐야 하는데……', 아니면 '집에 손님이 오기로 했는데……', '휴가 언제 가지?' 등 여러 가지 생각들은 제어할 수 없어요. 그게 허공의 자리예요. 그래서 범천까지만 가요. 우리 몸은 아는 데까지만 가게 되어 있어요. 스무 살 먹었으면 그만큼, 서른 마흔 쉰 나이 먹은 만큼 알고 살아가는 거예요. 모르면 못 살아가는 거죠.

생이지지生而知之라고 전생에서 가져온 다른 나라의 말을 구사하는 사람들이 있어요. 배운 적도 없는데 일곱 살도 안 된 아이가 다른 나라의 말을 하는 경우가 있잖아요. 전생에서부터 가져온 알음알이가 많은 사람이에요. 학이지지學而知之는 이 세상에 와서 가정에서 학교에서 사회에서 배워서 아는 거예요. 그 다음에 곤이지지困而知之는 몸으로 부딪치면서 익히는 거예요. 학이지지는 공부하다가 안 하면 다 잊어 버려요. 반면 생이지지와 곤이지지처럼 몸으로 익힌 것은 죽을 때까지 안 잊혀요. 그래서 실전이 중요한 거죠. 인생살이는 연습이 아니잖아요. 그래서 반복된 삶을 살지언정 오늘이 가고 나면 다시는 내 인생에 없는 날을 살아가는 것이니까 얼마나 소중합니까?

전전전생부터 많은 복력을 지어서 「여래신력품」을 함께 할 수 있다는 것은 참 대단한 복력입니다. 그래서 이것을 전생에 지어 놓은 생이지지라고 할 수 있어요. 우리는 전생에 지어 놓았던 생이지지로 「여래신력품」을 함께 공부하며 부처님을 찬탄하는 거죠.

허공의 자리는 하늘을 쳐다봐서 비어 있는 자리가 아니에요. 내 마음자리도 그와 같이 허공과 같아요. 우리가 끝없이 발전할 수 있는 거예요. 부처님의 법력이나 부처님의 가르침을 받아들여서 내 것으로 소화하지 못할 것이 없다는 거죠.

앞에서 이야기했듯이 소갈머리만 뜯어고치면 받아들여서 수용할 수 있어요. 어느 날은 낙타가 바늘구멍을 통과할 수도 있지만,

어떤 때는 소갈머리가 나면 그 바늘구멍조차도 메꾸어 버리는 삶을 살아요. 그래서 무명 중생이라고 하지요. 어둡고 어리석고 화 잘 내고 하는 거예요. 그러니까 자신의 어리석음을 가리기 위해 하는 어리석은 짓이 화내는 거예요. 생각해 보세요. 나의 어리석음이나 전생에 가져온 알음알이보다 이 순간 곧이지르로 몸으로 배우고 익힌 이 습관이 우리를 무한한 영원의 세계로 이끌어가는『법화경』을 지금 하고 있어요.

그러면 이제까지의 삶은 뭐였나? 만 번 죽고 만 번 태어나는 그런 삶을 살았어요. 그래서 육도중생이라고 하는 거예요. 육도중생하고 만사만생 하며 살다 보니까 한번 이놈 옷을 갈아입고 나면 버리기 싫어서 여든 살이 되어도 "내가 언제까지 산다고 하더냐?" 하는 거예요.

내가 이 세상에 와서 잘살고 못살고는 내 노력에 달렸지만, 노력해 봐도 안 될 때가 있어요. 그게 음력이에요. 음력이 있으니까 뜻대로 잘 안 되는 거예요. 겨울에 씨 뿌려서 씨앗이 올라오는 것 봤어요? 물론 비닐하우스에서 온도를 잘 맞춰주면 싹이 나겠지만, 노지에다가 씨를 뿌려서 키우려면 봄을 기다릴 줄 알아야 해요. 그런데 우리는 하루아침에 됐나 안 됐나 하고 당장 그냥 결과가 나올 것처럼 설치지만, 산 넘어 산이고 물 건너 또 물이에요. 괴로움은 연속으로 일어나요. 그 마음자리를 비우지 않고는 고해중생을 면할수가 없어요. 그러니까 그것을 비우는 자리가 내 마음을 허공과 같이 쓰는 거예요.

부처님이 혓바닥을 내밀었는데 범천까지 이르렀다고 하면 "설마 그럴까?"가 아니라, 거기까지 쳐다보고 부처님을 찬탄할 수 있을 때 진짜 불자라고 할 수 있어요. 말도 안 되는 황당무계한 소리라고 한다면 앞으로 또 만사만생 할 거예요. 만 번 태어나고 만 번 죽는 삶을 살다가 이렇게 『법화경』「여래신력품」을 함께 논한다는 것은 만사일생 하는 삶이에요. 이제까지 만 번 죽었는데 오늘 처음으로 제대로 살아 보는 날이에요.

이것이 밑천이 되어서 나중에는 정말로 상락아정이에요. 구품연대 좋은 곳에 가서 동수정업同修淨業 할 수 있는 거예요. 불교를 믿는다는 것은 영원히 산다는 소리예요. 이 몸뚱아리 끝나고 나면 없어지는 게 아니에요. 시계바늘은 멈췄는데 세월은 왜 고장도 없냐는 말처럼, 시계바늘이 멈추든 말든 상관없이 세월은 가다 보면 또 온다는 거예요. 그 세월이 내 세월이 될 때까지 만들어갈 줄 알아야 해요.

33천 우주에서 내려다보면 백년 살이 눈 깜빡하는 사이에 가는 거예요. 그래서 수억겁 아니면 항하의 모래알 수보다 더 많은 시간 등 셀 수 없는 세월 이전부터라는 이야기를 경전마다 명시해 놓았어요. 수억겁 생을 살아왔는데, 무엇을 하고 살았느냐? 중생의 음력으로 육도중생의 굴레를 벗지 못하고 만사만생 하는 삶을 살아온 거예요. 그래서 미혹을 벗어던지고 그 미혹 벗어던진 자리에 부처님의 자비광명을 심는 거예요.

요즘 전기가 부족하다고 야단이죠. 전기 부족이 심각할 때는 공장 가동을 강제로 줄이기도 하잖아요. 그런 일을 막기 위해서 내가 조금 불편하더라도 가정에서부터 전기를 아껴 쓰는 거예요. 그러면 공장도 문제 없이 잘 돌아가겠죠. 이게 공생하는 것이고 서로 도와서 상생하는 거예요. 너와 내가 없는 한세상을 살아가는 게 부처님의 가르침인데, 사람들이 이것을 할 줄 몰라요.

우리는 왜 이것을 모르고 만사만생 하며 살았느냐? 믿지 않아서, 의지하지 않아서 그래요. 집 나온 지가 오래 되어서 부모가 있는지 없는지도 모르고 철없이 돌아다니면서 눈칫밥만 먹고 살아서 눈치는 8단이에요. 저 호주머니에 돈이 있나 없나, 내가 옆에 가서 비비면 나오겠다 안 나오겠다, 잔머리는 기가 차게 돌아가요. 그렇지만 그 속에 뭐가 없어요? 아둔하고 우매한 것을 보고 용렬한 근기라고 해요. 깊은 우물의 시원한 물맛을 보지 못하고 도랑에 흘러가는 답답한 물만 먹어본 거예요. 아버지가 정말로 돈과 권력과 지혜가 많은 줄 몰라서, 그걸 덮어 놓고 제 머리 굴려 가면서 날품팔이하며 살려는 거죠. 그렇다 보니 용렬한 근기라 하고 박복한 근기라고 하는 거예요.

나는 어떤 근기에 들어가는지 생각해 보세요. 나도 박복하고 하열하고 용렬한 근기잖아요. 내 그릇을 넓혀야죠. 「여래신력품」의 위신력한 그 힘을 보고 '나도 아버지 자식이니, 저것 당연히 내 것이구나. 나도 저렇게 되겠구나.'라고 생각해야 해요. 내 아버지가 갖고 있으면 나는 그 아버지의 자식이니까 아버지의 가피를 입고 살잖아요. 아버지가 부자인데 우리를 내버려두고 싸구려 사주겠어요? 옷 한 벌 사더라도 진짜 좋은 것으로 사주겠죠. 잘난 부처님을 아버지로 받아들이지 못하고 관세음보살의 대자대비함을 어머니로 알지 못하니까, 우리의 뇌세포 속에 관세음보살이나 부처님의 유전인자가 빽빽하게 박혀 있어야 하는데도 그렇지 못하니까 알아차리지 못하는 거예요.

내가 갈구하고 염원하고 지극하게 기도하고, 또 부처님의 복을 받아들여서 지극히 그대로 따르려고 하다 보면 자연히 그 유전인자가 늘어나고 세포는 증식을 해요. 세포는 증식해서 죽어버리면 때가 되지만, 부처님의 세포는 확장 증식을 해요. 그래서 나만 있는 것이 아니라 내 주위도 있고 내 이웃도 있어서 여래의 신력을 함께 입어서 제대로 된 불자로서 살아가면 내세는 득작불得作佛하게 돼 있어요.

여래의 신력을 믿으세요. 이렇게 복과 지혜가 왕양하고 응공應供, 정변지正編知, 명행족明行足, 선서善逝, 세간해世間解, 무상사無上士, 조어장부調御丈夫, 천인사天人師 불세존佛世尊인데도 그 이야기를 귀에 딱지 앉도록 해도 못 알아들어요. 복과 지혜가 왕양함을 받아들여서 여래의 신력을 내가 쓰면 되는 거예요.

그러면 이 여래의 신력을 가지고 오늘부터 당장 여래의 위신력을 보여 보세요. 말 한마디라도 미묘한 향이 되는 말을 하고, 밥 한 그릇을 하더라도 정성을 다해 차리는 거예요. 이러면 그 맛이 얼마나 좋겠습니까? 인생은 연극이라고 했잖아요. 내가 당신 위해서 하루를 기다린 것처럼 해보세요. 자기 신랑한테 여우짓 안 하면 어디다 합니까? 앉을 자리에 앉을 줄 알고 설 자리에 설 줄 알아야 해요.

그리고 자식이 어디서 나왔어요? 그 남편은 멀리하고 자식만 그렇게 귀합니까? 그 남편과 내가 없었으면 자식이 있을 수 없는데 그저 자식만 중요한가요? 거미는 어미가 새끼를 낳으면 어미 몸부터 싹 잡아먹고 나간대요. 보살님들이 거미도 아닌데 어떻게 남편은 잡아먹고 자식만 보려고 합니까? 밖에 나가서 궂은 소리 들어가며 위아래 눈치 보면서 힘들게 돈 벌어 왔는데, 그 돈은 좋고 남편은 싫다는 말이 나와요? 결국은 내가 내 남편을 귀하게 여기지 않으니까 남편이 밖에 나가서도 천대를 받는 거예요. 내가 내 남편을 아끼고 사랑하면 밖에 나가서도 존경받고 살아요. 내가 내 것을 천대하면 남도 내 것을 천대하게 되어 있어요. 내가 나를 보호하지 않으면 남도 나를 보호하지 않는 거예요. 그런데 이걸 모르고 사니까 문제가 되는 거예요.

여래의 위신력한 신통이라는 것은 알고 보면 사람들마다 다 있다는 거죠. 내가 남편을 위해서 헌신하고 시봉해서 성공을 도와야지 하는 생각이 있으면 수없는 희생이 있더라도 내 남편 출세 안 시키겠어요? 그렇게 출세시켜 놓고 받아먹을 생각을 하세요. 내가 하늘같이 받들어야 나 역시 하늘같이 되는 거예요. 대접받고 싶으면 먼저 대접해주세요. 내가 부처님을 공경하고 찬탄하고 발원하니까 나에게도 뭔가 떡고물이라도 떨어지고 가피도 오지, 그것 없이 믿지도 않는데 줄 사람은 없죠. 내가 먼저 이해하고 내가 먼저 의지하고 내가 먼저 대접하고 내가 먼저 공경하고 공양하세요.

자식들도 마찬가지예요. 남편을 공경해주려면 내 자식부터 부모님께 존댓말을 쓰게 하세요. 육두문자를 쓰던 남편이라도 내가 공경하고 존중하고 위해주면 그 남편도 나에게 막말 안 해요. 가는 것이 고우니 오는 것도 곱죠. 내 주먹이 나가야 남의 눈 빠지는 거예요. 신력이 달리 있는 게 아니라 내 마음을 어떻게 쓰느냐에 따라서 그것이 신력이에요.

위신력은 공한 도리에서 나오는 신력이기 때문에 보이지 않는 힘이에요. 힘 쓰는 것보다 꾀 쓰는 게 낫고, 꾀 쓰는 것보다 머리 쓰는 게 낫고, 머리 쓰는 것보다 지극한 부처님의 도리를 쓰는 게 나아요. 정말 심묘허공한 그 신통력을 어떻게 쓰느냐에 따라서 살이 가 바뀌고, 안색이 바뀌고, 생각이 바뀝니다. 나이 들어서 얼굴빛이 좋지 않으면 어떤 마음으로 살아왔는지 생각해 봐야 해요. 이와 같이 우리가 적재적소에 쓸 수 있는 것이 여래의 신력인데도 저 멀리 부처님 것이고 내 것이 아닌 것처럼 생각하는 고아이기 때문에 못 써먹을 뿐이에요. 지금부터 한번 써 보세요. 내가 남편의 마음을 알고 움직이면 그게 타심통他心通이에요.

앞에서 "너희들의 부모님이 만들어준 그 몸으로도 너희의 귀는 아귀지옥부터 제석천까지도 다 보고 들을 수 있다. 귀와 눈과 코와 혀와 입과 몸과 뜻이 이와 같이 부모님에게 물려받은 육신이지만, 그 속을 다 보고 듣고 알 수 있다."라는 부처님의 말씀이 있었어요. 그러면 「여래신력품」에서는 어떤 것이 있냐? 부처님의 위신력이 아니라 우리가 부처님의 위신력을 믿고 따라서 그 힘을 가져와서 내 가정에 필요한 대로 쓰는 거예요. 칼이 잘 들지 않으면 갈아서 쓰잖아요. 갈아서 쓰는 것보다 새로 사는 게 더 잘 들죠. 내가 "칼이 잘 안 드네요." 하면 갈아주도록 만드는 게 신통력이에요.

말 잘해서 뺨 맞는 법 없어요. 딴 데 가서 말 잘하는 게 아니라 내 주위를 잘 돌아보면서 말 잘하는 것도 타고난 재주고 생이지지예요. 전생부터 가져와야 하는 거지, 이생에 조금 배워서 말 잘하는 사람은 없더라고요. 전생에서 가져오지 않으면 말도 제대로 할 수 없듯이, 우리의 신력을 지금부터 쌓지 않으면 다음 생에는 얼마나 더 못살겠어요.

지금부터 복과 지혜를 쌓고 영원히 사는 부처님의 삶을 산다면, 다음 생에 가서는 더 많은 것을 누리고 살 수 있고 누린 만큼 많은 사람에게 베푸는 삶을 살 수 있어요. 저는 「여래신력품」을 이렇게 봤어요. 우리가 생활 속에 가져와서 맘껏 쓸 수 있고 맘껏 누릴 수 있는 게 여래의 신력이지, 여래의 신력을 부처님의 신력으로만 생각하고 나와는 상관없다고 생각하는 것은 불자가 아니예요.

위신력을 모두 다 가지고 있지만, 음력에 가려지고 미혹에 가려져서 보지 못하고 듣지 못하고 쓰지 못할 뿐이에요. 이것을 가려내서 바로 쓰는 것부터 연습하세요. 내가 나를 대접해주려면 내 주위부터 먼저 대접해줘야 해요. 말로 대접해주고, 생각으로 대접해주고, 실천으로 대접해주세요. 행동이 따르지 않는 불자는 불자가 아니에요. 행하고 도리를 지킬 줄 알 때 불자예요.

행이라는 것은 꼭 필요해요. 불자의 도리는 믿고 의지하고 이해하는 공부를 하는 거예요. 공부했으면 공부한 대로 행해야죠. 그것이 네 박자 인생이에요. 〈네 박자〉가 불교적인 철학이 담긴 노래더군요. 네 박자 인생이 되려면 믿고 의지하고 행하고 이해하는 공부를 하면, 그 속에서 불법의 진리가 생활 속으로 들어와서 상락아정의 생활이 되는 거예요.

내가 아무리 이야기를 해도 아무도 안 듣는다면 어쩔 수 없잖아요. 약이 있어도 먹고 안 먹고는 자기가 알아서 하는 거지 강제로 먹일 수는 없어요. 거기에 또 방편을 썼어요. "너희 아버지가 죽었단다. 죽으면서도 마지막으로 하신 말씀이 그 약 먹으면 돈 정신이 바로 돌아온다고 했다더라." 그러니까 나도 아버지를 따라 죽어야지 하고 먹어도 낫고, 아버지가 돌아가시면서 하신 말씀이 거짓말일 리 없다 하고 먹어도 낫죠. 이래도 저래도 낫는 거죠. 생활이 나아지고, 부부 사이가 나아지고, 가족들과 사이가 나아지고, 사회생활의 살이가 나아져요.

불교를 믿는 것이 생활로 오지 않으면 불교가 아니에요. 생활 속 요소요소에 정말 부처님의 가르침이 꽃처럼 피어날 때 우리의 생활이 윤택해지고 복력이 증장되고 많은 사람에게 회향할 수 있는 그런 삶이 되는 거예요. 제발 옷이다 뭐다 많이 갖지 마세요. 장롱 속에 철마다 옷을 해 놔도 죽으면 며칠 지나지 않아 하나도 없어요. 그거 다 낭비예요. 소욕지족하게 삽시다. 적게 가지고 적게 입고 적게 살면 그만큼 복력이 증장되는 거예요. 이게 부처님의 가르침이에요. 그런 생각을 갖고 마음속에 진실된 믿음이 싹틀 때 우리가 『법화경』을 가지고 상락아정을 노래할 수 있습니다.

끝에 이 경전을 찬탄하고 유통하고 부촉하는 대목이 있는데, 잠깐 읽어 봅시다.

이 경전을 지니는 이는 모든 법문의 뜻과 이름과 이야기들을 말을 잘하여 다함이 없는 것이 마치 바람이 공중에 불 때 어디나 걸림이 없듯이, 여래가 열반한 뒤에 부처님이 설하신 경전이 인연과 차례를 알고 뜻을 따라 실상대로 말하되 해와 달의 밝은 빛이 모든 어둠을 없애듯이 이 사람이 세간에 다니며 중생의 어둠을 능히 없애고 한량없는 보살들을 교화해서 구경에는 일승에 머물게 하느니라. 그러므로 지혜가 있는 이는 이런 공덕과 이익을 듣고 내가 열반한 뒤에도 이 경전을 받아지니라. 이런 사람들은 불도에 이르는 것이 반드시 의심할 것이 없느니라.

항상 여래의 신력이 나의 신력이 되도록 살아가는 것이 바로 불자의 도리를 하고 사는 삶이라고 생각하시면 됩니다.

법/화/상/담

Q. 아들이 결혼한 지 얼마 안 됐습니다. 아들 며느리한테 무슨 좋은 말을 해줄까 걱정이에요.

A 보살님이 노파심이 많으신 것 같아요. 노파심은 늙었다는 소리예요. 그런 말 안 해줘도 자식들은 잘 살아요. 사는 것도 부모의 살이보다 더 잘 살아요. 보살님이 바라는 삶은 며느리가 나에게 자주 오고, 아들과 같이 잘 지냈으면 좋겠다는 거죠? 그런데 그것은 숨겨 놓고 어떤 좋은 말을 할까요? 아무리 좋은 말이라도 시어머니가 며느리한테 하는 건 잔소리예요.

칭찬해주면 됩니다. 그러면서 바라는 게 없어야 편안해져요. 보살님이 '내가 저놈을 어떻게 키웠는데……' 하시는데, 며느리도 귀하게 자랐어요. 딸이고 아들이었을 뿐이지, 사돈댁은 더 억울하잖아요. 공부시키고 키워주고 살림까지 보태줬잖아요. 며느리에게 보여주기 위한 것보다 칭찬을 자꾸 해주시면 자식들이 알아서 잘 살아요. 내가 받으려고 하는 생각이 없어져야 맺히지 않아요. 그래야 나중에 보살님이 죽고 난 뒤에도 자식이 잘 풀려요. 원결을 짓기 마세요. 내 자식 키운 만큼 내 며느리한테 받고 싶은 것도 있겠지만, 받는 게 다 좋은 것은 아니에요.

어떻게 받는 것이 좋은 것이냐? 며느리에게 받는 것도 투명하게 받고, 고맙다 감사하다 하는 거죠. "열심히 하고 살아라. 나는 믿는다. 나는 부처님을 믿듯이 너희를 믿는다. 너희도 절에 가서 부처님의 공덕을 믿고 지혜를 닦아서 살이가 더 나아졌으면 좋겠다." 하고 믿음을 심어주세요. 결론은 세대와 세대가 이어지는 불교가 되어야 한다는 거예요. 노보살들만 절에 와서 앉아 있으면 될 일이 아니에요.

보살님의 질문에 대한 답은 그거예요. 끝까지 내가 곁에 두고 챙기려는 것이 염려심이거든요. 그런데 보살님은 염려할 것이 아니라 오히려 믿고 맡겨 놓고 의지하세요. 그 다음에 내가 해줄 것은 기도예요. 자식들도 기도하고 살도록 해주면 됩니다. 그러면 스스로 바른 길을 가게 돼요.

받으려고 하는 생각이 드는 순간 내 마음이 지옥이 되는 거예요. 서운한 마음이 생기는 거죠. 내가 먼저 예단하고서 이럴 것이다 생각하면 서운함이 증폭이 되기 시작해요. 받아들이는 것에서 오는 서운함과 그것 때문에 내 마음이 울화통이 치밀어 화병이 됩니다.

빈손으로 왔다 빈손으로 간다 그랬잖아요. 다 가버리고 난 뒤에 그속에 혼자 앉았을 때도 자식에 대한 서운함이나 집안에 대한 서운함을 다 떨쳐야 좋은 데로 갈 수 있어요.

결국은 나를 위하기 위해서 원결 맺히는 일을 하지 말고, 자식을 볼 때도 착 없이 보세요. 그 다음에 스스로 부처님 앞에 복력을 지어서 내 갈 길을 닦아나가면 자식에 대한 미련이 하나도 없어요. 서운함을 가지면 가지는 만큼 내가 괴로워지고 그 괴로워진 만큼 원결이 차서, 죽고 난 뒤에도 내 자식 안 풀리게 할 수 있어요. 이런 마음의 원천이 내가 받고자 하는 마음이에요.

'내 새끼한테 잘 못하면 어쩌지?' 하는 생각도 하지 마세요. 그것도 다 자기 복이에요. 자식들 위한다고 마소놀음 그만하세요. 내가 해주고 또 해주려는 게 착이에요. 받으려고 하는 것도 착이에요. 놓아 버리세요. 남은 나의 삶을 살 때 진실된 불자의 도리로 살아가는 거예요.

19강

불성의 종자는 뿌린 대로 거둔다

촉루품囑累品

촉루囑累라는 것은 부촉한다는 거예요. 부처님이 상수 제자들과 보살들과 수많은 보살 아라한에게 "나의 법을 전해라." 라고 부촉해요. 굉장히 큰 말이에요. 2,500년 전에 부처님이 오셔서 오늘날까지 유포되고 우리가 알고 있는 부처님 법은 그 한 사람 한 사람이 전해왔기 때문에 지금 우리가 알고 있는 거잖아요. 중간에 부촉하지 않고 유통을 끊었다면 오늘날 우리는 부처님이 계신 줄도 몰랐을 거예요. 부처님은 열반하실 때까지 설법을 하셨어요. 그렇게 설법을 하면서 이러이러한 것을 너희들이 전하라고 부촉한 말씀이에요.

부촉은 우리가 흔히 쓰는 부탁이란 말과는 달라요. 부탁은 내가 뭔가 어려움이 있고 꿀리는 것이 있으니까 '부탁 좀 하자.'라고 이야기하죠. 그게 너무 많다 보니까 부탁을 잘못 들어주고 잘못 받아줘서 한강에도 뛰어들고 하는 이런 세월이 됐단 말이에요. 반면 부촉은 이렇게 좋은 부처님의 법을, 나는 이와 같이 수억겁 동안 수없이 닦아온 부처였다는 지견을 내보이면서 『법화경』에 와서 부촉하는 단계까지 왔어요. 이 법을 천상·인간·아수라·가루라·마후라 등 사람이든 사람 아니든 부촉해서 많이 유포하라는 거예요. 그렇게 유포된 것이 전해져서 우리가 함께 『법화경』을 공부하고 있는 거예요.

또 부처님의 가르침이 지중하다는 것을 받아들이고 믿고 따르고 의지하고, 부처님을 찬탄하고 발심해서 사경을 하는 거예요. 사경은 부처님의 진리의 말씀을 일일이 한 자 한 자 써 가면서 새기는 거예요. 뜻을 새긴 만큼 내 복력과 지혜가 증장되는 거예요. 그런데 우리는 단순히 경전을 들여다보니까 지겹고 따분하고 무슨 말인지 모르겠고 그 말이 그 말 같고, 전부 부처님 자랑한 것 같죠.

회삼귀일승이라, 바로 일불승에 목적을 둔 경전이 『법화경』이에요. 카필라 왕국에서 태어나 도를 깨친 단생을 보는 것이 아니라, 수억겁 생을 이미 부처였다고 밝히는 경전이에요. 전생에 어떻게 했고, 그 전전생에 어떻게 했고, 내가 때에 따라서는 호명보살護明菩薩로도 있었고, 때에 따라서는 무엇으로도 있었고 말씀하다 보니까 전부 부처님 자랑밖에 없는 거예요. 『법화경』의 자랑 속에서 부처님의 진수를 맛볼 수 있고, 부처님이 결국 이것을 가르치기 위해서 이렇게 많은 말씀을 하신 거예요.

경계라는 것은 바깥에서 일어나는 모든 것을 경계로 삼고 있잖아요. 상대에 따라서, 물질에 따라서, 생각에 따라서, 형상에 따라서, 거기서 속고 속이고 울고 웃고 희로애락을 가지고 사는 게 중생살이에요. 어떻게 하면 이 중생살이를 벗어날 수 있을까, 끊는 방법이 무엇일까를 가르치는 거예요. 그래서 때에 따라서는 삼계화택三界火宅이나 자식들이 약을 잘못 먹어서 미쳐 버린 것에도 비유를 해요. 부처의 경지에까지 끌고 가기 위해서「화성유품」에서는 변화된 도시를 꾸며서 고통스럽고 괴로워하는 제자들을 쉬었다 가게 하죠. 부처의 경지에까지 올라오도록 가르침의 단계별로 수많은 것을 비유로서 설법하신 거예요.

내가 바깥으로 일어난 모든 경계 때문에 힘들어하고 고생하고 괴로워하고 즐거워하고 화도 내고, 또 때에 따라서는 연극도 하고 거짓말도 하죠. 바깥에 일어난 경계를 가지고 내 스스로 대처한다는 게 중생심으로 겨우 대처하는 거예요. 왜냐하면 지혜가 없기 때문이에요. 세상을 볼 줄 알고 삼라만상의 이치를 꿰뚫을 줄 알았으면 삼계의 도사인데, 그렇지 못하고 중생지견만 가지고 임기응변으로 하루하루 살아가다 보니까 천방지축 음력으로 죽을판 살판 사느라 정신없어서 가도 가는 줄 모르잖아요.

병이 들어 봐야 병든 줄 알지 병들기 전에는 늘 성성할 줄 알잖아요. 부처님은 생로병사 성주괴공을 면할 수 없기 때문에 근본을 가르친 거란 말이에요. 태어났으니까 생자는 필멸하는 거예요. 그런데 태어나고 늙고 병들고 죽는 것을 면할 수 있다면 나는 부처 안하고 중생으로 살 수 있어요. 그런데 그렇지 못하니까 그 속에서 때에 따라서는 불타는 집에다 비유를 하고 열반하시는 그 시간까지

도 중생을 제도하기 위해서 설법하신 거예요. 오죽하면 끝에 가서
는『열반경』이라고 나와 있단 말이죠.

바깥으로 일어나는 그 경계를 재財·색色·신身·명命·수壽라고 하
는 거예요. 돈이라는 것은 가지고 있어도 더 가지고 싶고, 남의 것
을 빼앗아서라도 더 가지고 싶어 하잖아요. 색은 남녀 간의 사랑만
이야기하는 게 아니에요. 바깥에서 일어난 모든 경계를 색이라고
해요. 세상에 태어나 어느 정도 자라니까 물질적인 욕심이 생기죠.
학교를 다니면서부터 부모님 속여 가며 용돈 타고, 그 돈으로 친구
들한테 한턱내기도 하잖아요. 그러다가 자기가 아르바이트라도 해
보면 돈 벌기가 너무 어렵다는 걸 알게 되죠. 그런데 부모한테 타서
쓰는 돈은 쉽나요? 그것도 다 업이 되는 거예요. 그런데도 그걸 서
로 못 가져가 난리죠. 형제간에도 부모가 남긴 재산을 서로 차지하
려고 난리를 치잖아요. 한 부모 밑에서 난 자식들이지만 돈 몇 푼
때문에 원수가 되어 보지 않고 살기도 해요.

재물이라는 게 잘 쓰면 좋은데, 어떻게 쓰는 것이 잘 쓰는 것이
냐? 자리이타한 재물이 되도록 하는 거예요. 나도 이익되고 남도
이익되게 쓰는 거예요. 우리 속담처럼 누이 좋고 매부 좋게 돈을 써
야 하는데 그렇게 쓰지를 못해요. 중국의 방거사라는 사람은 대단
한 부자였어요. 그런데 깨닫고 난 뒤에 땅은 머슴들에게 다 나눠주
고, 돈은 강물에 다 던져 버렸대요.

요즘은 세상이 물질만능주의로 흘러가다 보니까 사람 목숨도 경
시하는 그런 세상이에요. 없애 버리고 돈 가져가면 그만이잖아요.
옛날에는 도둑이 들어도 밤손님이라 그러고 손님 대접을 해줬단

말이에요. 요즘은 밤낮 없이 돈뿐만 아니라 사람까지 해치는 메마른 세상을 살아가고 있는데, 물질에 속고 돈에 속아서 그런 거예요. 얼마 전에 로또 복권에 당첨됐는데 부부 사이에도 비밀로 하고 혼자 가지려다가 들통이 나서 망신을 당한 일도 있었어요.

과연 우리가 돈을 어떻게 쓰는 것이 제대로 사는 것인가? 나도 이익되고 남도 이익되게 물질을 쓰는 것이 돈을 가치 있게 사용하는 거예요. 나만 잘 살면 된다는 생각으로 사는 놈 치고 돈 버는 사람 없어요. 돈은 귀가 밝아서 돈 돈 하는 사람한테는 절대 안 붙어요. 한평생 돈에 속아서 밥만 먹고 살다 죽는 거예요. 돈 벌어야지 하는 생각보다 어떻게 하면 많은 사람들의 불편함을 덜어주는 데 밑천을 댈까를 생각했던 사람들이 부자가 되죠. 자기의 원력을 세워서 많은 사람에게 이익되게 하려고 생각했던 사람들은 다 떵떵거리며 사는데, 돈 벌어야지 하던 사람들은 결국 돈에 치이고 인간에 치여 상처투성이 메마른 가슴 밖에 없으니까 결국은 자학을 하는 거예요. 다음 세상에라도 돈 많이 버는 사람이 되려면 복을 지어놓아야 해요. 물질만 가지고 있으면 뭐든지 다 될 거라고 생각했던 사람들이 결국 돈 돈 하다가 돈에 치여서 죽게 된다는 거죠. 재물에 대한 욕심은 부처님의 원력다운 삶이 아니기 때문에 욕심으로 끝나 버려요. 나 혼자서 많이 가져야지 하는 생각을 가진 사람들은 결국 밥만 먹고 살다가 그냥 그렇게 가는 거예요.

물질적으로도 원력을 가진 사람들이 성공해요. 나도 좋지만 많은 사람들이 함께 부와 명예를 누리자고 했던 사람들은 다 큰 부자가 되어 있어요. 생각의 차이예요. 이 세상은 전부 그물코처럼 엮여 있는데도 나 혼자만 잘되면 된다는 생각에 사방이 꽉 막힌 그런 사람으로 살아가는 거예요. 그러니까 자기가 이룩하려 했던 것이 욕심으로는 아무것도 이룰 수 없다는 게 드러난 거예요.

욕심 없는 사람 없어요. 세상에서 제일 멋있고 제일 잘나가고 나를 공주 대접 해주고 자식한테도 자상한 완벽한 남편을 만나고 싶었을 텐데 만나셨어요? 처음에는 다 그런 줄 알았잖아요. 적어도 나한테는 저 사람이 그렇게 해줄 거라고 기대하지만, 석 달만 지나면 다 필요 없는 거예요. 남편이라는 사람은 바깥일이 커지면 커질수록 나와 보낼 시간이 없어져요. 그렇게 살다 보니까 엉뚱한 생각을 하는 거예요. 사람들은 다 즐거움이나 오욕락을 쫓으며 더 이상의 것을 기대하지만 현실이 따라주지 않으니 괴로워지는 거죠.

내 생활 자체가 바깥 경계에 일어나는 것을 쫓아가다 보니까 호박도 찾고 수박도 찾고 오만 것 다 찾아요. 내 남편은 만날 천날 밤낮 없이 바쁘고 집에 오면 잠만 자죠. 그런데 나한테 '사모님, 사모님' 하며 잘해주는 사람이 있어서 깜박 속아 넘어가죠. 색이라는 게 그런 거예요. 내가 눈으로 보고 일어난 경계에 속아서 바깥의 사람이 잘해준다 못해준다 나를 기준으로 삼았기 때문에 속고만 살아요. 결국 제비한테 속는 것이 아니라 나 자신에게 속고 사는 거죠. 남편한테 속고 자식한테 속고 부모한테 속는 게 아니라 나 자신에게 속고 있어요. 왜냐하면 바깥 경계에 일어난 모든 색을 쫓아갔기 때문이에요.

내 눈이 정확하지 못한 것에 색신을 갖고 있으면서 그 색신에 속아서 내가 보는 것이 제일이라는 착각을 하고 사는 바람에 그런 현상이 온 거예요. 내가 본 것이 내 눈으로 봤다고 확신하고 단언할 일이 없다는 거예요. 중생의 눈을 가지고는 내가 봤다고 확실히 단언할 것이 하나도 없어요. 속았기 때문이에요. 그런 형상에 속고 잘난 것에 속고 못난 것에 속으면서 보는 것에 속아서 내 생각이 그쪽으로 쫓아가서 주인공 노릇 하려고 했던 것이 잘못이에요. 색신에 대해서 내 눈으로 보는 것이 결코 전부가 아니기 때문에 내 눈으로 봤지만 인정하지 마세요. 적어도 그런 생각을 갖고 살아야 해요.

몸이라는 것도 마찬가지예요. 내 몸뚱아리에 명품으로 휘둘러줘봐야 이 몸뚱아리는 때가 되면 나를 배신해요. 내 몸뚱아리를 아무리 감싸주고 좋다는 것은 다 먹어도 소용없어요. 내 몸뚱아리를 위해 철철이 옷 사 입고 감기만 들어도 세상 다 잃어버린 것처럼 이불 덮어쓰고 끙끙 앓아요. 그렇게 해도 이 몸뚱아리는 결국 나를 배신한단 말이에요. 내가 아무리 몸뚱아리를 치장하고 몸의 안락을 위해 아낌없이 투자해도 백년도 못 살잖아요. 몸뚱아리를 따라 화장장까지 가지만 그것도 내 것이 아니고, 그때부터 완전한 혼자예요. 그러니 이 몸 믿을 게 뭐 있겠어요?

내 몸뚱아리를 위해서 맛있는 것 먹으러 다니고 좋은 말만 하고 남한테 좋은 소리만 들으려 하지만, 내 근본에 사악함도 가지고 있어요. 그래서 남이 나에게 좋은 소리 하면 좋지만, 나쁜 소리 하면 몇 배는 더 나쁜 소리가 나가죠. 좋으면 좋고 아니면 아니고 이런 식으로 살아가는 세상이 정서가 메마르고 되돌아보면서 생각하지 않고 막 살아가는 거예요. 우리가 남에게 좋은 말을 해주고 가슴에 못 박는 소리 안 하고 살 수 있는데 무엇 때문에 속상하고 힘들고 괴롭고 어려울까요? 나라는 아상이 나를 지배하고 살아가기 때문이에요. 나는 대접받아야 하고 인정받아야 하고 잘나야 하죠. 내 몸은 편안해야 하고 내 생각은 항상 옳고 세상에서 내가 제일이죠. 사실은 그게 제일이 아니거든요. 나라는 존재는 껍데기예요. 그게 속은 거예요.

결국은 내 마음에 있는 생각이 내 눈으로 본 것에 속고, 스스로 생각한 것에 속고, 바깥 경계에서 오는 모든 것에서 속으니까 그것도 끊어버리라는 거예요. 불교의 가르침은 '바깥 경계에 오는 것에 속지 말고 끊어버리고, 자성을 들여다봐라.' 이거예요. 내 안에 나라는 존재가 진짜냐 이거죠. 내 안의 진짜 나를 한번 만나 보세요. 그것을 가르친 것이 선이고 기도예요. 발보리심하고 부처님의 앞에 가서 지극하게 기도하면서 만나 보는 거예요. 내가 부처의 자식으로 산다면 결국 부처님의 유전인자가 내 몸에 완전히 박혀서 자연히 보이는 건데도 그걸 보지 못하니까 그런 현상이 오는 거예요.

전부 바깥으로 일어난 것 때문에 희로애락을 느낀 거지, 가만히 들여다보면 나는 한 번도 동하지 않았어요. 동한 바도 없고 친한 바도 없고 스스로 생각한 바도 없는데, 바깥에서 일어난 것에 현혹되고 바깥에서 일어나는 것 때문에 속고 울고 웃고 하고 있는 거예요. 이렇게 쫓아다니는 이놈이 누구인가 하고 들여다보세요. 화가 때는 화를 들여다보고 화를 내는 이놈이 누구인지 들여다보고, 안으로 자꾸 들여다보라는 거예요.

이 세상 모든 공부는 남을 따라서 배우거나 내가 몸으로 익히거나 남이 하던 것에서 멀리 떠나서 살 수 없지만, 내가 나를 추구하면 남을 따라하는 공부가 아니라 그때부터 진짜 내 공부를 하는 거예요. 그래서 기도하고 참선하고 명상하는 거죠. 오욕락에 찌들고 병들고 죽어가는 나라는 진짜 존재를 만나서 확 틔워내면 복력과 지혜가 증장되고, 이제까지 싸우고 지지고 볶고 살던 삶이 바뀝니다. 내 입에서 좋은 말이 나가요. 상대가 아무리 화를 내도 내가 늘 부드러운 말이 나가는데 상대가 화를 내겠어요?

나부터 고쳐야 하는데 나는 고칠 생각을 안 하고 남의 단점은 잘 보이죠. "당신은 그게 문제야." 하고 산단 말이에요. 나를 고칠 줄 아는 사람이 부처님의 가르침대로 살아가는 거예요.

노부부가 같이 길을 걸어가는데 할머니가 관절염이 있어서 다리가 아프니까 할아버지한테 "영감, 나 좀 업고 갑시다. 다리가 아파 못 가겠소." 하고 부탁해요. 그러니까 어떡해요? 업어줘야지. 그래서 할아버지가 할머니를 업었어요. 업고 한참 가니까 할머니가 미안하잖아요. "영감, 나 무겁죠?" "무겁네." "왜 무거운데?" "머리는 석두지, 얼굴은 철판 깔았지, 간덩이는 부었지, 엉덩이는 산만 한데 안 무겁겠나?" 이게 뭐냐면 안하무인 격이에요. 자식들 키우고 어떻게든 살아 보려고 애썼다는 소리거든요. 얼굴에 철판 안 깔고 살아낼 수 있어요? 뭐라 하거나 말거나 머리라도 밀어붙여야죠. 그저 앞만 보며 내 자식 위하고 내 가정 위한답시고 아무것도 없이 버티려면 간댕이가 붓죠. 전쟁의 잿더미 위에서 이만큼 먹고 살기까지 무식하고 용감하게 열심히 살고 밤낮 없이 산 어머니 역할은 정말 대단한 거예요. 그렇게 살아왔기 때문에 우리가 이만큼 사는 거예요. 자식을 위해서 가족을 위해서 희생하는 것은 칭송할 만하지만,

자기 자신을 위해서 한 일은 전혀 없어요.

이것을 생각하면서 다시 하는 거예요. 할아버지가 돌아오면서 "당신도 나 좀 업어줘." 했어요. 그러니까 할머니가 "그래, 업자." 하고 할아버지를 업었어요. "많이 무거워?" "아니. 너무 가볍다." "왜 가볍냐?" "머리는 비었지, 입은 싸지, 허파에 바람은 잔뜩 들었지, 얼마나 가볍겠어?" 이런 식으로 이야기해요. 남자들은 먹고 살 만해지면 잘난 척해야 되잖아요. 어디 나가서 이만큼 밥 먹고 사는 척해야죠. 그리고 나이 들면 자식 자랑을 어찌 그리 하는지, 동네방네 다니며 자랑해요. 정말 허파에 바람이 잔뜩 들어서 '나는 이만큼 산다.' 이런 식이에요. 여기에도 보면 남자와 여자의 차이가 있어요.

우리는 부촉 받는 삶을 살아야 해요. 부처님이 우리에게 『법화경』을 광선유포하라고 부촉하셨는데, 정말 부처님의 자식으로 살아 봤습니까? 이렇게 부촉 받는 삶을 살 때 지혜 광명이 늘어나고 복덕이 구족해지고, 부처님의 자식으로 만대유전하는 그런 삶을 살아갈 수 있습니다.

마정수기摩頂授記란 말 들어 보셨죠? 티베트 스님들이 이마를 이렇게 하는 일들이 많은데, 부처님과 각 보살마다 대중들에게 이렇게 수기를 하면서 부촉을 하셨어요.

이때 석가모니 부처님이 시방에서 오신 여러 분신 부처님들을 본국으로 돌아가게 하려고 이렇게 말씀하셨습니다. "여러 부처님은 각각 편하신 대로 하고 다보 부처님의 탑은 아직 그대로 계십시오."

이렇게 이야기하셨는데, 다보 부처님은 증명 부처님이라는 거예요. 부처님이 보살들이나 제자들이나 여러 사람에게 부촉해주고 난 뒤에 마정수기 하듯이 일일이 이마를 만지면서 "이것을 유포해라. 너희들은 이렇게 살았다는 것을 이야기해라."라고 하셨어요. 부처님은 이런 것이고, 믿음은 이렇게 믿어 들어간다는 것을 가지가지로 말씀하신 거예요.

그렇게 하고 난 뒤에 마지막으로 「촉루품」을 거두면서 다른 보살님들은 다 본국으로 가시더라도 다보 부처님만큼은 아직 계셔 달라고 해요. 아직 증명해줄 것이 많다는 소리거든요. 2,500년이 넘은 이 시간까지 우리가 부처님의 법을 열심히 수행하고 독송하고 살아갈 수 있는 자체가 이와 같은 일이 있기 때문이에요. 「촉루품」을 부처님의 제자들과 보살들에게 수없이 전하고자 했기 때문에 오늘 이와 같이 우리가 가지고 있는 거죠. 우리가 『법화경』을 수지 독송하고, 부처님을 찬탄 공경하고 예배할 수 있는 그것이 「촉루품」에 드러나 있어요.

불자라면 스스로 『법화경』을 진실되게 공부해 보세요. 그리고 『법화경』 사경 기도를 해 보세요. 부처님의 진실된 법을 한 자 한 자 쓰면서 그 법에 대한 것을 내 자성이 충분히 받아들여서 진심으로 사경을 하면 그 공덕으로 인해서 우리의 지혜가 증장되고 7대 조상까지도 천도가 되고 자손들도 복력이 주어진다고 했어요. 그러니 꼭 사경 기도를 해서 그 공덕으로 항상 불보살이 함께 하시기를 바랍니다.

Q. 전에는 아침에 일찍 일어나서 식사를 준비하면 온가족이 함께 먹었는데, 요즘은 자식들이 커서 직장생활을 하면서 아침밥을 안 먹고 가서 참 안타깝습니다.

A 자식이 아침밥 안 먹는 게 안쓰러운 것이 엄마의 마음이죠. 보살님의 마음은 충분히 이해를 하는데, 요즘은 또 때라는 게 있대요. 부처님의 때는 사시, 오전 10시에서 10시 30분 사이예요. 그래서 절에서는 그 시간에 사시불공을 해요. 부처님은 일종식 하고 평생을 사셨어요.

전에는 온가족이 항상 같이 한상에 앉아서 밥을 먹으면서 따뜻한 기운을 가지고 하루를 시작했죠. 그런 어머니의 마음도 너무 감사하죠. 하지만 복잡한 세상에 밤늦게 집에 돌아와 겨우 서너 시간 잠자고 다시 푸닥거리며 직장에 가야 하잖아요. 아침밥 안 먹어도 칼로리가 남아도는 세상이에요. 옛날처럼 못 먹고 살지 않잖아요. 오히려 폭식이나 과식으로 인해서 비만이나 각종 질병에 시달리는 사람들이 많습니다.

아침을 안 먹고 나가면 간단하게 우유라도 먹이면 됩니다. 보살님의 성격 자체가 굶는 걸 도저히 못 넘기는 성격이니까 우유라도 한 잔 먹이고 보내면 그것으로도 충분해요. 점심 때 또 맛있게 먹잖아요. 요즘은 바깥 밥도 괜찮아요. 점심도 저녁도 잘 먹으니까, 한 끼 안 먹어도 괜찮아요.

보살님의 그 마음에는 또 뭐가 있냐 하면 '저놈이 나중에 장가가서도 아침밥 안 먹는다고 하면 어쩌나?' 이 생각이죠. 그런데 그때 되면 자기가 다 알아서 살아요. 주어진 복력대로 살아가는 거예요. 부처님은 일종식 하고도 평생을 사셨는데, 요즘은 세 끼를 먹잖아요. 세 끼뿐만 아니라 간식까지 챙겨 먹으니 영양이 넘쳐나요.

아침에 우유 한 잔도 부처님이 일종식 하던 그 시대에 비하면 행복한 거예요. 아침에 밥을 너무 많이 먹으면 오히려 머리가 돌아가지 않는대요. 그래서 일부러 안 먹는 사람들도 있더라구요. 각자의 체질에 따라서 하면 되니까 앞으로 신경 안 쓰셔도 될 것 같아요.

20강

끝이 없고 한량없는 부처님 공덕

|

약왕보살본사품藥王菩薩本事品

|

제23 「약왕보살본사품」은 약왕보살이 희견喜見보살로 계실 때, 소신燒身공양을 하신 것을 이야기하고 있어요. 다른 경전에는 이런 것이 없는데 『법화경』에 소신공양 이야기가 나와요. 소신공양은 그만한 믿음이 없이는 할 수 없는 일이고, 진짜 믿고 발심하고 깊이 들어가서 하지 않으면 해 봐야 별 볼일 없는 일이에요. 가끔 손가락에 연비를 하는 스님들이 계시죠. 희견보살로 계시던 약왕보살님이 일월정명덕日月淨明德 부처님 앞에서 그 부처님을 찬탄하면서 보살로서 나도 부처님의 일체종지가 이루어지기를 서원하셨어요. 사실 몸뚱이를 태우는 것은 별거 아니에요. 분골쇄신하는 것은 그 마음이에요. 마음자리를 이야기하는 거예요.

왜 내가 이걸 마음으로 봤느냐? 희견보살은 모든 향을 먹고 그 다음에 바르는 향과 기름을 다 바르고 난 뒤에 소신공양을 올렸어요. 대개 사람의 몸뚱아리를 태우면 10~20분이면 끝나잖아요? 그런데 이것이 꾸준하게 이어져서 한 겁이 지나도록 타고 있었대요. 어떻게 일 겁이나 심지어 수 겁 동안 계속해서 발광을 하고 타고 있었느냐? 발광은 스스로 발열해서 타는 모습을 이야기하는 거예요. 화광삼매火光三昧라고 들어 보셨죠? 화광삼매는 내 밝음 속에 그냥 삼매에 들어가 있는 거예요.

얼마 전에 우리나라에 다녀가신 틱낫한 스님 아시죠? 세상의 선지자라고 할 수 있죠. 그 스님의 은사 스님이 틱꽝둑 스님이란 분이에요. 틱꽝둑 스님이 살던 시절은 베트남이 혼란스럽고 불교가 탄압을 당하고 있을 때였어요. 스님들을 구속시키고 구타를 하고 그렇게 불교를 탄압했답니다. 그때 틱꽝둑 스님은 어떻게 하면 불교를 바로 세울 수 있을까를 고민하다가 호치민 시내 거리에서 제자들을 모아놓고 "내가 소신공양을 해야겠다. 만약에 내가 뒤로 넘어지거든 불교가 앞으로 끝없이 발전할 것이고, 앞으로 넘어지거든 이 길로 모든 것을 다 떠나서 각자 너희들 살 길을 찾아라."라고 말씀하시고 소신공양에 들어갔어요. 호치민 시내 거리에 수만 명의 신도들이 운집한 가운데 온몸에 기름을 끼얹고 그 자리에 앉아 계세요. 그런데 사람의 정신을 가지고 있으면 펄쩍펄쩍 뛰고 난리가 날 텐데 불을 붙이고 미동도 하지 않고 앉아 있다가 결국은 뒤로 넘어졌어요. 완전히 삼매에 드신 채로 소신공양이 된 거예요. 그렇게 함으로써 앞으로 불교가 융성할 것이라고 생각하신 거죠.

틱꽝둑 스님이 소신공양을 하고 난 뒤에 남은 몸을 수습해서 화장장에서 다시 태웠는데, 아무리 태워도 심장이 타지 않았어요. 그때 당시에 불교를 탄압하던 시기니까 거기에다 염산을 들이부었어요. 그래도 심장이 타지 않았어요. 그 심장을 지금도 하노이의 한 은행 금고에 보관하고 있대요. 그렇게 해서 불교 탄압이 멈추고 베트남에서 불교가 재조명되고 다시 융성해진 일이 있었어요. 그 이후에 그분의 제자가, 오늘날 세계적인 수행자로서 대단한 공적을 남기고 계시잖아요.

그런데 틱꽝둑 스님이 살아생전에 수행할 당시에 늘 『법화경』을 수지 독송을 하고 아주 열심히 공부하셨대요. 『법화경』에 불 속에 들어가도 타 죽지 않고, 물 속에 들어가도 빠져 죽지 않고, 금강산에서 떨어지더라도 털 끝 하나 다치지 않는다고 나와 있어요. 법화행자로서 살면, 정말 여실히 믿고 의지하고 따르면 그와 같다고 했어요.

옛날 우리나라에도 그런 스님이 계셨잖아요? 몸으로는 일체의 율종을 다 따르지 못하고 결혼을 했던 일이 있지만, 평생 『법화경』을 광선유포했기 때문에 죽어서 화장을 하더라도 결코 혓바닥만큼은 타지 않으리라 그랬어요. 그런데 정말 열반하고 난 뒤에 태워도 태워도 혓바닥에서는 화광삼매라고 빛이 더 강하게 나왔대요. 『법화경』을 수지 독송하던 분들에게 실제로 일어난 희유한 일들이 참 많았어요. 얼마만큼 여실히 믿고 수지 독송하고 찬탄하고 예경하고, 부처님의 자식으로서 사느냐라는 거예요. 다른 것이 아니에요.

세상의 진리를 가지고 오셔서 이렇게 드러내셨고, 중생이든 중생 아니든 따르기만 해도 모든 음력이 소실되고, 부처님의 자식으로 받아들이겠다고 하신 이 『법화경』이야말로 세상에 닿을 수 없는 경전 중의 경전이에요. 부처님도 『법화경』을 경전 중에 제일이라고 하셨어요. 그래서 『법화경』을 항상 수지 독송하고 법화행자로서 사경하고 독송하고 공부하면 그만큼 우리의 공덕과 복덕이 증장되고 지혜가 증장되어 대대로 법화행자의 뿌리가 없어지지 않는 거예요. 『법화경』은 그만큼 위대한 것이에요.

요즘 보면 아무 생각 없이 자기 몸을 해치는 것은 정말 어리석은 짓이에요. 이 세상에 오면서 사람 몸 받기가 정말 어려운데, 그 사람의 몸을 받고 부처님의 법을 만나기는 더 어려워요. 또 부처님의 법을 만나도 이렇게 『법화경』이란 정법을 만나기는 더 어렵다고 그랬단 말이에요. 그래서 이렇게 『법화경』을 가지고 믿고 따르고 의지할 수 있다는 것은 우리가 무한한 복력이 쌓여 있기 때문에 이렇게 부처님의 경전을 공부할 수 있지 않나 합니다.

「약왕보살본사품」에서 특히 비유로써 모든 경 중에 제일임을 밝히셨어요. 이것을 한 구절 한 구절 읽어 가면서 살펴보겠습니다.

수왕화보살이여, 마치 모든 시내와 개천과 강들의 모든 물 가운데 바다가 제일이듯이, 이 『법화경』도 그와 같아서 모든 여래가 말씀하신 경 가운데 가장 깊고 크니라.

산천의 물도 물이고, 개천의 물도 물이고, 강물의 물도 물이지만 이 물은 다 바다로 가잖아요. 바다는 오대양을 다 쫓아다녀도 짠 맛은 다 한맛이에요. 이 경전은 바다라는 큰 물에 비유할 수 있어요.

더 이상 비유할 데가 없어요.

믿고 따르고 의지하라는 것이 첫째 조건이에요. 법화행자들은 믿고 따르고 의지하는 것 외에는 없어요. 추호도 의심하지 말고 진실로 믿고 쑥 들어가세요. 부모님이 나를 낳아준 것을 믿듯이 그와 같이 믿으세요. 진실이니까요. 부모님이 나를 낳아준 게 확실하듯이, 『법화경』을 믿고 의지하면 복력과 지혜가 증장되고 수많은 사람들에게 광선유포한다면, 그것은 부처님의 진실된 법을 가지고 했기 때문에 어디에 가서도 당당할 수 있고 스스로의 복력이 증장되는 거예요. 그래서 물 중의 물인 바다에 비유해서 이 경이 제일이라는 것을 나타내셨어요.

또한 토산·흑산·소철위산·대철위산·십보산 등의 모든 산 가운데서 수미산이 제일이듯이, 이 『법화경』도 그와 같아서 모든 경전 가운데 가장 으뜸이니라.

산이라는 산을 다 따져도 수미산이 제일이듯이, 이 경전 역시 그렇다는 거죠. 『아함경』·『화엄경』·『방등경』·『반야경』 등은 다 부처님이 설법하신 것이지만, 그 경전 가운데 『법화경』이 제일이라는 소리예요. 무슨 말씀인가 하면, 다른 경전은 공한 가운데 도리를 알고 들어가고 일미진중함시방—微塵中含十方이라는 것을 알라고 했다면, 『법화경』은 믿음이 없으면 한 발짝도 들어올 수 없는 경전이기 때문에 믿음이 제일이라는 거예요.

그래서 부처님도 이 『법화경』을 설하려고 하실 때, 이렇게 뜻을 들이고 이상한 소리를 자꾸 하시는 것 같으니까, 결국 오천 비구 비구니들이 떠나 버렸어요. 그 다음에 『법화경』을 설하신 거예요. 그만큼 『법화경』을 보고 듣고 수지하고 독송하고 따르기는 어렵지만 그 속에까지 들어와 버리면, 이미 성불의 종자를 완전하게 키울 수 있고 그 나무가 자라서 열매 맺기만 하면 되는 거예요. 그 열매만 맺으면 모든 열매를 따서 나만 먹는 게 아니라, 수많은 사람에게 공양할 수 있는 거예요. 이렇게 보는 겁니다.

「촉루품」으로 부처님한테 인정을 받고 유포의 임무를 받았다면 그 종자를 전부 받았다는 소리예요. 불성의 종자라는 씨앗을 받고 「약왕보살본사품」에 와서는 씨앗을 뿌려서 그 씨앗이 자라서 나무가 되겠죠. 나무에 사과가 커가고 있는, 증장되어 가는 시기와 같은 거예요. 이 사과를 따서 한 사람 한 사람에게 나눠주면서부터 나 역시 법화행자로서 수많은 사람에게 광선유포하고 포교하는 보살이라고 보는 거예요. 종자를 뿌리고 키워서 열매가 맺고 아직 설익은 상태예요. 이제는 조금만 더 기다렸다가 이 법화의 자미를 보시기를 바라겠습니다.

또 모든 별 가운데는 달이 가장 제일이듯이, 『법화경』도 그와 같아서 천만 억 모든 경전 가운데 가장 밝게 비추느니라.

참 대단한 말씀이에요. 밤하늘에 별들은 많지만 별보다 달이 훨씬 더 밝고 크잖아요. 오죽하면 '천강유수천강월千江有水千江月'이라고 이야기했겠어요. 천 개의 강에 달이 뜨지만 그것은 하나의 달이에요. 부처님 이후에 우리가 오늘날까지 살아오면서 전 세계적으로 수많은 부처님 도량이 뻗어 있잖아요. 하지만 부처님 도량이 어디로 되어 있느냐? 바로 영산회상에 회삼귀일로 정해져 있는 거예요. 『법화경』을 회삼귀일로 보는 거니까, 천강 만강에 달이 비치지만 그 달이 회삼귀일승이라, 법화의 달이라고 보는 거예요. 법화의 달이 완전히 비친 것이 수많은 도량이지만, 믿음을 제일로 이야기할 때는 『법화경』을 빼놓고는 이야기할 수 없는 거예요. 별들이 아무리 밝아도 별들의 왕은 달이라는 소리예요. 부처님의 수많은 경전은 별처럼 빛나지만, 그 가운데서 이 『법화경』만은 모든 중생에게 으뜸이 될 수 있는 경전이에요.

그래서 이것을 수지 독송하면 스스로 복락을 즐길 수 있는 상락아정이라는 거예요. 그 다음에 영원을 노래하는 거예요. 만사만생 하는 삶을 살 것이 아니라, 영원을 노래하고 살아 봐야죠. 만 번 태어나고 만 번 죽고, 너무 고통스럽잖아요? 그 삶을 오늘날까지 반복해 왔어요. 그렇게 살지 말고 만사일생 하는 삶을 살자는 거예요. 이 『법화경』의 진실된 믿음만 있으면 만사만생 하던 이 몸뚱아리를 벗어던지고 진짜 만사일생 하는 삶으로, 영원히 사는 삶으로 영원을 노래할 수 있어요.

또 해가 능히 모든 어둠을 없애듯이 이 경전 또한 그와 같아서 온갖 좋지 못한 어둠을 능히 깨뜨리느니라.

무명은 어둠이에요. 무명이 어둠이라면 거기에서 밝음이 시작됐는데, 그 밝음이 뭐냐? 부모님이 아이를 갖기 전에 삼신이 꿈에 아이를 줄 것 같단 말이에요. 아들이든 딸이든 준다니까 부모님이 잔뜩 기대를 갖겠죠. 부모님을 의지해서 삼신의 꿈을 통해서 어머니의 태에 밝음을 가지고 들어왔어요. 태에 들면 초삼칠일은 풀 끝에 맺힌 이슬같아요. 그렇게 점점 자라서 열 달을 채우고 나면 나오고, 그때부터 태를 끊잖아요. 그 순간 우앙 하고 울잖아요. '나 혼자 떨어져서 어떻게 살까?' 이거죠. 그렇게 살아가는 거예요.

아이는 그저 한번 웃어줬을 뿐인데 부모는 그걸 보고 있는 온갖 시름 다 놓아 버리고 즐거워하죠. 안고 어르고, 아기가 재롱에 떠는 게 아니라 어른이 재롱에 떨어요. 그렇게 키워 가면서 첫 돌 지나고, 똥오줌 가리고, 말하기 시작하면서부터 말을 안 듣죠. 그렇게 살아가고 호기심을 가지고 세상을 만나죠. 전생에, 전전생에 가졌던 습관과 버릇이 있기 때문에 뭘 어떻게 해야 할지 안 가르쳐줘도 잘 알아요. 그 습관과 버릇이 생이지지라, 가져왔단 말이에요. 그렇게 살아가는 거예요.

경 중에 최상의 경전이라는 말은 우리가 중생의 음력으로 살아오면서 때 묻은 업장 음력 싹 벗겨낸다는 소리예요. 그래서 만사만생 하던 것을 벗어던지고 만사일생 하는 영원을 노래할 수 있는 삶이 된다는 게 바로 부처님의 가르침이고, 『법화경』의 가르침이에요. 너무 좋잖아요?

또 모든 작은 왕들 가운데는 전륜성왕이 가장 제일이듯, 이 경도 또한 그와 같아서 여러 경전 가운데 가장 높으리라.

중국에서 우리나라를 변방이라고 그러잖아요? 본토에 태어나는 것보다 복이 없어서 변방에 태어난다고 그랬어요. 중국 사람들이 우리나라를 동방예의지국이라고 하죠. 베트남은 남방예의지국, 인도는 서방예의지국이라고 하며 자기 필요한 대로 갖다 붙이는 거예요. 그런데도 우리는 그 동방예의지국이란 말에 속아서 놀아났잖아요. 오늘날까지 동방예의지국이라고 있는 것 없는 것 다 받아들이고 유교까지 받아들였죠. 유교 자체가 잘못됐다는 것은 아니지만 그 때문에 억불정책을 쓰며 조선 500년 동안 불교를 탄압했단 말이에요. 지금 서울시청 자리가 지천사라는 절이었는데 쫓겨났어요.

강화도 전등사에 가면 수백 년 된 은행나무가 있죠? 그 나무에 얽힌 전설이 있어요. 스님이 시자와 살면서 은행 공출을 10가마니 받았대요. 그런데 어느 날 느닷없이 와서 앞으로는 은행 20가마니를 내놓으래요. 10가마니 밖에 안 나오던 은행이 갑자기 20가마니 나오는 법이 어디 있어요. 사서라도 내놓으라는 소리잖아요. 옛날에는 그렇게 불교를 억압했어요. 그래서 기도 스님을 청해서 나무 앞에 평상을 펴고 기도를 시켰어요. 관리들이 나와서 기도하는 이유를 묻자 "은행이 많이 열리라고 기도합니다. 공출을 채우려면 은행나무를 붙들고 기도라도 해야지요."라고 대답했어요. 『고승전』에 보면 3일 동안 기도를 했대요. 사실은 이 이후로는 은행이 수억 겁을 지나더라도 한 톨도 열리지 말라고 기도했어요.

요즘 전등사에 은행이 열었다는 소리 들어 보셨어요? 지금까지도 안 나왔다는 거죠. 그만큼 옛날 스님들은 법력도 대단했어요. 우리나라에 유교가 들어오면서 억불정책을 쓰고, 스님들이 종이 만들고, 은행 다 공출해야 되고, 수많은 일을 겪었어요.

용파 스님 같은 경우도 있잖아요. 용파 스님이 죽을 결심을 하고 섬으로 들어가서 혼자 공부해서 득도를 하셨어요. 그리고 바다 위로 걸어 나왔어요. 물 위로 걸어 나오는 그 모습이 용이 파도를 타고 나오듯 하다고 용 용, 물결 파, 용파 스님이에요. 그런 이 희유한 일들도 보이고, 억불정책을 몸소 막아내고자 서울로 와서 정조를 만나 대를 잇게 해준 일도 있었잖아요.

그러니까 실제로 보이지 않는 불교의 힘은 우리의 음력만 벗어 버리면 만사만생을 벗어나 만사일생 하지 못할 것이 없어요. 우리가 정말 모든 도에 대해서 함께 노래할 수 있는 경전이 바로 이『법화경』이라는 것을 각인하시기 바랍니다.

또 제석천왕이 33천 가운데 왕이듯이, 이 경도 또한 그와 같아서 모든 경 가운데 왕이니라.

계속 찬탄을 하시는 거예요. 33천에 각 층이 있다면 제석천왕이 33천의 왕이듯이, 수많은 경이 있지만 이 경이 제일이라는 거죠. 팔만사천 가지가지 방편이라고 했잖아요?『법화경』이 몇 자인지 알아요? 원본을 보면 7만자 정도 됩니다. 이『법화경』의 부처님의 가르침을 그냥 어려운 말로 들을 것이 아니라, 정말 쉽게 이야기할 때 듣고 해탈하세요.

또 대범천왕이 모든 중생의 아버지이듯이, 이 경 또한 그와 같아서 모든 현인·성인·학·무학과 보살의 마음을 낸 사람들의 아버지이니라.

학식이 있든 학식이 없든 이 마음을 낸 사람이 모든 사람의 아버지라는 거죠. 그와 같듯이 이 경이 제일이라는 거예요. 경 중의 아버지라는 거죠.

또 모든 범부들 가운데는 수다원·사다함·아나함·아라한·벽지불이 제일이듯이, 이 경 또한 그와 같아서 모든 여래가 설하고 또 보살이 설하고, 성문이 설한 모든 경법 가운데 가장 제일이 되느니라. 또 이 경전을 능히 받아 지니는 이도 또한 그와 같아서 모든 중생 가운데 제일이 되느니라.

이제까지 다른 경전을 공부하셨다면 제일이라는 소리를 못 들을 텐데, 『법화경』을 이와 같이 공부했기 때문에 우리도 제일이라는 거죠. 중생 중에 제일이에요. 중생 중에 제일이면 조금 있으면 바로 사과를 딸 수 있고, 제일의 법희선열을 맛볼 수 있는 거예요. 그래서 부처님을 함께 노래할 수 있는 불자로서 살아갈 수 있다는 소리예요.

또 모든 성문·벽지불 가운데는 보살이 제일이듯이, 이 경도 또한 그와 같아서 모든 경법 가운데 가장 제일이 되느니라.

여러 가지 비유를 해서 이 경이 제일이라는 말씀을 수없이 하셨어요.

「약왕보살본사품」에서 왜 소신공양에 대해서 이야기했을까요? 약왕보살 전에 희견보살 역시 팔을 소신공양을 했어요. 그런데 더 좋은 팔이 저절로 나왔어요. 신통묘용한 힘을 가졌을 때는 몸을 태우는 게 아니라 마음을 부처님과 같이 했다는 거예요. 그러니까 겉으로 보지 말고 진불은 속으로 보세요. 겉에 속지 말고 나의 진짜 부처님을 제대로 보라는 소리예요. 나라는 존재, 나다 하는 상이 아니라, 진짜 나 자성불을 보라는 소리죠. 그와 같았을 때 우리는 영원을 노래할 수 있어요.

『법화경』이 이러한 능력이 있다. 수왕화여, 이 경은 능히 모든 중생을 구원하는 것이며, 이 경은 모든 중생으로 하여금 모든 괴로움을 여의게 하며, 이 경은 모든 중생을 이익하게 하여 그 소원을 만족하게 하느니라.

이 이상 더 뭐가 있겠어요? 소원을 다 들어준다잖아요. 제 말이 아니라 경전을 인용해서 말씀드린 거예요. '너희의 소원을 다 들어주마. 너희의 모든 괴로움을 내가 다 들어주마. 너희들은 내 자식이니까 믿기만 하고 들어오너라.' 이거죠. 부처님은 깨치신 이후에 열반하는 그 시간까지도 중생을 위해서 설법을 멈추지 않으셨어요.

그런데 가만히 생각해 보세요. 몸이 아파서 춘다의 공양을 받으시고 토사광란을 만났다고 했잖아요. 네란자라강 옆을 지나가다가 힘들어서 잠시 쉬실 때 "아난아, 내가 물이 먹고 싶구나." 하셨어요. 아난존자의 눈에는 조금 전에 장사꾼들이 수레를 몰고 강을 건너갔단 말이에요. 조금 있다 흙탕물이 가라앉고 난 후에 드셔야 할 것 같았어요. "부처님, 조금만 기다리십시오. 지금 막 저 장사꾼들이 지나가서 흙탕물이 일어나 물을 마실 수 없을 겁니다." "아난아, 그래도 내가 물이 먹고 싶구나." 두 번 말씀하셨어요. "부처님, 잠시만 기다리십시오." 또 부처님이 "아난아, 내가 지금 목이 마르고 물이 먹고 싶구나." 세 번 말씀하셨어요. 절에서는 세 번이면 무조건 해야 돼요. 경전마다 세 번 묻고 세 번 답하는 것이 있죠. 부처님이 세 번 말씀하시면 무조건 해야 해요. 그래서 네란자라강에 가보니 맑은 물이었어요. 부처님의 상수제자면서도 자기 눈의 상에 속아 있더라는 거죠.

부처님은 이미 아시고 가서 물을 떠오라고 했단 말이에요. 그런데도 자기 눈으로 보는 것에 속은 거죠. 이와 같은 거예요. 그러니까 우리의 눈으로 봤다고 다 인정하는 것은 어리석은 거예요.

『법화경』이 경 중에 제일 경이요, 중생들을 이익되게 하는 경이요, 중생들의 소원을 다 들어주는 경전이에요. 구경에는 구원실성九遠實成하는 경전이고, 회삼귀일승하는 경전이에요. 바로 이 경전이라야만 불도를 이룰 수 있는 불자가 된다고 이야기하신 거예요.

Q. 3남 1녀 중 막내 며느리입니다. 다른 형제와는 우애가 돈독한데, 이상하게 한 형님하고 친해지기가 힘듭니다.

集안 식구들끼리 잘 지내야 하는데, 힘드시죠? 곧 죽어도 자기가 잘났다고 하고 대화가 안 통하잖아요. 그러니 명절이나 제사만 다가오면 걱정이 되죠. 보살님도 스트레스 받는 거예요. 경계를 지어 놓았다는 거죠. 내가 벌써 이 사람에 대한 상을 지어 놓은 거죠. 그래서 내 상에 내가 걸려서 내 발목을 잡으니 '그 인간은 볼 때마다 꼭 재수 없는 소리만 하네. 꼭 싸가지 없는 소리만 하네.' 싫죠. 듣고 있어도 오장육부가 뒤틀리죠. 그래서 골탕 한번 확 먹이고 싶지만, 아랫사람이다 보니까 그럴 수도 없죠.

내 경계를 없애 버리세요. 그 다음에 수도하는 마음으로 나에게 상처를 주는 사람이 좋아하는 것만 해주세요. 먼저 내가 나가야 됩니다. 그래야 그 사람을 굴복시킬 수 있어요. 내 편으로 만드는 거죠. 내가 먼저 그 형님이나 조카들의 생일을 챙겨주고, 기분 좋은 말을 해주다 보면 또 싹 없어져요.

그런데 그런 사람이 아예 없게 하려면 어떻게 해야 하느냐? 보살님이 잘 설득시켜서 불자로 만들어 보세요. 그러면 보살님이 고생 안 해도 부처님이 알아서 해줍니다. 이런 생각을 가지고 멋있게 한번 마음을 내고, 내 경계를 허물어 보세요.

21강

확고하고 변함없는 부동심이 부처를 이룬다

묘음보살품妙音菩薩品

묘음보살妙音菩薩은 타방 보살이에요. 우리가 사는 사바세계의 보살이 아니에요. 부처님이 미간백호상으로 비추니까 정광장엄불淨光莊嚴佛 세계에 계시는 묘음보살이라는 분이 사바세계에 가서 석가모니 부처님께 예를 드리고 각 보살들도 만나 보기를 소원했어요. 그러자 정광장엄 부처님이 "여기는 이렇게 유리처럼 맑고 깨끗하고 투명하고 너무나 아름다운 세상이지만, 그 사바세계는 좀 더럽고 지저분하고 사람들도 부처님도 작다. 하지만 하열하게 보지 말아라. 가거든 부처님께 귀의하고 인사드릴 수 있겠느냐?" "당연히 그렇게 하겠습니다."

묘음보살은 몸집이 크고 잘생겼대요. 얼마나 잘생겼나 하면, 청강에 비친 달보다 더 달덩이 같이 잘 생겼대요. 묘음보살이 정광장엄 부처님 앞에서 삼매에 든 채 사바세계에 와서 보니까 사람들도 작고 부처님도 작고, 산은 울퉁불퉁하고, 더럽고 지저분한 것도 많아서, 여러 가지 높낮이가 있고 세상이 고르지 못했어요.

영산회상에서 『법화경』을 설하시는 석가모니 부처님의 앉은 자리까지 삼매에 든 모습으로 나타나니 사바세계의 부처님 제자들이 희유한 일이라고 이야기했어요. 묘음보살이 『법화경』을 두고 서른 네 가지의 위신력을 자기가 갖고 있다고 이야기했어요. 『법화경』을 찬탄한 그 공덕으로 나는 이렇게 묘음보살로서 사바세계에 있지만 나를 찾고 『법화경』을 수지 독송하면 지켜주겠다고 했어요. 장자나 거사나 전륜성왕이나 장군이나, 또 비구 비구니나 우바새 우바이나 아니면 여러 사람의 몸으로 나투어서 그 사람이 필요할 때 이 『법화경』을 수지 독송하고 서사차경하는 그런 제자들을 지키고 보호해주겠다고 했어요. 묘음보살을 열심히 의지만 해도 『법화경』에서는 모든 일체종지를 이룰 수 있다는 석가모니 부처님의 말씀이 있는 것이 「묘음보살품」이라고 보는 거예요.

우리는 하열하고 근기가 약하잖아요. 그 자리에서 선정에 든 채로 나타나서 34응신으로서 모든 것을 돕고 중생들마다 맞춰서 도움을 주고 모든 것을 이루게 해주겠다고 이야기한 그 묘음보살이 현실에 왔으면 어떻게 됐을까요? 우리가 좁은 땅덩어리에 그것도 남북으로 갈려 이념적인 대립을 하고, 또 경상도·전라도·충청도로 선을 그어 지역적인 감정이나 네 편 아니면 내 편으로 나누는 게 참 하열하고 용렬한 일이에요. 마음을 비우고 수용할 것은 수용하고 용서해 가면서 받아들이면 되는데, 전부 자기중심적인 사고로 살아가니까 둘도 화합이 안 되는 거예요. 끼리끼리 모여서 그저 으쌰으쌰 하죠. 자기 뜻대로 될 때까지 결사반대죠. 죽어도 나 하겠다는 소리죠.

그런 식으로 세상을 살아가고 있으니까 마음에 한 치의 여유도 없고 메말라 가는 거죠. 어디로 가야 마음의 여유를 가지고 살아갈 수 있을까? 누구나 걱정도 많고 근심이 많아요. 너와 내가 함께 하는 공생이 되어야 해요. 공생이 안 되니까 찢어질 대로 찢어져서 각자 놀음을 하고 있는 거예요. 둘도 화합이 되지 않는 세상을 살아가고 있으니 얼마나 삭막합니까.

그래서 그걸 보고 묘음보살이 석가모니 부처님께 물어요. "부처님, 이 세상에서 살아가시기 편하십니까? 중생들은 말을 잘 듣습니까? 공경 찬탄은 잘 합니까? 부처님의 가르침을 잘 따릅니까?" 부처님이 아무 말씀 없이 그냥 고개만 끄떡끄떡 하셨어요. 왜냐하면 그릇그릇이 다 다르고 근기가 다 달라서 사람마다 생각하는 것도 다 다르기 때문이에요. 사람들의 소견머리가 9층이에요. 최상근기의 상층에 있는 사람은 말만 해도 알아들어요. 그런데 하근기의 하열한 사람은 말을 해도 모르고 죄를 저지르고도 모르고 이 손에 쥐고도 없다고 한단 말이에요. 묘음보살이 타방 보살로서 사바세계에 와서 묻는데 할 말이 뭐가 있겠어요? 고개 끄덕끄덕하고 마는 거죠.

그 대목을 가지고 부처님을 믿고 의지하는 불자들이라면 정말 깊이 생각해 봐야 해요. 자기가 원이 있고 바람이 있어서 기도하면 그 기도는 모든 걸 맡기고 기도해야 해요. 관세음보살에 맡기거나 부처님께 맡기고 기도할 때 지극한 정성만 나온다는 거죠. 그런데 맡기지 않고 그냥 내가 짊어지고 기도를 하니 되겠어요? 모든 것을 부처님께 맡기고 의지하고 기도한 사람은 설령 자기가 원했던 바가 이루어지지 않더라도 '아, 이것보다 더 큰 시련을 미연에 막기 위해서구나. 조금 더 세월이 가고 난 뒤에 이루어지려나 보다.' 하고 부처님을 믿는 마음은 끝이 없어요. 그런데 내가 짊어지고 기도하다가 안 되면 '그러면 그렇지. 빌어 봐도 안 되고 기도해도 안 되는구나.' 하면서 원망심이 생겨요.

어렸을 때 그런 경험이 있을 거예요. 사흘 낮밤을 사달라고 보채면 부모님이 귀찮아서라도 사주잖아요. 그렇지만 조르지도 않고 그냥 시장 따라갔을 때 "어머니, 저것 좀 사주세요." 하면 어머니는 흔쾌히 사줍니다. 어머니는 사흘 낮밤을 매달려 나를 못살게 굴던 놈보다는 점잖게 한 번 이야기한 것을 더 기억하게 되어 있어요. 어머니는 자식이 철들었다고 생각하죠. 우리가 어떤 마음으로 기도하고 어떤 마음으로 믿고 의지하느냐에 따라서도 이렇게 많은 어떤 차이가 있어요.

집안에서도 그래요. 필요한 것이 있으면 남편한테 의지해서라도 필요한 것을 이야기하죠. 남편을 믿은 거예요. 내 마음에 '아무리 이야기해도 안 될 거야. 내가 이야기해도 분명 거절할 거야.'라고 거절당할 것을 먼저 생각하고, 이야기를 할까 말까 계속 견주면서 스트레스를 받는 거예요. 혼자서 오만 생각을 다하는 거죠. 그러다가 어렵게 말을 꺼냈는데 남편이 쉽게 허락하면 세상을 다 얻은 것 같이 기분이 좋을 텐데, 거절하면 '그러면 그렇지.' 이렇게 되어 버리는 거예요. 그러면서 기분이 나빠지고, 밥도 해주기 싫고, 빨래도 해주기 싫은 거예요. 결국은 잠을 잘 때도 돌아누워 자요. 왜냐하면 내가 원하는 것을 안 해주니까 당신은 나쁜 사람이다 이거죠. 그게 보채는 아이와 똑같아요. 죽을 판 살 판 떼를 써서 그 하나 얻으려고 속이 있는 대로 상하고 꼬이죠. 잔소리에 두 손 두 발 다 들었다 하고 해주기는 해요. 내가 먼저 남편을 믿고 맡기세요.

부처님을 의지해도 내가 바람이 있으면 바람이 있는 대로 믿고 맡겨서 기도하면, 들어주면 감사합니다 소리가 저절로 나오죠. 들어주지 않더라도 '다음에 내가 지금 이것보다 더 큰 시련이 있을 수 있는데, 내가 기도를 더 해야겠구나.' 이런 생각을 가지고 더 의지하고 매달리게 된다는 거죠. 그런데 그렇지 않았을 경우에는 다른 생각을 자꾸 하게 되죠. 그러면 내 속이 먼저 상하고 내가 먼저 힘들어지고 괴로워하다가 그 다음에 되거나 안 되거나 부딪쳐 싸우고 속상하고 힘들어하고 괴로워해요. 내가 기도를 해도 믿고 맡기는 기도는 느긋한 마음이 드는데, 믿고 맡기지 못하는 기도는 늘 될까 말까 조바심을 내게 돼요. 그것을 가만히 생각해 보고 일을 해 나가세요.

내가 내 자식을 못 믿을 때는 가슴 속 생각으로 남겨 놓는 거예요. 학교는 제대로 가는지 걱정이죠. 집에서 설거지하다가도 청소하다가도 그 생각이 나니까 학교 앞에 가봐야 하잖아요. 이렇게 불안증이 생겨요. 이게 심해지면 의부증이 되고, 자식들한테 나타나면 집착이 되는 거잖아요. 그게 일종의 병이에요. 모든 것을 믿고 맡기고 의지해서 기도하세요. 그것이 진짜 기도가 되고, 설령 이루어지지 않더라도 다음을 기약할 수 있어요. 늘 내 마음에 부처님이 상주하니까 내가 그 무거운 짐 때문에 힘들고 고생할 필요가 없다는 거예요.

「묘음보살품」에서 묘음보살이 물었지만 고개만 끄덕이고 계셨던 이유가 뭐냐? 중생의 근기는 9층으로 나눌 수 있는데, 그 근기에 맞춰서 팔만사천 가지가지 방편으로 말씀하신 거예요. 그래서 중생의 그릇그릇에 맞춰서 때에 따라서 보살승이다 연각승이다 성문승이다 나눠서 말씀하셨지만, 결국 궁극에 한 가지로 응축해서 하실 때는 회삼귀일승이라, 일불승뿐이라고 하셨어요. 그 각각의 그릇이 골짝골짝에 흐르는 물은 수천 골짜기에서 흘러내리지만 한 강물로 들어가고, 한 강물로 들어가서는 한 바다로 들어가는 거예요. 내려올 때는 다른 골짜기에서 왔지만 큰 의미에서 보면 강을 이루고 또 그 강이 바다에 들어가면 짠 맛 하나밖에 없는 그런 원융무애圓融無碍함이 있는 거예요.

왜 아직도 아무개 골짝 아무개 골짝으로 나눠서 이 골짜기가 제일이니 저 골짜기가 제일이니 하는 소리를 하나요? 각각의 골짜기가 다 제일이죠. 실개천의 물이 흘러서 한곳에 모여 있기 때문에 큰 강과 바다를 이룬 거죠. 성문도 중요하고 연각도 중요하고 보살도 중요하지만, 여기까지 왔으니까 큰 강을 이루려면 회삼귀일승의 한 생각을 가지고 이뤄내는 거고, 더 나아가 바다로 들어가서는 『화엄경』에서 이야기하는 한맛을 내게끔 만드는 거예요. 이게 바로 회삼귀일승을 강조한 부분이에요. 그래서 그 속에서 너도 나도 없고 그물코처럼 인드라망으로 엮여 있으니까, 이 세상이 유지되는 거예요. 또 그렇게 각각의 사람을 중심으로 하다 보니까 사람 제일 인 세상이 되는 거죠.

그러니까 사람으로서의 인드라망 연결을 제일 먼저 했고, 축생 의 세계·아귀의 세계·아수라의 세계·지옥의 세계·천상의 세계라 고 나눠져 있는데, 그 중간 역할이 바로 인천인 우리가 사는 세계예 요. 그래서 이 세계를 공부하기 제일 좋은 세계라고 했단 말이에요. 왜냐하면 때에 따라서 몸도 아프고 슬프고 고달프고 괴롭고 힘들 고 즐겁고 오욕락이 있는 가운데에서 나를 관해 보고 스스로 살아 가기에는 이 이상 좋은 세상이 없기 때문이에요. 천상에 가면 늘 좋 은 일만 있으니까 아무 생각이 없을 것이고, 지옥에 가면 너무 고통 이 심하니까 또 아무 생각이 없잖아요. 짐승의 세계는 살만 뒤룩뒤 룩 찌우면 도살장으로 끌려가기 바쁜데 언제 공부하겠어요? 그러 니까 우리가 사는 인간 중심인 이 세계가 그래도 마음 공부하기 제 일이고, 부처님 믿고 보살님 의지해서 수행하기 제일인 곳이에요. 이럴 때 정신 못 차리고 공부 안 하고 늘 그냥 사는 데만 집착하다 보면 다음 세상은 어쩔 거예요?

나라는 존재는 일회용으로 가져온 거예요. 우리가 일회용으로 김 아무개 이 아무개로 살아가면서 태어나고 늙고 병들고 죽으면 끝나는 거라고 생각하는데, 가만히 생각해 보세요. 자동차를 오랫 동안 타면 폐차장 가야죠. 그런데 운전수까지 폐차장에 보내는 것 봤어요? 운전수는 응당 거기서 내려요. 이 몸도 그와 같아요. 쉽게 생각하세요. 자동차만 폐차시키지 나라는 존재는 거기서 내리는 거예요. 그렇기 때문에 나라는 존재는 영원히 사는 건데, 물질에 속고 사람에 속고 주위환경에 속아서 그것이 제일이라고 착각하고 그것만 쫓아가는 것이 잘못이에요.

각각 왔듯이 각각 가게 되는데, 갈 때쯤 되면 자동차에서 내려 자동차만 폐차시키고 나라는 존재는 다음에 어떤 몸을 또 받을 것이냐를 생각해 보세요. 그럼 함부로 살아서 되겠어요? 자동차는 낡으면 새 차 살 욕심으로 빨리 버리잖아요. 몸뚱아리를 그렇게 폐차시키라고 하면 죽었다 깨도 폐차 못 시킬 거예요. 늙어서 80 먹고 90 먹어도 1년만 더, 10년만 더 살고 싶잖아요. 그렇게 착 부리지 마세요. 차를 타고 다니다가 어느 순간 그 차가 다 되고 나면 미련 없이 폐차장으로 보낼 때나, 내 몸뚱아리 미련 없이 화장장으로 보낼 때나 그 차에서 운전수가 내리듯이 진짜 나라는 존재는 내리는 거예요.

이것을 가지고 '나는 누고?'라고 이야기하는 거예요. 이것을 절에서는 마음공부라고 하는데, 진짜 나 자신을 한번 만나 보라는 소리를 하는 거예요. '이 뭐꼬?', '뜰 앞에 잣나무니라' 해도 못 알아듣는데, 쉽게 생각하자고요. 폐차시킬 때 차만 폐차시키고 기사는 내리듯이 내 몸뚱아리 화장장 갈 때 나는 거기서 내려요.

그런데 그 내린 나를 과연 어떻게 찾아갈 것인지 생각해 봤어요? 이 몸 가져와서 지금 삶이 윤택하고 재밌고 즐겁게 살아가요? 아니잖아요. 날이면 날마다 시시때때 바뀌고, 하루에도 열두 번씩 바뀌고, 아침저녁으로 바뀌어요. 그러면서 혼자 거울을 들여다보고 "아무개야, 너 진짜 멋있고 잘났다. 이쁘다." 하는 사람 없어요. 여기도 고쳤으면, 저기도 고쳤으면 싶잖아요. 자기 얼굴 완벽하게 마음에 드는 사람 없어요. 어디든지 고치고 싶고 부족한 곳이 있어요. 그 온전하지 않는 몸에 왜 그리 연연합니까? 이 세상에 왔으니까 내가 사는 데까지 최선을 다하고 살아야죠. 결혼을 했으면 배우자의 도리를 다하고, 자식을 위해 최선을 다해주고, 내가 하늘에서 뚝 떨어진 것 아니니까 부모에게 공손해야죠.

요즘 살아가는 게 흥부 놀부 이야기 저리 가라죠. 형제들 중에 좀 잘 살면 못 사는 놈 찾아올까 봐 겁을 내요. 내가 못 살고 저 형제가 잘 사는데 안 도와주니까 배가 아프잖아요. 중년층들은 대부분 형제자매가 많잖아요. 닭이 열 마리면 봉이 한 마리라는 말도 있잖아요. 그런데 옛날에는 큰아들이 잘 살거나 공부를 못했으면 동생들 뒷바라지 해줬어요. 반대로 형이 공부하고 동생이 뒷바라지한 사람들도 많았죠. 그렇게 대학 나와서 좋은 자리에 취직하니까 자기 혼자 잘난 줄 알아요. 뒷바라지 하면서 시골에서 농사짓는 형이나 동생은 무시하고 업신여기죠. 자기가 잘났으면 얼마나 잘났습니까? 그렇게 잘난 사람들이 많다 보니까 세상이 오합지졸이 되어 버리는 거예요. 물론 형제간에 우애 지키고 사는 사람들도 많아요.

그런데 요즘은 많이 낳으면 세 명이죠. 한 사람이 잘 돼서 돈이 많아도 잘 사는 덕 보는 사람 있어요? 옛날 흥부가 놀부 형님한테 갔을 때는 그래도 주걱으로 뺨 맞으면 밥풀이라도 떼서 먹었지만, 요즘 사람들은 아예 전화로 거절해 버리죠. 요즘은 시어른들 집에 찾아오지 말라고 아파트 이름을 어렵게 짓는다는 우스갯소리도 있어요. 자기네들 딴에는 명품답게 이름을 짓는다 했는데, 짜가도 그런 짜가가 없죠. 제 부모 다 버리는 아파트 이름이잖아요. 그렇게 살면서 날마다 골프 치러 다녀요. 그것도 한국이 비좁다고 외국으로 좋은 곳 찾아다니는 사람들 많잖아요? 자기 능력 안에서 돈 많이 벌고 많은 사람에게 이익되게 하는 것도 좋습니다.

하지만 나 혼자 잘 먹고 잘 살고 내 형제는 고생하고 산다면 한번 돌이켜봐야 해요. 도와줄 사람은 도와줘야죠. 손가락도 길고 짧은 것이 있듯이, 잘난 놈을 잘나고 못났어요. 친정이나 시집이 어려운데 자기들은 펜트하우스에 살더라고요. 왜 이렇게 인정머리가 없어졌을까요? 사람들이 전부 이기주의예요.

그런데 그걸 아셔야 해요. 이 세상 와서 조금 덜 쓰고 덜 먹고 아껴 쓰고 절약하는 사람은 복 짓는 삶을 사는 거예요. 지금 어렵고 힘들어서 내 팔자는 왜 이러냐 하지만, 그렇게 원망하는 마음조차 없이 그것을 내 업이라고 생각하고 받아들이고 인정하세요. 더 나아가서 부처님 앞에 와서 경전 공부도 하고 기도하고 법문이라도 들으면서 내 정신을 키워 놓으면 결국 다음 세상에 가서 남 부러울 것 하나도 없어요. 주객은 언제든지 전도되기 때문이에요. 아끼고 절약하고 힘들고 괴롭고 어렵게 살았던 만큼 우리의 복력은 오히려 증장할 수 있는 거예요.

그러니까 하나도 부러워하지 마세요. 월세에 살아도 두 다리 뻗고 마음 편하면 그만이에요. 부자들은 죽을 때가 되면 "이걸 어쩌나." 한다지요. 나 가고난 뒤에는 다 딴 놈 거예요. 물질에 연연하고 살아갈 필요가 없어요. 대신에 나한테 온 물질이나 주어진 환경은 소중히 여기고 아끼고 살다 보면 이 일회용의 몸뚱아리는 폐차시키고 다음에 받을 때는 더 멋진 몸뚱아리를 받고 더 멋있는 삶을 사는 거예요. 그러니까 지금 좀 어렵다고 한탄할 것 하나도 없어요.

묘음보살이 왜 타방 보살로서 이 사바세계에 와서 이런 이야기를 했을까요? 지금 실망하고 절망하고 괴로워하고 힘들어하고 고통스러워할 것 하나도 없어요. 우리는 보장된 삶을 살고 있는 거예요. 다음에 만났을 때는 주객이 전도돼요. 어제는 주인이 소를 몰고 밭을 갈더니 오늘은 소가 주인을 몰고 밭을 간다는 말을 했었죠? 그럴 날 있어요. 그러면 열심히 복 지어야죠. 그렇게 세상을 살아가는 거예요.

스스로 노력하고 주어진 환경대로 수긍하고 인정하고 그 가운데 또 보시하고 복덕을 지으세요. 그 다음에 부처님 앞에 와서 지극히 기도하고 발원하면 인간의 도리를 다하고 불자의 도리를 다하는 삶이 되는 거예요. 아내의 도리 다하고 자식의 도리 다 하고 부모의 도리도 다할 줄 아는 그런 불자가 되어 가는 거예요.

마음속이 마구 엉켜 고민하고, 내 것은 안 뺏기려고 하고 남의 것은 더 가져오려 하는 생각에 치열하게 살다 보니까 내 음력대로 사는 거예요. 발길에 차이는 대로 살다가 죽을 때 다 되어 내가 이렇게 살아 어쩌나 그 생각을 하는 거예요. 그런데 그런 사람도 지독하게 오래 살려고 하더라고요. 그게 전부인 줄 아니까 그런 거예요.

그런데 우리가 올 때는 모르고 왔지만 갈 때만은 알고 갑시다. 내 몸뚱아리만 폐차시키고 진짜 나를 만나서 '아, 내가 이런 모습이었구나. 자꾸 욕심이 나고 괴로움이 일어나고 성질이 나고 때리고 싶어 하는 이 마음이, 이놈이 누굴까?' 관해 보는 거예요. 그러면서 절에 와서 자꾸 관하면 어느 순간 나라는 존재가 돌출되어 보이게 되요. 그러면 그것을 가지고 '아, 이런 거였었구나.' 하고 한번 크게 웃을 수 있고, 세상만사를 다 얻은 것처럼 즐거움을 맛볼 수 있다는 거예요. 그것이 없으니까 늘 보이는 대로 물질에 속아서 살고, 줘야 할 때 못 주니까 괴롭잖아요. 뱁새가 황새 따라가면 가랑이가 찢어진다고 하잖아요. 그렇게 살 필요 없어요. 그게 허영이에요. 내 분수대로 내 성의껏 하고, 내 주어진 삶을 주어진 대로 보시도 하고 복덕도 짓고 부처님 앞에 가서 기도하면 됩니다.

그런데 제발 부처님 앞에 기도할 때만은 모든 것을 믿고 맡기고 기도하세요. 무거운 것을 짊어지고 하니까 더 힘들잖아요. '안 됩니다, 안 됩니다, 안 됩니다' 하다 보니 마음과 마음이 더 힘들어요. 기도할 때는 모든 것을 믿고 맡기고 기도하세요. 내 삶도 마찬가지로 남편에게 모든 것을 믿고 맡기고, 자식에게도 모든 것을 믿고 맡기세요. 그러면 첫째 내가 병이 없어요. 마음의 병이 없다는 거죠. 이렇게 믿고 맡기고 의지하고 살면 마음자리가 윤택해지기 시작하고 그 가운데서 복력이 증장하게 되어 있어요. 이것이 부처님의 가르침이에요.

자동차를 폐차시킬 때 자동차만 버리듯이, 우리 속에는 끝없이 살아가는 나라는 존재가 있다는 것을 생각하시고, 복 짓기 바랍니다.

Q. 아들이 직장에 가면 적응을 못하고 뛰쳐나올 때가 가끔 있습니다. 그럴 때 너무 화가 나는데, 그 화를 어떻게 삭여야 할까요?

𝒜 요즘에 세상이 보통 자식이 하나 아니면 둘이죠. 근기가 약해서 어디 가서 적응하지 못하고, 한 달 하다가 관둬 버리고, 한소리 들으면 보름만에도 관둬 버리는 사람들이 참 많아요.

보살님이 절에 다니는 불자라면 부처님 앞에 와서 기도하실 때 아들을 잘 설득해서, 함께 절에 와서 108배부터 하고 수행하는 것을 가르쳐주세요. 내가 속상하고 화나기 전에 내가 이 자식은 만들어줘야 하잖아요? 언제까지 부모가 옆에 있어서 먹여주고 입혀주고 재워주고 돈 주고 하지는 못하잖아요. 나중에 그런 사람이 결혼하면 처자식 고생시켜요. 요즘 그런 사람은 장가도 안 가려고 해서 초식남이라고 한대요. 그냥 혼자 즐기면서 살려고 한대요.

스스로 적응력을 가지고 인내심을 키워줄 수 있는 길이 없을까 하고 부처님 앞에 기도하다 보면 '어머니가 저렇게 기도하시는데, 나도 한번 따라가서 기도나 할까?' 하고 따라왔다가 열심히 기도하시는 어머니를 보고 감동을 받으면 자기 스스로 더 열심히 기도해요. 아니면 천배 만배 절하다 보면 인내력이 키워지겠죠. 궁극적으로 인내력을 키워주지 않고 힘들고 하기 싫으면

하지 마 하고 키워왔기 때문이에요. 그래서 집에 틀어박혀 있으면 만날 컴퓨터만 하죠. 그래서 내 스스로 자식에 대한 인내력을 키워줄 수 있는 방법을 찾아서 그것부터 먼저 해결하세요. 보살님 속상한 것보다 우선 자식의 그런 면을 찾아서 먼저 대처해주고, 부모가 없을 때도 생각할 수 있도록 해야 해요.

그리고 그런 자식일수록 잔소리에 약해요. 그러니까 잔소리하지 마세요. 잔소리하면 계속 반발심만 생겨요. 나이가 들수록 고치기 어렵거든요. 그러니까 스스로 인내할 수 있는 것을 찾아서 참아내는 법을 가르쳐주세요. 과연 내 어디에 복력이 들어 있는지 스스로 알게끔 해서 자기가 잘할 수 있는 길을 가는 거예요. 그런 사람이 또 하면 더 잘해요. 그런 생각을 가지고 조금 더 노력하세요. 그리고 화내는 것보다 내 아들이니까 감싸 안아주는 것이 필요해요. 인내력을 키워주는 것이 필요하다고 봐요.

묘음보살은 타방 보살로서 와서 서른네 가지의 위신력을 가진 우바새 우바이, 장자, 거사, 바라문 누구든지 이렇게 『법화경』을 수지 독송하고 법화행자에게는 즉시 도움을 준다고 했으니까 『법화경』 사경을 열심히 해보세요.

늘 관세음보살 염했더니 그 자리가 관음일세

관세음보살보문품觀世音菩薩普門品

저는 관세음보살 소리만 나오면 눈물이 나오려고 합니다. 관세음보살은 서방정토 극락세계 아미타 부처님의 좌보처左補處 협시보살脇侍菩薩인데, 인간세계의 중생들이 다 성불하지 않으면 결코 자기도 성불하지 않겠다고 원을 세운 분이에요. 관세음보살 하면 엄마 같은 느낌이 들죠. 대성자모大聖慈母라고 했으니까 엄마죠. 그렇게 믿고 들어가면 됩니다. 첫째, 부처님은 의지하고 관세음보살은 신통력이라고 했어요. 아이가 차에 치여 자동차 밑에 깔렸을 때 엄마가 그걸 보고 자동차를 번쩍 들어 아이를 구한 이야기 들어 보셨죠? 그와 같이 어머니는 자기도 모르는 힘, 즉 신통이 있는 거예요. 엄마로서의 힘은 정말 대단해요.

우리 어머니들의 고통과 괴로움은 말로 다 할 수 없어요. 콩을 두

말 서 말 머리에 이고 삼십 리를 걸어 팔아 오셨어요. 그런데 이제는 연세도 드셨을 것이고, 이미 이 세상에 안 계시는 분들도 계실 거예요. 그렇게 우는 자식 등에 업고 논밭 메고, 집안일을 돌보셨어요. 생선 한 마리를 구워도 몸통은 남편이랑 자식 주고, "나는 생선 대가리가 제일 맛있다." 하시며 쭉쭉 빨고 말아요. 이게 어머니 마음이죠. 혹시 밥이 모자라면 식구들 것 다 퍼주고 난 뒤에 누룽지 조금 먹고 "나는 안 먹어도 배부르다." 하셨어요. 이게 어머니 마음이에요.

그렇게 복 없는 어머니가 먼 길 마다 않고 콩이며 팥이며 팔아서 내 자식 안 굶기고 공부시키려고 얼마나 애쓰셨어요? 여태 키우고 여기까지 다 만들어 놓았는데, 그런 엄마를 배신하는 자식들은 정말 문제예요. 딸이든 아들이든 효도해야죠. 응당 공양 받으실 만한 부모님인데도 공양 못 하고, 지금 와서 그 어머니를 시봉하지 못한다면 정말 지탄받아 마땅합니다.

그래서 여기에서부터 시작하는 거예요. 그런 마음을 고스란히 관세음보살로 가져가 보세요. 관세음보살은 내 정신의 어머니, 내 마음의 어머니예요. 이 어머니는 지혜와 복력이 무궁무진하고, 내 자식을 위해서 때로는 장자로도 보이고, 때로는 비구니로도 보이고, 때로는 친구로도 보이고, 때로는 제석천왕으로도 보여요. 33응신, 즉 서른세 가지 모습으로 나투어서 우리가 필요할 때마다 응당 그 옆에서 구해주는 거예요. 소리로 듣고 마음으로 느끼는 거예요. 우리가 마음속으로 관세음보살을 염하면 그 즉시 빛으로 음성으로 알아듣고, 그 자식이 처한 어려움으로부터 구제해주는 분이 관세음보살이에요. 이 어머니는 한량없이 베풀어요. 우리가 중생을 벗어나 성불할 때까지 돌봐주시는 거예요. 우리 어머니는 잘 살든 못 살든 자식들 다 키우고 나니 이제 몸도 쇠약해져서 도와주고 싶어도 못 도와주지만, 관세음보살은 끝없이 도와줄 수 있는 보살이고 어머니예요.

우리 절에는 33응신을 대불로 조성해 모셔 놓았어요. 제가 엄마를 미치게 좋아해요. 그 어머니가 수없는 중생들을 보듬으려고 하시니까, 그 관세음보살을 내 어머니로 모시고 있는 저는 수용무애受容無碍, 즉 수용한 바 없이 수용해 버렸어요. 태양이 비치면 그 태양이 이자 달라고 하지 않죠? 그와 같은 수용이라는 거죠. 그러니까 그와 같이 늘 섬기고 위해서 모든 필요한 것을 다 주겠다는 거예요. 불교는 어려운 게 아니에요. 시원한 바람이 부는데 바람이 나한테 이자 달라고 하지 않잖아요? 그냥 불어오니 그걸 맞는 거죠. 이와 같은 거예요.

내가 관세음보살을 믿고 의지하면 관세음보살은 이와 같이 줘요. 준 바 없이 줬다 이 말이에요. 그래서 현증가피顯證加被라, 현실 속에서 내 친구가 가피를 줬을 때도 관세음보살의 가피인 줄 알고, 몽중가피夢中加被라, 꿈에 조상이 보여서 로또 복권에 당첨된 것도 관세음보살의 가피인 줄 알아야 해요. 명훈가피冥薰加被라, 가랑비에 옷 젖는 줄 모르게 은근하고 꾸준하게 가피를 주는 분이에요.

혹시 어머니가 돌아가신 분들은 어머니를 위해서 관세음보살을 찾아 기도하면 내 어머니가 극락세계에 가게 됩니다. 왜냐하면 관세음보살은 아미타 극락세계 아미타 부처님의 좌보처이기 때문이에요. 수많은 보살들을 찾고 명호를 외우는 것보다, 그냥 지극하게 '관세음보살'만 하면 그로 인해서 구하고자 하는 것은 당연히 구해지고, 이루고자 하는 것도 당연히 이루어지고, 소원은 성취되는 거예요.

단, 시일이 빠르고 늦을 수 있어요. 내가 기도한 만큼 복력을 받으려면 먼저 내 업장이 녹아야 하는 거예요. 천하의 못된 짓 혼자다 해놓고 그것은 다 내버려 두고 돈만 달라고 하면 주고 싶겠어요? 스스로 참회해 보라는 거예요. 참회하고 기도하고 공양 올리고 찬탄하고, 관세음보살님을 찾는다면, 안 주실 리가 없어요. 그 다음에 내 음력이 녹았을 때 가피도 있는 거예요. 음력이라는 것은 뭐예요? 내가 짓고 내가 받은 거죠. 내 지은 것을 내가 닦지, 남이 닦아야 하나요? 내가 스스로 해야 한다는 거죠. 내 스스로 노력하고 발심하고 지극히 믿고 의지해야 거기에서부터 녹아 들어가는 거예요. "너는 가만히 있어라. 내가 다 알아서 해줄게." 이건 말이 안 되잖아요. 새신랑이 신부가 너무 좋아서 "넌 가만히 있어라. 내가 다 할게." 하다가 3년 뒤에는 "그래, 너는 가만히 있어라. 나는 도망갈게." 이렇게 되어 버리는 거예요. 맞잖아요? 처음에는 다 해줄 수 있다고 생각했지만, 백지장도 맞들면 낫다는데, 오뉴월 소 뭐 늘어지듯 늘어져서 남편이 가든 오든 퍼져 있으면 정나미 떨어지겠죠. 아무리 여자라도 꾸며야 여자고, 아무리 남자라도 능력이 있어야 남자예요. 능력이 없으면 스스로 능력을 키우면 되는데, 노력하면 되는데 노력 안 하려고 해요.

우리나라 사람들은 3D 업종을 꺼려서 많은 동남아인들이 들어와서 공장에서 일하잖아요. 그러고도 백수가 몇만 시대라니 말도 안 되는 소리예요. 일할 사람이 없어서 남의 나라 사람들 데려다가 일을 시키고 우리나라는 백수가 넘쳐나니 백수 연금 주고 있어요. 이렇게 살아서는 가피를 이룰 수 없어요.

옛날 성당 시절에 배휴라는 사람이 복이 없어서 조실부모하고 삼촌 집에 얹혀살았어요. 어느 날 선각 스님이 왔다가 배휴를 보더니 삼촌한테 누군지 물었어요. "큰집 조카인데 형님하고 형수가 일찍 돌아가셔서 제가 데리고 있습니다."라고 이야기하니까, 선각 스님이 "천하의 빌어먹을 복도 없게 생겼다." 하는 거예요. 배휴가 그 말을 듣고 '내가 큰스님이 말씀하신 대로 천하에 빌어먹을 복도 없다면, 내가 삼촌 밑에 있으면 삼촌조차 복이 없어지겠구나. 차라리 내가 나가자.'라고 생각하고 삼촌한테 온다간다 말도 없이 집을 나갔어요. 가다가 보니까 길 고치는 데가 있어서 도와주고 거기서 밥 한 그릇 얻어먹고, 무거운 물건을 나르는 사람이 있으면 같이 날라 주면서 그렇게 3년을 돌아다녔대요. 그게 작복作福이라는 거예요. 스스로 좋은 일을 한 거잖아요.

그러다 다시 삼촌 집 앞을 지나게 되어 삼촌 집에 들렀어요. 가는 날이 장날이라고 선각 스님을 또 만났는데 또 누구냐고 물어요. 3년 동안 바깥에서 고생했으니 전보다 볼품이 없었겠죠? 그런데 이번에는 "당대 영의정을 할 상이다." 그러는 거예요.

배휴가 듣고 가만히 생각해 보니 허파가 뒤집어지잖아요. '아니, 저 중이 아무리 잘났다 해도 3년 전에는 빌어먹을 복도 없다고 해놓고 오늘은 영의정을 한다고 하네. 저 양반이 나를 골탕 먹였단 말인가?' 싶어요. 그래서 "스님, 너무합니다. 3년 전에는 빌어먹을 복도 없다고 해서 삼촌한테 피해가 갈까봐 스스로 집을 나갔는데, 이번에는 당대 영의정 할 상이라니요?"라고 따졌어요. "3년 전에 네 관상을 보니까 정말 빌어먹을 복도 없었는데, 오늘은 네 신상을 보니까 당대 영의정을 하겠다." 그런데 배휴가 정말로 영의정이 됐어요.

배휴가 영의정이 된 후에 선각 스님을 찾아갔대요. 산을 한참 올라가니 칡덩쿨로 집을 지어 놓고 산단 말이에요. 배휴가 "스님은 시자도 없습니까?" 하고 물었어요. 선각 스님이 "시자 있지. 대공아!" 하고 부르니까 큰 호랑이가 마당으로 들어와요. 또 "소공아!" 하니까 새끼 호랑이가 들어와요. 호랑이들이 마당을 어슬렁거리니까 배휴가 마음이 불안해서 앉아 있을 수가 없어요. 스님이 그걸 눈치채고 "얘들아, 손님이 왔으니 나가서 놀다 오너라." 하니까 호랑이들이 다시 산으로 올라갔어요. 배휴가 "스님은 어떻게 저 짐승들을 마음대로 부리십니까?" 하고 물었어요. "내가 늘 여기에 앉아서 '관세음보살, 관세음보살' 했더니 이곳이 관세음보살의 도량이 되었다. 그래서 관세음보살이 마음에 화현했다. 짐승뿐인가? 자네 같은 영의정도 오는데." 그렇게 지극함이 도이고, 관세음보살이에요. 그렇게 관세음보살을 찾고 의지하면 끝없이 거둬주십니다.

우리가 이제는 여태 우리를 거둬주신 부모님을 봉양해야 해요. 늙고 병들어 죽는 것은 누구나 똑같으니까 당연히 자식을 이만큼 키워놨으면, 내 부모님은 내가 거두고 봉양하는 게 당연한 자식의 도리예요. 그런데 그렇지 못한 사람들이 너무 많아요. 노인들이 해외여행 가자고 하면 거기다 버리고 올까봐 불안해한다고 그러잖아요. 사람 도리 못하고 사는 것이 지금 중생계죠.

관세음보살을 지극하게 믿고 의지하면 이루지 못할 일이 없습니다. 힘들고 고통스럽고 어렵더라도 어머니가 우리를 다 거두어줬듯이, 끝없이 거둬주는 자애하신 분이 관세음보살이에요. 수많은 모습으로 내 옆에 화현해서 나를 도와주고 이고득락하게 해주는 게 관세음보살님이에요. 그런 위신력을 가지고 계시는 분이 관세음보살이기 때문에, 우리가 정말 지극히 믿고 의지할 데가 여기라는 소리죠.

부처님을 의지하고 관세음보살을 의지할 때는 믿음으로 의지하는 거예요. 부처님이 『법화경』에 "관세음보살은 이와 같은 힘이 있으니까 믿고 귀의하면 허망하지 않으리라."라고 말씀하셨어요. 그래서 관세음보살의 그 신통묘용한 힘을 받아들여서 스스로 관세음보살이 되세요. 왜냐하면 관세음보살은 일체 중생이 성불하지 않으면 자기도 성불이 없다고 원을 세우고, 오늘도 중생 속을 뛰어다니면서 내 옆의 누구로 와서, 나를 설득시키고 나에게 기대서 이야기할 수도 있기 때문이에요.

그런데 어떤 마음으로 믿는 것이 관세음보살을 믿고 의지한다고 할 수 있느냐? 우리 옆에 정말 가까운 사람이 열 번을 나쁜 짓을 해도 용서해줄 마음이 있어야 해요. 그런데 우리는 세 번만 잘못해도 "너하고는 끝이다." 그러잖아요. 관세음보살은 열 번 잘못을 하더라도 열한 번 용서해주고 넘어가주는 거예요. 그것이 관세음보살이에요. 자식한테도 그와 같이 살고, 남편한테도 그와 같이 하고,

부모에게도 그와 같이 하고, 이웃에게도 그와 같이 하세요. 사회에서 봉사를 하든, 월급을 받고 하든, 시급을 받고 하든, 수처작주하면서 진짜 주인 노릇을 하면서 살아야 해요. 여기서부터 관세음보살은 꽃이 피기 시작하는 거예요. 관세음보살, 관세음보살 하면서도 머릿속에 오만 형형색색으로 상상하고 있단 말이에요. 착각하지 마세요. 착각 속에서 엉뚱한 일이 생기는 거예요.

우리가 절에 와서 관세음보살을 믿고 따르고 지극히 의지하듯이, 사회에 나와서는 스스로 관세음보살이 되어 관세음보살의 수행을 해나가면 어떻게 될까요? 그와 같은 관세음보살이 나한테 화현되는 거예요. 내가 어디를 가든지 내가 있는 곳의 주인공이 되고 관세음보살이 돼서 산다면 거기가 바로 보타낙가산이에요. 우리 마음이 관세음보살이요, 보타낙가산이에요. 관세음보살은 경계가 없다는 거죠.

아까도 이야기했지만, 바람이 내 뺨을 스치고 갔는데, 그 바람이 나한테 이자 달라고 할 일 없고, 저 태양이 내리쬐어서 만곡을 익게 했지만은 이자 달라고 하지 않잖아요. 이 마음이 관세음보살이에요. 줄 때 아낌없이 미련 없이, 준다는 생각조차 없이 주세요. 남편한테도 내가 남편을 사랑한다는 생각조차 하지 않고 그냥 사랑하세요. 자식도 마찬가지예요. 내 자식이라고 착 부리지 마세요. 잔소리해서 자식 망친다는 말이 있잖아요. 내가 지나쳐서 모든 걸 망가뜨린다는 소리예요. 내가 지나쳐서 망가뜨리는 어리석은 짓은 하지 마세요. 준 바 없이 주라는 게 그런 거예요. 머문 바 없이 머물고 준 바 없이 주세요.

그리고 어디를 가든 수처작주하세요. 내가 아르바이트를 한다고 해서 아르바이트의 도리만 하지 말고 거기에 내가 주인이 되는 거예요. 한 시간 하면 한 시간 주인이 되고, 두 시간 하면 두 시간 주인이 되는 거죠. 그러면 몸도 안 피곤하고 마음도 편안해요. 그런데 도살장에 끌려가는 소처럼 '이놈의 시간이 왜 이리 안 가나?' 하며 주인 눈치만 보며 끙끙거리니 시간은 안 가고 몸은 천지사방이 다 아프죠. 그렇게 이 눈치 저 눈치 다 보다 그 돈 받으면 좋아요? 그러니까 내가 어디 가서 어떤 일을 하든 주인공 노릇을 하면 모든 사람들이 칭찬하는 사람이 되는 거예요. 나는 칭송받을 생각도 없었지만 사람들이 '아, 저 사람은 성실하고 일을 잘하는구나.' 하고 먼저 알아줘요. 눈치만 보고 엉뚱한 짓 하지 말고 마음 편하게 일하세요.

관세음보살은 현신이에요. 현신은 나타나 돕는다는 거예요. 귀신처럼 뭐가 와서 도와주는 게 아니라, 관세음보살은 늘 내 가까이 있던 사람으로 화현해서 도와주는 거예요. 이게 관세음보살이에요.

옛날에 통행금지가 있을 때, 어떤 비구니 스님이 밖에 나왔다가 통금시간을 어겨서 컨테이너 박스에 갇혔어요. 날이 밝으면 이송을 한다면서 문을 잠가 버리고 다들 가더래요. 그때는 스님이라고 봐주는 게 없었으니까, 새벽에 호송될 거란 말이에요. 스님이 그 안에서 가만 생각하니 '큰일 났다. 내가 호송 되어 가면 무슨 망신이냐?' 싶어서 혼자서 '관세음보살' 열심히 염했대요. 그런데 갑자기 밖에서 도로를 쓰는 소리가 나더래요. 조금 있으니까 청소부가 컨테이너 문을 활짝 열어주고 가더래요. 그래서 밖으로 나와 무사히 절에 돌아갔대요. 그러니까 관세음보살이 청소부로 와서 문을 열어준 거예요. 그게 관세음보살이에요.

때에 따라서는 내가 어렵고 힘들 때 나에게 조언을 해주는 친구도 관세음보살이라는 거죠. 늘 지극하게 관세음보살을 찾고 믿고 의지하고 발심하고 찬탄하고 공경·공양하면 이런 일들이 비일비재하게 일어나요. 그것을 늘 가피로 받으니까 삶이 행복하죠.

그런데 늘 몸 따로 생각 따로 머리 따로 노니까 되는 일이 하나도 없는 거예요. 우리 마음속에 삼위일체가 되어야 하는데, 각각 따로 노는 거예요. 아무리 세상이 분업화가 되었다지만, 몸뚱아리도 그렇게 생각하고 부위별로 보더란 말이에요. 내 몸뚱아리는 하난데 신경외과 가라, 내과 가라, 어디 가라, 부위별로 들여다보는 데가 달라요. 그러면 이 몸뚱아리나 푸줏간의 고기나 알고 보면 똑같은 것 아니냐?

나는 누고? 그러니까 진짜 관음의 가피를 입고 늘 관세음보살의 품 안에서 살려면 진짜 나를 찾아서 관세음보살과 대면을 시켜야 하는 거예요. 그러면 그때부터 살판 나는 거예요. 이제까지 죽기 살기로 살았죠? 만 번 죽고 만 번 태어나는 삶을 살았어요. 그런데 진짜 관세음보살을 만나고 마음속에 믿음으로 충만하면 그때부터 만사일생 하는 거예요. 만 번 죽고 만 번 태어나던 그 삶이 끝나고, 진짜 영원을 노래할 수 있는 삶을 살아갈 수 있는 거예요. 이것이 부처님의 가르침이에요. 얼마나 좋아요.

그러니 우리 마음속에 자정심이 생기고 받아들여서 수용하는 마음도 생기고, 수용한 바 없이 수용함이 생겨요. 이게 원융무애예요. 원융무애가 생겨서 자리이타한 삶이 됩니다. 나도 이익이 되고 많은 사람에게 이익되는 삶을 사니까 그것이 만물의 영장답게 사는 거죠. 지은 죄도 돌아보지 못하면서 혼자 잘 먹고 잘 산다고 잘 사는 겁니까? 집안도 못 돌보고 이웃도 못 돌보면서 이렇게 살아야 되겠어요? 각 개체가 하나가 돼서 원융하게 살아가는 삶이 진짜 우리가 추구하는 삶인데도, 자기의 이익과 욕심만 추구하다 보니까 옆에서 사람이 죽어도 나 몰라라 해요.

그러니까 전체를 다 아우를 수 있는 힘이 관세음보살이라는 거예요. 그래서 모든 사람들이 이와 같은 마음과 도리를 냄으로써 관세음보살의 위신력한 가피를 입고, 일배 일배 하면서 내려놓는 그 기도 속에서 정말 가피를 맛보고 부처님의 가르침으로 환희롭게 살아갈 수 있는 거예요. 이것이 부처님이 「관세음보살보문품」을 『법화경』 제25품에 넣어 놓고 말씀하고자 하신 게 아닌가 해요. 게송을 읽어 봅시다.

이때에 무진의보살이 게송으로 물었습니다.

세존께서 아름다운 모습을 갖추셨습니다.
제가 지금 저분의 일을 다시 묻겠습니다.
관세음보살은 어떠한 인연으로
관세음보살이라고 부르십니까?

부처님이 관세음보살에 대해 설명하자 무진의보살이 자기가 갖고 있던 귀한 진주영락을 관세음보살에게 선물했어요. 그러자 관세음보살이 처음에는 안 받았어요. 그러니까 석가모니 부처님이 받으라고 해요. 왜 받느냐? 사바세계에서 고통 받는 중생들의 아픔을 어루만져주고, 사바세계 중생들이 이고득락 하기 전에는 결코 성불하지 않겠다고 서원했기 때문에 무진의보살이 관세음보살에게 주는 거니까 받으라고 한 거예요. 부처님이 받으라고 하니까 그때서야 받았어요. 받으셔서는 어떻게 했느냐? 반을 나눠서 석가모니 부처님께 드리고 나머지 반은 다보불탑에다 드려요. 사실 다보불탑이 『법화경』이거든요. 그러니까 자기는 아무것도 없는 거죠. 이게 관세음보살이에요.

아름다운 모습 갖추신 세존께서 게송으로 무진의보살에게 대답하셨습니다.

그대는 관세음보살의 행을 들어라.
어느 곳이든지 알맞게 잘 응하느니라.
크나큰 서원은 바다 같이 깊어
헤아릴 수 없는 여러 겁 동안을
여러 천억 부처님을 모셔 받들며
청정한 큰 서원을 세웠느니라.
내가 이제 그대에게 간략하게 말하리라.
그의 이름을 듣거나 몸을 보거나
마음에 생각하여 소중히 간직하면
모든 세상의 괴로움을 능히 소멸하리라.

우리가 힘들고 고통스럽고 괴롭고 어렵고 어디로 갈까 고민할 때, 관세음보살만 일념으로 생각해 보세요. 그러면 갈 길이 보여요. 어둡고 힘들고 고통스럽고 캄캄한 곳에 성냥불을 그어서 밝히듯이 내 주위를 밝히는 환한 미소가 거기에서 나와요. 아침까지 남편이 원수 같고 자식이 원수 같고 주위가 원수 같았는데, 관세음보살을 일심으로 생각하고 나니까 내 스스로 밝아져서 내 가족 전체가 다 밝아지는 거예요.

관세음보살의 가르침은 전부 반대예요. 우리가 바라는 것의 반대가 관세음보살의 것이라는 거죠. 내가 화가 나고 허파가 뒤집어지면 그냥 앉아서 '관세음보살, 관세음보살, 관세음보살' 하는 그 사람이 누군지 가만히 들여다보면 어느 순간 화난 것은 없어지고 마음이 편안해져요. 거기서 관세음보살의 가피를 입으니까 저절로 밝은 미소가 생겨요. 그 가운데서 아침까지 원수 같던 남편을 위해 된장찌개 보글보글 끓여 놓고 "아침에 그렇게 화내서 미안해."라는 말이 저절로 나와요. 미소가 미묘한 향이에요. 그렇게 하면 그 남편도 뭐라도 하나 더 줄 거 아니에요. 남자들은 감사하게 느껴졌을 때, 그 사람을 위해서는 모든 것을 투자할 수 있어요. 그걸 못해서 남자 얼굴에 그냥 내 천자 그리고 다니도록 합니까? 참 어리석잖아요.

이런 생각을 가지고 관세음보살을 믿고 의지하세요. 또 괴로움이 일어났을 때도 관세음보살을 의지하고, 즐거움이 일어났을 때도 이와 같이 하세요. 관세음보살님을 믿고 의지해 상념관음常念觀音라면 우리 집에도 좋은 일이 일어나요.

좋은 일이 일어난다고 마냥 좋은 것은 아니에요. 왜냐하면 즐거움 뒤에는 괴로움이 있고, 괴로움 뒤에는 또 즐거움이 있기 때문이에요. 인간사는 다 그런 거예요. 괴로움 뒤에는 분명 즐거움이 올 것이고, 즐거움 뒤에는 또 괴로움이 올 거예요. 내가 즐거울 때도 '관세음보살님, 교만심을 갖지 않도록 해주십시오.' 하고 지극하게 발원하세요. 그러면 그 즐거움이 녹아서 이웃에 퍼져나가는 거죠.

이렇게 스스로 관세음보살에게 의지하면 이와 같은 복력이 우리에게 주어진다는 것을 생각하시고, 내 어머니를 찾듯이 관세음보살을 찾으면 복력과 지혜가 증장이 될 거라고 믿습니다.

법/화/상/담

Q. 저는 삶에 대한 의욕이 별로 없습니다. 죽는 게 가장 행복하다는 생각을 많이 하고 살았어요. 그 생각을 떨쳐버릴 수 있는 방법이 없을까요?

𝒜 모든 것이 귀찮다는 것은 그만큼 지치고 힘들고 피곤하다는 소리예요. 그래서 사람들이 보기 싫고 그렇거든요. 나를 제일 힘들게 한 것은 내 가까이에 있는 사람들이 나를 이해하지 못하고 풀지 못하는 거예요. 내 스스로 그것을 짐이라 생각했고 그것이 힘듦이라 생각했고 그것이 괴로움이라 생각했기 때문이에요. 내 스스로 받아들이고 받아들이고 받아들이고 차이다 보니까,

오늘 한강 갈까 내일 한강 갈까 하는 소리가 나오는 거예요.

내 스스로 마음속에 맺혀 있는 응어리를 풀어 보세요. 보살님은 절에 가서 절 좀 하셔야겠어요. 관세음보살님 앞에 가서 지극하게 다 털어 놓고 절하고 기도하세요. 그러면서 자성을 가만히 들여다 보면 어디서 그런 것이 응어리졌는지 보이면서 풀어져요. 그러면 속도 너그러워지고 오장육부가 편안해지면서 다시 밝아져요. 그러니 어디서부터 찾느냐? 내가 인간에게 상처받고 힘들었고 고통 받고 괴로웠던 그 모든 것을 떨쳐버릴 수 있는 곳이 있어야 된다는 거죠. 그곳이 바로 관세음보살이 되어야 합니다.

보살님 같은 경우에는 귀찮더라도 매일 1000배 정도 하면서 한 번 들여다보세요. 그러면 그 가운데서 내 모든 것을 떨쳐내 버릴 수 있습니다. 그 다음에 '이 뭐꼬? 내가 낙심하고 절망하고 힘들어하고 고통스러워했던 것이 참 아무것도 아니구나.' 하게 됩니다.

내 스스로 나에 대해서 다 아는 것 같아도 나도 나를 모르는데 남들이 나를 어떻게 알겠어요. 나도 나를 모르는데 남들의 말에 내가 상처받아서 죽을 이유는 하나도 없어요. 그런 생각을 가지고 마음을 더 비우세요. 앙금이 남고 맺혔던 것을 싹 풀어 버리고, 내 스스로 의지처가 생기면 늘 즐거움이 새록새록해요. 하루하루 살아가는 그 자체가 감사하고 행복해지고 살맛 납니다.

이제까지 살아왔던 것들 다 내버리세요. 백지 위에 그림을 그리듯이 보살님도 새롭게, 멋있게 살 수 있습니다.

『법화경』을 수지하니 신중들이 외호하네

다라니품陀羅尼品 · 묘장엄왕본사품妙莊嚴王本事品

사람살이라는 게 참 별거 아닌데도 우리는 늘 토닥거리고 괴로워하고 힘들어하죠. 천하 없이 좋은 명산대찰을 구경한다 해도 내 마음이 뒤집어져 있으면 눈에 들어오지 않아요. 속이 상해 죽겠는데 봉사 삼밭 지나가듯이 지나가 버리고 말죠. 그러고 나면 집에 돌아와 '내가 어디 갔다 왔더라?' 이렇게 되는 거예요. 그러니까 어디에 있으나 마음먹기에 달린 거예요.

내가 지금 이 자리에 앉아 있으면서 몸도 마음도 정말 이 자리에 있는지를 한번 돌아보세요. 또 우리가 이제까지 서품부터 제28 「보현보살권발품」까지 쭉 해오면서 과연 내가 『법화경』에 머물러 있는 시간이 얼마나 됐었는지 돌아보세요. 정말 믿음을 가진 불자로서 얼마만큼 내가 『법화경』의 한 구절 한 구절에 마음을 바치고

'아, 이렇게 해야겠구나. 이렇게 믿어야겠구나.' 하는 생각을 해봤어요? 이런 것을 우리가 이야기해 봐야 하는 거예요.

뭐든지 내 마음에 있어야 해요. 행주좌와 어묵동정에도 내 마음에 나가 존재하고 있냐는 거죠. 혼이 반쯤 빠져서 헉헉거리며 사는 사람들이 많아요. 몸은 이 자리에 있어도 마음은 딴 데 가 있어요. 그렇게 살아서는 안 돼요. 몸이 와 있을 때는 마음도 와 있어야 하고, 몸과 마음이 동체대비同體大悲 되어야 해요. 낙수가 바윗돌을 뚫듯이, 그런 꾸준함이 있어야 해요. 또 내가 행하고자 하는 그 마음이 간절해야 해요. 믿음도 그와 같은 거예요.

믿음 없이 불교를 하니까 철학불교가 되어 상념하는 거예요. "아, 가을이 오니까 참 스산하다."고 하는데 내 마음이 스산한 거지, 가을이 스산한가요? 그짓을 한단 말이에요. 가을이 되니까 바람이 저 북쪽에서부터 불어오니까 선선하죠. 팔자에 금金이 많이 든 사람들은 특히 가을이 되면 너무 쓸쓸하다 못해 울기도 해요. 왜냐하면 그렇게 쓸쓸하고 외로움을 타고 가슴이 아리는 사람들은 가을이 되면 이유 없이 가슴에서 스물스물 기어 올라오는 게 있어요. 그런 것을 잘 관해 보고, '이게 뭘까?' 스스로 자꾸 되짚어 보고 생각해 보고 살아가면 인생을 더 알고 갈 수 있어요.

그런데 우선 먹는 곶감이 달다고 눈에 보이는 대로 이익을 찾아서 쫓아가는 시간이 너무 많은 거예요. 중년에 접어들면 젊었을 때의 감성은 온데간데없고, 버스나 지하철을 타도 빈자리에 가방부터 던져 놓고 달려가 앉죠. 세상에 겁나는 게 없다 이거죠. 이렇게 하면서 내가 조금 더 차지하려고 애쓰며 살아가고 있는 거예요.

「다라니품」은 사실은 신 이야기예요. 신들이 주문을 외워서 『법화경』을 외호하는 것을 이야기하는 거예요. 우리가 어릴 때 태어나면서부터 10살 전까지는 삼신이 지켜주고, 부엌에는 조왕신, 안방에는 성주신이 있다고 하잖아요. 그리고 앞산은 주산신이 지켜요. 이렇게 신들의 영역이 있어요. 21세기에 과학이 발전하고 세월이 가다 보니 잊어버렸지만, 우리 어머니 세대만 해도 다 알았단 말이에요 그렇게 칠성, 용왕, 산신, 주신, 조왕, 성주, 삼신까지 다 섬겼어요.

자식을 낳으면 미역이랑 밥이랑 간장을 놓고 삼신상을 차리잖아요. 명은 천상의 명을 주고, 거북이의 명을 주고, 좋은 걸 다 갖다붙여서 빌면서 자식이 잘 크길 바라죠. 정말 잘 커서 나라의 기둥이 되기를 염원하고, 부모에게는 효도하기를 바라고, 집안은 화목하기를 바라요. 그렇게 자식을 고이고이 키웠는데, 10살 넘으면 자식이 내 말 잘 안 듣죠? 본인들이 더 잘 알면서 "저놈 어디서 나왔을까?" 그러면서 남 탓으로 돌리고, 내 잘못보다는 남의 잘못으로 돌려요.

내 실패는 전혀 내가 실패한 바가 아니에요. 나라를 잘못 만났고 사회를 잘못 만났고, 이웃을 잘못 만났고, 부모를 잘못 만났고, 신랑을 잘못 만났고, 알고 보니 자식까지도 잘못 만났어요. 자기합리화를 시키려고 애를 써요. 곧 죽어도 내 잘못을 인정하지 않죠. 스스로 참회하고 '아, 내가 정말 잘못했다.'라는 인정하는 삶이 정말 아름다운데도 인정하기가 너무 어려워요. 알량한 자존심이라는 것 때문에 그래요. 자존심이 밥 먹여주는 것도 아닌데 말이죠. 남편한테도 그 자존심 내세워서 끝까지 당기고 당기니까 고무줄처럼 터지죠. 적당히 하세요.

불교의 가르침이 중도中道예요. 좋은 것을 보고 따라하려고 하고, 나쁜 것을 보면 '저것은 진짜 나쁜 거네. 안 해야겠다.' 하는 거예요. 이것을 보고도 배우고 저것을 봐도 배워서, 내 스스로 중도의 삶을 사는 게 불자의 삶이에요. 자기중심적인 사고를 철저하게 지키되, 한쪽으로 치우쳐서 내 정신이 반쯤 빠지는 일이 없도록 살라는 소리예요. 중도사상이라는 게 알고 보면 미친듯이 살지 말고, 정말 정신 똑바로 차려서 스스로를 관할 줄 알고 공한 도리를 알고, 이쪽도 저쪽도 수용할 수 있는 삶이에요. 다른 게 아니에요.

그래서 『법화경』은 믿고 따르고 의지하고 찬탄하고 공경하고 공양하고, 부처님을 의지해서 부처님의 자식으로 들어와서 살아 보라는 거예요. 부모에게, 배우자에게, 자식에게 도리를 다하고 살면 집안의 도리도 하게 되어 있어요. 나아가 사회 구성원의 도리를 다하게 되는 거예요. 한 가지도 못하니까 열 가지가 다 어긋나는 거죠. 첫 단추를 잘못 끼워 놓으면 끝까지 어긋나잖아요. 한 가지를 잘 했을 때 열 가지도 다 잘 되는 거예요.

삼신이 지켜주고, 부엌에 가니까 조왕이 지켜주고, 안방에 가니까 성주가 지켜주고, 산에 가니까 주산이 지켜주고, 물에 가니까 용신이 지켜주죠. 또 자식을 점지해 달라고 칠성님한테 빌잖아요. 그렇게 알게 모르게 신이라는 존재가 나와 접해 있는데도 무시해 버린단 말이에요. 눈에 보이는 음력대로만 사는 거예요. 평소에는 이런 이야기하면 다 알아듣지만, 실생활에서 못 알아듣고 아무것도 없다고 생각하고 내 눈에 보이는 대로 내 귀에 들리는 대로 내 코에 냄새 맡은 대로 더러운 것은 더럽다고 고개 돌리고, 좋은 것은 좋다고 더 가지려고 하죠.

다들 장미향을 좋아해서 많이들 뿌리시죠? 그런데 그 장미향을 많이 모아 놓으면 변 냄새예요. 한 방울 딱 뿌렸을 때는 좋은 장미의 향이 나지만, 욕심내서 왕창 뿌리면 고개 돌리고 코 막아야 하는 그런 냄새라는 거죠. 한 방울의 냄새는 내 코를 자극하고 남의 코도 자극하지만, 그 자체에 더럽고 깨끗함이 어디 있느냐? 두 가지는 원래 같은 냄새고 내 코가 잘못된 줄 몰라요. 사람이 자기 눈으로 본 것은 다 옳은 줄 알고, 자기 코로 냄새 맡은 건 다 옳은 줄 알죠. 남의 말은 있는 대로 뻥튀기하고 자기 말은 어떻게든 숨기려고 해요.

다라니라는 것은 이와 같이 순리대로 살아가는 거예요. 어려서는 삼신이 지켜주고, 또 커서 내 집이라고 방을 얻어서 가정을 꾸미니까 조왕과 성주가 지켜주죠. 그리고 조상신도 있잖아요? 그렇게 나라는 존재를 지키는 내 주위의 위신력한 신들이에요. 이러니까 타종교인들은 귀신 씨나락 까먹는 소리라고 하는데, 귀신 씨나락도 까먹을 줄 아는 놈이 까먹는 거지 아무나 까먹는 게 아니에요. 그래서 이렇게 신들이 지켜주고 내가 도리에 맞게끔 순리대로 살고 열심히 알뜰하게 살고, 가족 소중한 줄 알고 부모의 은혜를 알고 믿음에 귀의하니까 부처님에 의지해서 그 가르침에 감사한 줄 알고 자등명 법등명 自燈明法燈明 하고 사는 거예요.

그러면 음력은 없어지고 그 자리에 원력이 생기니까 사는 게 달라져요. 잠도 대인 잠을 자고, 걸음을 걸어도 대인 걸음을 걷는 거예요. 이렇게 원력 세운 삶은 이와 같은 모든 도리를 알고 사니까 스스로 하심하고, 겸손하게 살아요. 내가 잘못하면 누가 볼까봐 조심해요. 우리 속담에 낮말은 새가 듣고 밤말은 쥐가 듣는다고 그랬잖아요. 낮말, 밤말 가리지 않고 떠들고 다니다가 들통이 나서 머리 끄댕이 쥐어뜯기고 오만 소리 다 듣잖아요. 말 한마디 잘못해서 부모, 형제간에 서로 보지 않고 듣지 않고 살아가는 사람들이 한둘이에요? 이런 것을 자성해야 해요. 그러니까 음력을 추구하고 사니까 물질에 속고, 살이의 색견에 속고, 즐거움에 속고, 욕락에 속아 자빠지니까 그게 음력이 되는 거예요. 보이는 대로 먹고 보이는 대로 살다가 잘났으면 잘난 대로 살고 죽고 못났으면 못난 대로 살다가 죽어요. 그러면 또다시 육도중생의 몸을 갖게 되어 있어요. 그렇게 살지 맙시다.

내 주위를 잘 살펴보면 어려서부터 삼신이 있었고, 조왕신이 있었고, 성주신이 있었고, 주산신이 있었고, 이렇게 여러 신들의 보호 속에 나라는 존재가 살아가는데, 내 음력만 가지고 살다 보니까 이 보호막이 하나씩 벗겨지는 거예요. 지구가 오존층의 보호를 받고 있잖아요? 그런데 남극의 오존층이 구멍이 나서 이상기후가 더 심해졌다고 하죠. 오존층에 의해 보호받던 지구가 인간의 남용 때문에 오존층에 구멍이 나서 이상현상들이 나타나듯이, 사람도 똑같다는 거예요. 사람도 여러 신들의 보호를 받고 살던 것이 자기 음력대로만 사니까 이게 하나씩 끊어지는 거죠. 비눗방울이 툭 터지듯이 터져 버리니까 보호해주는 신들이 다 없어지면 어떻게 되겠어요? 가다가도 죽고, 오다가도 죽고, 음력대로 살다가 음력대로 가는 거예요. 정신없이 가고, 가도 가는 줄 몰라요.

『법화경』「다라니품」에서는 지켜주는 신들의 역할이 너무나 많다는 이야기를 하는 거예요. 「다라니품」에 보면, 약왕보살藥王菩薩의 주문으로 이『법화경』을 수호하는 주문이 있고, 또 용시보살龍施菩薩의 주문이 있고, 비사문천왕毘沙門天王의 주문이 있고, 지국천왕持國天王의 주문이 있고, 나찰녀羅刹女의 주문이 있어요. 이렇게 모두가 나서서『법화경』을 수지 독송하는 법화행자를 옹호하고 보호하고 있어요.

생각해 보세요. 삼신·용신·칠성·조왕신·성주신·조상신이 보호해주는 것은 그 음력에 대대로 내려오는 보호력이라면, 내가 법화행자로서 살면 더 많은 신들이 나를 보호해주는 거예요. 그러면 오존층의 구멍이 메꿔지는 거죠. 그래서 내가 몹쓸병에 걸리거나 하는 것을 사전에 막을 수 있는 거예요. 이런 이야기를 장난 같이 듣지 마세요. 진짜입니다. 그래서 이 병이 오기 전에 내가 열심히 『법화경』을 수지 독송하고 부처님의 가르침대로 따르다 보니까 이런 보살님들이나 나찰녀들이 먼저 막아준다는 거죠. 미리 막아주고 왔던 병도 쫓아내주니까 이 얼마나 신기하고 희유한 일이에요. 그래서 부처님의 법은 팔만사천 가지가지 희유하고 신기하지 않는 것이 없어요. 그중에서도『법화경』「다라니품」에는 이와 같이 각각의 신들이『법화경』을 수지 독송하고 서사차경하는 법화행자들을 삼재팔난三災八難으로부터 보호해주는 거예요.

정초에 절에 가서 '건강하게 해주십시오.' 하고 빌지만 속마음은 전부 '돈 많이 벌게 해주세요.'잖아요. 내가 건강에 대한 어려움이 없으니 건강에 대한 것은 생각하지 못하는 거예요. 겉으로는 들리는 말과 그 속마음이 다른 거죠. 그러면 부처님은 어떤 말을 듣겠어요? 겉으로 비는 가족의 건강보다 돈만 많으면 된다는 거예요. 그런데 정말 돈 많이 벌게 해주는 대신 건강을 잃는다면, 그 돈 다 필요 없는 거예요. 내가 건강할 때도 건강함을 자랑하지 말고, 또 내가 돈이 없어도 실망할 일 역시 없어요. 좋은 일이 있으면 나쁜 일이 있어요. 호사다마好事多魔라고 좋은 일에는 꼭 마가 따르는 거예요. 그러니까 그 마가 따르기 전에 항상 부처님의 가호 속에 살아야죠. 그렇게 살려면 믿음이 제일이에요.

믿어야 사랑도 되는 거예요. 서로 좋아하다가도 믿음이 깨져 버리면 그 사랑도 깨지는 거예요. 나 없으면 못 산다고 난리치며 결혼해 놓고 오늘도 너 없으면 죽는대요? 그래도 믿음이 있다면 내 남편이 설령 어디 가서 바람이란 바람은 다 맞고 왔더라도 '그래, 그럴 수 있지. 뭔가 그럴 만한 이유가 있었겠지.' 하고 믿어주는 그 마음이 내 가정을 영원히 따뜻하게 하는 거예요. 나라는 존재가 내 가정을 보호하는 신장이 되어야 해요. 자식을 보호하고 남편을 보호하고 부모님을 보호하는 신장이 되어줘야 해요.

나라는 존재를 비워내고 살아야 해요. 나를 넣어 놓고는 절대 그런 믿음이 일어날 수 없고, 내가 신장처럼 보호할 수 없어요. 오죽하면 '안해'라고 하잖아요. 안에 뜬 태양이에요. 태양이 만날 먹구름에 가려 있고 비만 내린다면 누가 좋아하겠어요? 우리 거사님들이 밖에 나가서 정말로 장래를 위하고 가족을 위하고 국가적인 사명을 위해 열심히 노력해서 가정도 사회도 국가도 건강하게 만들죠. 아무리 매스컴에 날마다 못된 짓 하는 사람이 많아도, 열심히 살아가려고 노력하는 사람들이 더 많기 때문에 국가가 잘 유지되고 있는 거예요. 나쁜 놈보다 좋은 놈이 많은 세상이라는 거죠.

그것을 마음으로 고이 간직하면서 정말로 내 가정을 지키는 신장이 되고, 더 나아가서 내 주위를 따뜻하게 해주는 신장이 되어 보세요. 백 번 듣는 것보다 한 번 실천하고 내 삶 속에서 진짜 신장이 되세요. 그게 믿어주라는 소리예요. 천 번 거짓말 하면 천한 번 '그럴 만한 이유가 있었겠지.' 하고 믿어주는 게 관세음보살이에요.

세상살이가 정말 호락호락하지 않아요. 그러니 이 때 저 때 다 묻혀서 그 때를 빼려고 하니까 늘 고생이고 허겁지겁 살아요. 뭐가 있는지도 모르고 그냥 엎어지고 자빠지며 사는 거예요. 호시우보虎視牛步라는 말은 소처럼 우직하고 뚜벅뚜벅 걸어가되, 호랑이의 눈처럼 주위를 살필 줄 알라는 거예요. 그런데 우리는 어떻게 해요? 걸음은 호랑이 걸음을 하고, 생각은 소처럼 하고 있죠. 빨리 간다고 좋은 것은 아니에요. 노력할 때는 열심히 노력하고, 상대의 마음을 어루만져줄 땐 어루만져줄 줄 알아야 해요.

남녀가 함께 길을 가다 보면 남자들은 다른 여자들한테 눈길이 돌아가죠. 그러면 질투하고 옆구리 찌르잖아요. 그런데 여자들은 다른 남자들 안 쳐다봅니까? 그게 남자들은 눈만 돌리더라도 머리까지 같이 돌려서 보는데, 여자들은 눈만 슬쩍 돌려 보니까 안 들키는 거래요. 그러니까 만날 들키는 건 단순한 남자들이에요. 이게 남자와 여자의 차이예요. 남자는 어리석어서 눈이 가면 몸까지 가서 다 들켜버리고, 여자들은 눈만 슬쩍 돌려서 다 봐요.

또 여자들한테 "여기서 300미터 가다가 우회전하고 다시 좌회전해서 200미터 더 가면 됩니다."라고 설명하면 대부분 못 찾아간대요. 그러면 어떻게 해요? "여기서 조금만 더 가면 빨간 건물이 있는데 그 건물에서 우회전하고 하얀 건물 나올 때 좌회전해서 들어가면 됩니다." 하면 잘 찾아가요. 원시시대부터 남자들은 사냥을 하고 직접 뛰어다니며 충동적으로 행동을 했고, 여자들은 남자들의 보호를 받으며 집에 머물렀기 때문에 남녀 간에 감각을 받아들이는 방법이 다른 거예요. 이렇게 달라요. 남녀는 생리적으로 이미 다르게 태어났기 때문에 그것을 충분히 감안하고 이해해 보세요.

눈동자만 돌려서 모든 걸 아는 여자들이 단순한 남자들을 못 다스려서 사네, 못 사네 소리 나오면 얼마나 어리석은 거예요. 세상에 다루기 쉬운 남자라는 동물 하나를 못 다뤄서 산다, 못 산다 소리 나오고 친정에 달려가서 부모님들 밤새도록 잠 못 자게 해요. 걱정하다가 전화하면 웃으면서 "괜찮다." 그러죠. 부모에게 걱정 끼친 줄은 모르고 그렇게 살아서는 안 되는 거예요. 이게 다 음력이라는 거예요. 그러면은 신장도 이런 사람을 보호해주고 싶겠어요?

내 가정을 지키고, 열 번 용서해주고 이해해주고 믿음을 주세요. 사랑 받고 싶다면 상대를 있는 그대로 인정하세요. 사랑한다면 상대를 존중해줄 줄 알아야 해요. "네가 제일이다. 잘한다." 하면 싫어할 사람 없어요. 그렇게 하는 거예요. 이것도 저것도 싫으면 지금처럼 사세요. 세상살이는 이와 같아요.

「다라니품」을 읽으면서 이것을 알아야 해요. 내가 내 가정의 신장이 되어 평화를 가져오고, 만사일생 하는 삶으로 이끌어주고, 내 가족들을 불자로 만들고, 내 부모를 부처님 공경하듯이 봉양하면 외호신장들의 가호 속에서 살 수 있어요. 그 속에서 행복을 느끼고 진짜 환희심을 느끼는 거예요. 인간살이 별것 있나 하지만, 별것 있어요. 우리가 한평생 살아가면서 하루에도 몇 번씩 죽을 고비를 넘기는 세상이에요. 그러니 지금 내가 숨 쉬고 건강하다고 건강하다고 할 것이 뭐 있느냐. 한 치 앞도 모르는 중생지견의 삶이라면 이것을 바로 알고 각성하고, 정말 겸손하고 하심하고 스스로 믿음을 찾고, 자신의 잘못은 솔직하게 털어 놓으세요. 내가 그만큼 받아들일 준비가 되어 있고, 거기에서부터 믿음이 싹이 터서 행복한 내일을 설계할 수 있는 거예요.

부처님이 2,500여 년 전에 하신 말씀은 요즘의 현실을 이야기하시는 거라는 거죠. 우리가 즐거움을 찾고 괴로움은 멀리 하려고 해도, 괴로움은 점점 더 다가오지 즐거움만 있을 수 없어요. 내가 좋아하는 나쁜 버릇의 즐거움 하나를 위해서 좋은 것 대여섯 가지를 희생해야 되잖아요.

어떤 사람이 스포츠 댄스를 좋아해서 만날 돈 들여가면서 스포츠댄스를 했다고 합시다. 날마다 쫓아다니다가 돈이 너무 많이 나오면 카드 할부로도 끊어야 되고, 그러다 보면 그 빚 누가 감당해요? 요즘 이렇게 자신이 책임지지 못할 행동을 하고 사는 사람이 많아요. 내가 없으면 그만큼 더 절약하고 아껴 쓰고 허리띠 졸라매고 열심히 살려고 노력해야 하는데, 남들 하는 것은 다 따라하려고 하잖아요. 뱁새가 황새 따라가려다 가랑이가 찢어져요. 그렇게 살아간다는 거예요. 내 분수를 모르고 음력으로만 사니까 이런 현상이 오는 거예요. 이것을 찬찬히 들여다보고 살면서 남에게 피해주지 않고, 열심히 노력해서 정말 많은 사람에게 이익되는 세상을 만들어 가야 해요.

그러면 이「다라니품」처럼 모든 외호신들이 보호해주고, 『법화경』을 수지 독송하면 더 많은 신들이 우리를 보호해주는 거예요. 그래서 앓던 병도 낫게 되고, 만사만생 하던 삶이 비로소 만사일생 하는 삶을 살게 되는 거예요. 만 번 죽고 만 번 태어나는 것에서 만 번 죽었다 한 번 사는 삶을 살아가는 거죠. 이게「다라니품」에 나와 있어요. 우리가 불자라면 정말 하심하고 기도하고 찬탄하고 공경하고 공양하세요. 그리고 부처님 품속에서 사는 것이 제일 행복한 줄 알면, 이게 제일이에요. 그러면 늘 신중의 외호를 받고 살아갈 수 있습니다. 우리 그렇게 노력합시다.

맹구우목盲龜遇木이라는 말이 있습니다. 불법을 만나기가 엄청 어려운 거예요. 천 년에 한 번 떠오르는 거북이가 있는데, 그 거북이가 천 년에 한 번 떠올라서 구멍 난 고목을 만나서 거기에 기대고 숨을 한 번 쉰다고 해요. 그와 같이 만나기가 어려워요. 사해에서 천 년에 한 번 올라와 그 구멍 난 고목을 만나기가 쉽겠냐는 거죠.

이와 같이 불교는 만나기조차 어려운데, 우리는 만났어요. 우리는 다 불자고 법화행자니까 함께 노력하는 불자로 거듭나시길 바랍니다.

Q. 저는 시어머니를 생각하는 마음이 있는데도 불구하고 시어머니가 한 번씩 오시면 많이 어려워하시는 것 같아요. 시어머니께 잘해드리고 싶은 마음이 있지만 뜻대로 안 될 때, 마음이 안 좋습니다. 이럴 때는 어떻게 해야 할까요?

A. '시'자 들어가는 시금치도 안 먹는다는 말이 있습니다. 시부모와 며느리 사이는 참 가깝고도 먼 사이예요. 그걸 인정합시다. 내가 친정 부모님한테는 '해야 되는데'라는 생각조차 없이 해버리잖아요. 그런데 시집이라는 소리만 들어가면 '해야 되는데, 해야 되는데' 하고 테이프가 늘어지듯이 마음은 자꾸 땅으로 기어들어가고, 몸은 몸대로 안 가잖아요. '해야 되는데, 해야 되는데'는 안 하고 있다는 소리거든요. '해야 되는데'가 아니라 '해야 되는데'이기 전에 바로 해버리는 거예요.

내가 먼저 마음의 문을 활짝 열어 보세요. 내가 친정집에서 태어난 것은 빛을 받기 위해서 태어난 것이고, 진짜 내 집은 시집이에요. 내 집에 내가 들어와서 살면서 그 부모를 시부모로 보는 바람에서 색견이 생기는 거예요. 내 부모 네 부모 없이 다 한부모라는 생각을 하면서, '해야 되는데'가 아니라 그냥 해버리고 몸과 마음을 같이 해서 부딪치다 보면 진짜 한가족이 되는 거예요. '시'자나 '친'자를 다 빼고 다 같은 부모예요.

그리고 내가 사랑하는 남편의 엄마니까 내 엄마도 되는 거잖아요. 남편은 좋지만, 시집 식구들은 싫다는 건 말이 안 되는 거죠. 그러니까 '시'자만 빼버리자는 거죠. 나는 이 집 사람이었는데, 친정이라는 곳에 태어나서 내가 받을 빚을 다 받아서 이 집에 다시 왔다고 생각하세요. 어떻게 사는 것이 진짜 내가 이 집을 위하는 삶인가를 들여다보면 마음도 편안해지고 내는 바 없이 하게 되는 거예요. '해야 되는데, 해야 되는데' 하기 전에 하게 되는 거죠. 몸과 마음이 서로 부딪치니까 허물이 없어지고, 허물이 없어진 그 속에서 친함이 생기는 거죠. 그렇게 하면 됩니다.

천 번 듣고 만 번 써도 한 번 실천만 못하다네

보현보살권발품普賢菩薩勸發品

나날이 새롭고 나날이 행복한 삶을 산다는 게 굉장히 어려워요. 어떤 사람은 "요즘 어떻게 지냅니까?"라고 물으니까 "그날이 그날입니다."라고 해요. 컨디션이 나쁘고 기분이 나쁜 사람은 그날이 그날이라고 하면 오늘도 별 볼일 없잖아요. 그런데 늘 즐겁게 살던 사람은 그날이 그날이라고 하면 늘 즐겁고 행복하다는 거예요. 그러니까 평소에 아름답게 살았느냐, 찌푸리고 살았느냐 그 차이에서 내 평가가 달라져요. 그러니 우리는 늘 웃고 삽시다. 웃음이 행복을 불러오고 내 집안에 복을 불러들이는 거예요.

"안녕하십니까?"라고 인사들 하는데, 안녕하려면 부처님을 믿으세요. 불행하고 싶다면 그냥 지금처럼 사세요. 부처님의 가르침 속에서 내가 부처님의 자식으로 살면 행복하고 복력과 지혜가 증장하고 삶이 윤택해지기 때문에 믿으라고 하는 거예요. 지금보다도 어려워지고 불행하고 괴로워지고 힘들어지고 오늘 죽을까, 내일 죽을까 할 것 같으면 믿으라고 안 해요. 나날이 더 행복하고 나날이 더 지혜가 증장되고 복덕이 구족되고 부처님 가피 속에서 사니까, 늘 얼굴에 복이 흘러 넘쳐요. 그런데 그렇게 안 하고 사는 사람들은 자기밖에 모르고 사니까 참 불쌍해요. 인간살이는 그렇게 사는 게 아니에요.

모두가 즐겁고 행복하며, 우리가 사는 이 사바세계가 불국정토가 되려면, 우리의 미간백호에서 웃음이 끊어지지 않고 입은 관세음보살을 닮은 미소가 흐르고 눈빛은 잔잔하고 아름답게 비쳐야해요. 그렇게 살면 행복이 시작되는 거예요. 멀리서 행복을 추구하면 바라는 게 많아져서 괴로운 거예요. 은행에서 지게차로 돈 나르는 것을 보면 '저 돈 조금만 나한테 줬으면.' 하고 바라잖아요. 하지만 내가 노력하지 않고 대가를 바라는 것은 잘못된 거예요. 힘은 들지만 열심히 살고 그 가운데서 부처님을 의지해서 살아야 해요.

제28품「보현보살권발품」으로 끝이에요. 서품부터 28품까지 나름대로 최선을 다하고, 생활 속 불교, 실천하는 불교가 되도록 항상 노력해 왔습니다. 불교가 어디 저만큼 나와 멀리 떨어진 것이 아니라, 생활 속 불교가 되도록 불자 여러분들도 노력하시기 바랍니다. 이것이 밑천이 되어서 삶이 조금이라도 발전하고 행복해지시길 바랍니다. 힐링이 따로 있는 게 아니에요. 내 정신이 전도되어 있고, 현실에 대한 불만족과 이상과의 격차에서 오는 스트레스가 쌓이니까 그것을 힐링하자는 거예요. 그런데 불교는 늘 힐링이 되어 있기 때문에 따로 힐링할 것이 없어요. 불교를 믿으면 그런 거예요.

보현보살은 실천입니다. 한 번을 행해도 행하는 거예요. 열 번 백번 듣고 천 번 만 번 쓰는 것보다 내가 실제로 부처님의 제자가 되어서 한 번이라도 하는 거예요. 그리고 지심정례 하는 겁니다. 기도하고, 발원하고, 꾸준한 법화행자로서 살면서 이 사회가 부처님의 가피 속에서 불국정토가 될 수 있도록 하는 것은 우리의 몫이에요. 각각 자등명 법등명, 스스로 부처님의 불을 밝히고 보살님의 자비행을 실천해서 이 사회가 더 살기 좋은 사회가 되도록 하는 거죠.

부처님의 가르침을 받아들여서 수많은 사람에게 그 가르침을 유포하고, 너와 내가 같이 절하고 같이 닦고 같이 행하는 그런 삶을 시작하자는 의미에서 그동안 우리가 『법화경』을 공부해온 거예요. 그 속에는 희로애락이 있었어요. 사실은 『법화경』을 서품부터 28품까지 함께 공부하는 게 대단히 어려운 일이라고 하더라고요. 그런데 저는 어떻게 하면 불자님들이 『법화경』을 쉽게 접하고 행동으로 실천할 수 있고, 더 나아가서는 믿음의 불교가 될 수 있을까를 고민하고 함께 이야기했던 겁니다.

이 『법화경』을 수지 독송하고, 서사차경하고, 많은 사람들에게 광선유포 하는 불자들이 있다면, 보현보살이 주문을 외워서 그 법사나 행자를 널리 보호할 것이라는 원을 부처님께 발한 것이 「보현보살권발품」이에요. 요즘 불자들은 불교를 내 생활과 동떨어진 느낌을 가지고 많이 접해요. 그래서 절에 갈 때만 불자고 집에 오면 내 생활이라고 분리하는데, 진짜 불자로서 행복해지려면 믿고 의지하라는 거죠. 부처님께 의지하고 부처님 법에 의지해서 정말 내가 지심정례 하고 부처님을 찬탄하고, 그 속에서 부처님의 자식으로 산다면 아버지가 자식 버리는 것 보셨어요? 자식은 미워서 미워하는 게 아니잖아요. 말 안 들을 때 애가 터져서 미웠고, 공부 안 하니까 허파 뒤집어져서 미웠지만, 진짜 미워서 미웠어요? 부모의 마음은 몇 배로 더 괴롭고 힘들었고 아팠잖아요. 이렇게 정성과 땀과 돈 등 오만 것을 다 투자해서 자식을 키우죠. 그렇게 키워서 잘난 자식은 나라에 바치고, 부자 자식은 사돈한테 줘버리고, 못난 자식 내가 데리고 살아요. 못난 자식은 만들지 맙시다. 못난 자식 만들어서 내 자식으로 꿰어 차고 사는 그런 불행한 일은 없도록 해야죠.

우리는 이 『법화경』을 공부해서 수많은 불자가 일어나게 하고, 불교를 다시 믿게 하고, 함께 수행하는 법화행자로서 다시 일어난다면, 그 모든 것이 우리가 부처님의 자손으로서 지혜 광명이 넘쳐나는 길이에요. 생활 속 불교, 실천의 불교, 믿음의 불교가 되어야 해요. 나 혼자 절에 가는 불교가 아니고, 온가족이 함께 하는 불교가 되도록 노력해야 해요. 그렇게 했을 때 불교가 꽃필 수 있는 거예요. 나 혼자만 절에 가면 된다는 식의 불교는 아니라는 거죠.

요즘 놀기 좋고 먹기 좋고, 너무 좋은 세상이잖아요? 그런데 정말, 좋은 세상이 좋은 세상입니까? 내 호주머니에 돈이 없으면 먹을 데가 어디 있고, 쓸 데가 어디 있고, 갈 데가 어디 있어요? 아무데도 없다는 거죠. 그동안 먹고살 만해서 놀러 다니고, 먹으러 다니고, 쇼핑하러 다녔죠. 내 삶이 조금이라도 더 정신적인 윤택이 있기를 바라고 그 가운데 하심하고 부처님께 가서 의지하고, 내 가정이 부처님의 자식으로 살면서 내생에도 이어지도록 한다는 것은, 내가 조금 덜 쓰고 조금 덜 먹는 거예요. 산해진미가 있다 하니까 어디까지도 가서 그것 맛보고 그러는데, 다음 생에 업이 되는 거예요.

이 세상에서 돈 많고 좋은 차 타고 다닌다고 부러워할 것 하나 없어요. 전생에 닦아 놓았던 복력이 다하면 다음 생에 나보다 못할지 어떻게 알겠어요? 내가 지금 좀 어렵고 힘들고 고통스럽고 가난해도 내일이란 미래가 있고 다음 생이 보장된 불자로 사니까 우리의 삶이 나날이 더 윤택된 삶을 살 수 있다는 거예요. 그래서 우리는 내일이라는 희망이 있고 미래가 있고 또 영원한 삶을 살 수 있는 불자로 산다는 거예요. 육도중생 하는 삶이 아니라, 영원한 삶을 스스로 선택해서 노래할 수 있는 것이 바로 이『법화경』입니다.

우리 절에서는 "우리에게 믿음을 더하게 해주십시오." 하면서 『법화경』 사경을 합니다. 그래서 사경이 끝나면 관세음보살 33응신 몸 속에 복장을 해드립니다. 우리가 사경을 하거나 경전을 수지독송하고 해설하고, 부처님의 가르침대로 살면 복력이 무한한 삶이 됩니다.

요즘은 교통사고 때문에 죽는 사람이 많잖아요. 그런데 옛날에는 호랑이들이 많이 내려와서 사람을 물고 가는 일이 많았어요. 그런데 호랑이에게 먹힐 팔자도 또 타고난대요.

옛날 어느 큰스님이 절에 앉아서 보니까 오늘 밤에 저 골짜기 입구에 사는 규수를 호랑이가 물고 가려고 생각하고 있더란 말이에요. 그래서 큰스님이 시자 스님들을 불러서 "저 밑에 사는 규수가 오늘 밤에 아무래도 호랑이에게 물려갈 상인데, 어떻게 하면 좋겠냐?"라고 이야기했어요. 시자 스님들이 "그러면 저희가 가서『법화경』을 열심히 기도하겠습니다." 하고는 『법화경』을 가지고 마을로 내려갔대요. 그 규수는 방 안으로 피신시키고, 스님들이 쭉 앉아서 『법화경』을 읽기 시작했어요.

해가 지자 어둠을 따라 호랑이가 마당에 들어오더니 스님들이 『법화경』을 읽는 것을 가만히 듣고만 있었어요. 그러다가 날이 밝으니까 문 앞으로 오더니 문지방을 두 번 긁고 가더래요. 그래서 시자 스님들이 "큰스님, 그 규수를 지켜냈습니다." 하고 절에 올라가서 자랑처럼 이야기했어요. "호랑이가 그냥 가더냐?" "아니요. 문지방을 두 번 긁고 갔습니다." "그게 너희들이 두 군데 틀렸다는 소리다." 하셨대요. 호랑이가 사람을 잡아먹으려다가 『법화경』을 독송하고 있으니까 잡아먹지 못하는 거예요.

우리 삶에 이것을 접목해 보세요. 그러면 어떤 일이 일어나느냐? 경험해 보면 경전을 수지 독송하면 정말로 희유한 일들이 일어납니다. 그만큼 우리가 경전을 수지 독송한다는 것은 무한한 복력을 심는 거예요. 오늘날 세상이 얼마나 복잡하고 힘들고 고민스럽습니까? 눈만 뜨면 핸드폰에다 컴퓨터에다 세상이 워낙 바쁘게 돌아가니까 따라가기도 힘들죠. 무한경쟁의 바쁜 시대에 이 경전 하나만 딱 들고 우리의 믿음만 강철 같이 변함없다면 가피 안 입고 사는 사람이 없어요. 『법화경』에 관련된 일화들은 굉장히 많습니다. 앞에서 이야기했던 소신공양 하신 베트남 스님도 이 『법화경』을 항상 수지 독송하던 분이에요. 그만큼 『법화경』은 희유함이 정말 많은 경전입니다.

보현보살은 『법화경』을 수지 독송하는 스님이나 행자들을 항상 외호하고 더 권선하고 권장하도록 만들겠다고 했어요. 이 보현보살은 행원품이라고도 하는데, 그렇게 끊임없이 행하는 분이 보현보살이에요. 그런데 『법화경』에 와서는 이 법화행자들을 지켜주겠다는 주문까지 하셨단 말이에요. 또 「보현보살권발품」이라 해서 널리 권장하고 발보리심을 일으키게 하는 이것을 지켜주어 항상 『법화경』이 끊어지지 않게 해주겠다는 서원을 세운 분이에요. 그래서 보통 보현보살의 행원은 자기가 하는 행을 이야기하지만, 이 『법화경』에서는 보현보살을 말할 때는 『법화경』을 널리 유포하고, 『법화경』을 공부하는 모든 행자들에게는 항상 나쁜 일이 일어나지 않도록 지켜주겠다는 것을 다시 서원하고 행하신 분이라는 거죠.

『법화경』은 방대하진 않지만 『법화경』만큼 처음부터 끝까지 진리의 말씀인 경전은 더 이상 없어요. 우리 생활 속속들이 뼛속까지 이해하게 해놓은 경전은 『법화경』밖에 없어요. 그래서 『법화경』을 수지 독송하고 서사차경하고 사경하는 이 공덕은 이루 말할 수 없어요. 그래서 말세의 중생을 구제하고 제도하는 것은 이 『법화경』밖에 없다고 하셨어요.

『법화경』은 부처님이 열반하시기 4~5년 전에 설법하신 거예요. 평생을 설법하시면서, 행주좌와 어묵동정에 정사 안에서든 바위 위에서든 어디서든 경전을 설하셨지만, 이 『법화경』만큼은 영산회상에서만 설하셨어요. 왜 그랬을까요? 우리가 다른 것을 가지고 불교를 이야기하는 것은 산에서 올라갔다가 내려오면서 하는 소리예요. 그런데 영산회상은 영축산에 올라가 보면 그렇게 넓지 않은 공간이라서 이삼백 명 앉기도 빠듯해요. 그런 자리에서 이 『법화경』

을 설하셨다는 것은 바로 부처님이 나타내기 위한 최고의 법이라는 거예요. 이 이상의 법이 없다는 거죠. 그 영산회상에서 꽃을 피운 것이 『법화경』이에요. 『법화경』을 설하신 후 300년 동안은 불교가 번창했던 때예요. 그러니까 불교의 정수를 논할 때 『법화경』을 가지고 이야기하는 거예요.

지금 어렵고 고통스럽고 괴로워하고 심지어 갈 길을 몰라 방황하는 주위 사람들에게 『법화경』을 널리 권청하고 권선해서 함께할 수 있는 도반으로 만들고, 더불어 그 속에서 내가 『법화경』을 수지 독송하면서 그 가르침대로 행하려고 노력하세요. 그러면서 보현보살을 꾸준히 찾고, 부처님을 찾고 의지하고 찬탄한다면 우리의 살이가 부처님의 살이가 되는 거고, 보현보살의 살이로 거듭나는 거예요. 먹고 놀고 마시고 떠들고 즐거워하는 오욕락에 빠져서 이 몸이 영원할 줄 알고 거기에만 집착하고 음력대로만 잔머리 굴려 봐도 그 머리에서는 자갈소리밖에 안 나요.

그런데 『법화경』만큼은 그렇지 않아요. 진실만 이야기했고 바른 길로 가도록 이야기했고, 지혜와 복덕이 증장되고 많은 사람들이 『법화경』을 노래할 수 있게 하려 했던 부처님의 진실된 가르침이에요. 그래서 우리가 『법화경』을 수지 독송하고 찬탄하고 공경하고, 부처님을 위한 삶이 곧 나를 위한 삶이 되는 거예요. 설마 하는 안일한 생각 속에서 머물다 보니까 상락아정은 간 곳 없고 고생하고 힘들게 사는 거란 말이에요.

우리 스스로 깨어나야 해요. 스스로 일어나 광선유포 해야 해요. 스스로 『법화경』이 그렇게 좋은 줄 알아야 해요. 그러면서 생활 속의 『법화경』이 되어 스스로 보현보살이 되고, 스스로 각 신장이 되고, 스스로 장엄보살이 되고, 부처님의 자식이 되어서 행하고 노력할 때 우리가 살고 있는 이 세계가 광명의 세계가 되고, 진리의 세계가 됩니다.

『법화경』을 여실히 수지 독송하고 늘 기도하다 보니까 하려고 생각하지 않아도 말이 저절로 나와요. 그렇게 신통묘용한 힘이 있어요. 그래서 우리가 스스로 기도하고 참회하고 찬탄하고 공경하면 이 가운데서 꼭 이루어져야 할 일은 이루어지고, 힘들고 괴로운 일에서 벗어나게 됩니다. 왜냐? 「화성유품」에서는 부처님이 중생들이 힘들어하고 고통스러워하고 괴로워하고 어려워할 때 변화된 도시를 만들어서 편안히 쉴 수 있게 했어요. 그렇게 충분히 쉬고 여유를 찾았을 때, "자, 내가 변화된 도시를 변화로써 보였는데, 이것은 없는 것이다. 또 가자. 보리가 완전히 익을 때까지 가자." 하시며 그렇게 끌고 가는 거예요.

그래서 우리가 이 세상을 살면서 이루려는 것이 있을 때 『법화경』을 수지 독송하고 따르고 의지하면 빨리 이루어진다는 소리예요. 구경에는 성불로 이끌어 가는 거니까, 그렇게 가기 위한 방편을 쓰신 거예요. '우리는 모두 부처님의 자식이기 때문에 내 자식 고생하고 힘들어하고 고통스러워하고 괴로워하고 어려워하는 것 못 보겠다. 나는 내 자식을 최고로 대해주겠다. 너희가 좋아하고 가지고 싶어 하는 가지가지 보물들을 저 수레에다 가득히 실어 놓았으니, 저 수레 위에 태워서 내가 데리고 가리라.' 이 얼마나 멋있는 이야기입니까? 이게 『법화경』의 사상이에요. '나는 내 자식을 절대 고

생시키지 않겠다. 너희가 눈 먼 자식이라 일찍 부모 곁을 떠나 고아처럼 나를 찾지 못하지만, 나는 너의 아버지로서 당연히 너를 찾는다.' 이게 부처님 마음이에요.

부처님을 믿고 의지하면 절대 버리지 않는다는 것을 다시 한번 가슴에 새기시고, 마음속에 있는 일말의 의심도 벗어던져 버리십시오. '믿어서 될까? 그렇게 될까?' 의심하지 마세요. 제가 고생고생하면서 부처님을 믿어 보니 확실하니까 이런 이야기를 할 수 있는 거예요. 긴가민가했으면 여기까지 왔겠습니까? 믿고 따르고 의지하니까 뭔가 보여주는 것이 있고, 내 삶이 윤택해져요. 결국에는 '부처님이 이렇게 좋으신 분이구나. 부처님이 내 아버지였구나.' 하는 것을 알기 때문에 이렇게 자신있게 이야기하는 겁니다.

우리 스스로 그렇게 살면 위함은 위함을 낳습니다. 내가 먼저 남편을 지극하게 위해주니까 남편도 나를 위해주고, 내가 부모님을 지극하게 위해주니까 부모님도 내 생각 해준다는 거예요.

단 자식은 열심히 챙겨줘도 결혼하면 배신해요. 그렇다고 서운해할 것 하나 없어요. '그래, 거기까지가 내 것이었구나.' 하고 보내줄 줄 아는 사람이 진짜예요. 착을 부리지 마세요. 내가 너에게 투자한 게 얼마고, 해준 게 얼마고, 어떻게 키운 자식인데 하고 생각하면 바로 원결이 맺혀요. 그 원결은 풀어야 해요. 이 원결이 맺힌 채로 죽으면 자식도 평생 풀리는 일이 없어요. 보내야 할 때 보내줄 줄 알아야 해요. 내가 엄마로서의 역할에서 때가 되면 며느리한테 줘버리고 말아야지, 며느리가 내 자식한테 잘하는지, 나한테 잘해줄 건지 따져 보고 물어 보고 생각해 보고 그러지 마세요.

집안 따지고 학벌 따지고 일일이 조건 맞춰서 결혼시켜도 맞는 게 있던가요? 조건 따지면서 간 사람들 중에 잘 사는 사람 별로 없어요. 왜냐하면 조건이라는 것은 상대적이기 때문이에요. 조건 맞춰서 가도, 가보면 기대했던 것과 다르죠. 중매쟁이가 말할 때 좋은 일은 부풀리고 나쁜 일은 줄여서 이야기하잖아요. 곧이곧대로 이야기하면 선보겠다고 나서는 사람이 있겠어요?

예를 들어 별나고 까탈스러운 성질은 바르고 딱 부러지는 사람이라고 하고, 까칠한 성격은 경우가 바른 사람이라고 미화해서 이야기하잖아요. 그 말에 속아서 만나고 눈 맞아 결혼하는 거예요. 막상 살아 보면 별나고 까칠한 성격 때문에 괴로워하고 힘들어하잖아요. 그렇게 사는 거예요. 그러면서 속았다고 하면서 살아야 하나 말아야 하나 고민하는 순간 아이가 생기죠. 아이 낳고 키우다 보니 어쩔 수 없이 사는 거예요. 〈선녀와 나무꾼〉에서 선녀는 아이 셋을 낳아야 하늘로 못 돌아간다고 했죠. 요즘은 대부분 하나나 둘 낳고 마니까 전부 선녀가 되어 다 날아가 버려요.

우리 젊은 불자님들, 아이들 서너 명씩 낳으세요. 그래야 날개옷 입고 날아가지 않고 체념하고라도 살아요. 정말로 젊은 보살들은 원력을 가지고 남녀가 결혼하려면 '내 신랑 출세 한번 시켜 봐야지', '나에게 자식을 준다면 정말 만물의 영장답게 키워야지.' 이런 생각을 가지고 자식 많이 낳으세요. 그러면 그 날개옷 필요 없어요. 그런데 하나나 둘 낳고 마니까 날개옷을 가지고 날아가잖아요. 제발 대한민국의 젊은 불자 여러분, 날개옷은 찢어 버립시다. 우리의 삶은 날개옷을 가지고 천상으로 가는 게 아니라, 현실을 천상세계가 되도록 만들어 가는 것이 불국정토가 되는 거예요.

지금까지 서품부터 제 28 「보현보살권발품」까지 함께 했습니다. 생활불교가 되고, 실천불교가 되고, 또 불교와 신자가 떨어져 있는 것이 아니라 응집된 한 공간·응집된 한 힘이고, 믿음이 똑같다고 생각하고 발고여락拔苦與樂 하시기 바랍니다.

이 『법화경』을 공부하면 우리의 삶이 복과 지혜가 증장되는 영특함이 있고, 또 가족의 소중함도 느끼게 됩니다. 연꽃은 꽃을 피울 때 열매도 같이 맺습니다. 여러분이 『법화경』을 수지 독송하고 기도하고 발심해서 잘 살자고 하면, 연꽃이 피면서 열매가 같이 영글어 가듯이, 우리의 살이도 그와 같습니다. 이루고자 하는 것이 한 가지인데 열 가지를 준다고 하면 안 할 사람 없겠죠? 그게 『법화경』이에요. 하나 빌었는데 열 가지 알아서 주는 거예요. 꽃만 피우려고 했는데 열매까지 덤으로 주는 거죠. 열매를 주면 2세, 3세, 4세 계속 이어진다는 소리잖아요.

그와 같이 우리가 『법화경』을 수지 독송하면 이와 같은 위신력한 부처님의 법비를 맛 볼 수 있어요. 『법화경』을 늘 서사차경하고 수지 독송하고 부처님을 찬탄하고 공경하고 공양하고 스스로 참회하고 기도한다면, 우리의 삶이 정말로 오늘보다는 내일이, 내일보다는 모레가, 모레보다는 그 다음날이 자꾸자꾸 증장된 그런 삶으로 이어나갈 수 있다는 겁니다. 이게 『법화경』의 가르침이에요.

『법화경』이 어렵다고 생각하고 공부를 안 하시는 분들이 있는데, 『법화경』만큼 정말 현실을 이야기하는 경전이 없습니다. 그래서 『법화경』을 수지 독송할 때 그와 같은 마음의 도리를 알고 한다면,

늘 복덕이 증장된 삶이 우리와 함께 할 것입니다. 그러한 생각생각들을 모아서 항상 지심정례 하는 그 마음이 불자의 마음입니다.

법/화/상/담

Q. 저는 실천을 못 하는 신랑 때문에 속상합니다. 매번 담배를 끊겠다고 결심은 하는데 성공을 못 합니다. 금연에 성공하려면 어떻게 하면 좋을까요?

A 세 살 버릇 여든까지 가죠. 전생 전생 살아온 그 습관과 버릇은 단생에 끊기가 어렵습니다. 왜냐하면 음력이기 때문이에요. 훈습된 버릇과 습관이라 끊기가 힘들어요. 전생부터의 습관과 버릇이 중생의 음력으로 가져온 거예요. 예를 들어 결혼을 할 때 첫날밤을 어떻게 하라고 이야기해주는 사람이 없지만 다 알고 아이 낳고 살잖아요. 그와 같이 습이라는 거예요.

담배도 그와 같은 습입니다. 그래서 담배를 따라가서 '피워야지, 피워야지' 하니까 피우는 거예요. 피우고 싶다, 피우고 싶다 하면 결국은 어떻게 되겠어요? 따라가서 피우는 거예요.

집에 돌아가서 처사님께 '담배를 피우고 싶어 하는 이놈이 누고?' 하고 들여다보라고 하세요. 그렇게 근본을 딱 들여다보면 담배 피우고 싶어 하는 생각보다 그놈을 바로 관조해 버리니까 피우고 싶은 생각이 없어지는 거예요. 잊어버리는 거예요. 훈습된 습관과 버릇을 자꾸 부처님의 습관과 버릇으로 바꿔 버리는 거예요. 그러면 내 습관과 버릇을 버린 자리가 나를 바로 보는 거예요.

잠을 잘 때도 '일어나야지, 일어나야지' 하면 아직 안 일어났다는 소리잖아요. 그러니까 그러기 전에 '안 일어나고 있는 이놈이 누고?'가 아니라 얼른 일어나 버리는 거예요. 담배를 피우는 것도 마찬가지예요.

보살님도 잔소리 많이 하시죠? "아이고, 냄새야. 밖에 나가서 피워라." 하고 오만 소리 다 하죠. 잔소리 너무 많이 들어도 힘들어요. 그런 소리 들으면서도 피고 있는 처사님 마음은 어떻겠습니까? 오늘 집에 가시면 "오늘 스님이 당신이 담배를 못 끊는다고 했더니 '담배를 피우고 싶어 하는 그놈이 누고?' 하고 찾아보라고 하더라." 라고 말씀해주세요. 그 소리만 해주면 알아서 끊으실 거예요.

그런데 담배 끊고 모은 재산 저승 갈 때는 가져갈 수 없어요. 그러니까 잔소리 퍼붓고 허파 뒤집어가면서 담배를 끊게 하는 게 아니고, "당신 건강을 위해서 조금 줄입시다." 하고 부드럽게 말씀하세요. 그리고 담배 한 대 피우고 오면 물이라도 가져다주는 그런 마음이 진짜가 되어야 합니다. 다른 게 뭐 있겠어요? 그런 식으로 삶을 살아갑시다.

미운 남편 밉다 밉다 하니까 밖에 나가도 미운 남편이 되고, 내 남편 좋다 좋다 하면 밖에 나가서도 저 집 남편 좋은 남편 되는 거예요. 그러면 어떻게 해야 된다? 조금 나쁜 습관이 있더라도 내가 끌어안아주고 수용해주고 함께 하고자 하는 그 마음이 있어야 영원히 행복할 수 있습니다.

효동 일우 曉東—雨

경북 영일에서 태어났다. 어려서 33관음을 현몽으로 친견하고 영남의
대강백 능허 의룡 스님을 은사로 16세 때 삼각산 각황사에서 출가 득
도했다. 『법화경』을 들고 6년여 동안 설악산, 태백산, 지리산 등 전국
의 명산을 돌며 만행과 안거를 거듭하며 불법의 진수를 탁마했다. 지
극한 의심 끝에 을유년(불기 2549년)에 법화의 정법을 깨닫고 죽산 미
륵당에서 은사 의룡스님의 인가를 받았다. 이때 '효동曉東'이라는 법호
와 전법게, 의발을 이어 받았다.

저서로 『일우 스님의 가피 이야기』, 『33관음응신예찬품』 등 다수
가 있다. 현재 대구 성관음사 주지로 '33관음 응신대불'을 조성하고,
BTN 불교TV에서 「법화정법」 강의로 신도들에게 가피 받는 참된 불
교 신행의 길을 지도하고 있다.

지금 나의 삶이 영원을 노래할 수 있다면

초판 1쇄 인쇄 2014년 1월 23일 | **초판 1쇄 발행** 2014년 1월 28일
지은이 일우 | **펴낸이** 김시열
펴낸곳 도서출판 운주사

(136-034) 서울시 성북구 동소문로 67-1 성심빌딩 3층
전화 (02) 926-8361 | 팩스 0505-115-8361
ISBN 978-89-5746-368-0 03220 값 15,000원
http://cafe.daum.net/unjubooks 〈다음카페: 도서출판 운주사〉